Georg A. Weth
Schlemmereien im Walzertakt

Weihnachten 2001

Georg A. Weth

Schlemmereien im Walzertakt

Das Johann-Strauss-Kochbuch für Gourmets und Weinkenner

In Zusammenarbeit mit

Mary Hahn Verlag

Für die wertvolle Beratung danke ich der
Österreichischen Weinmarketingservice GmbH, Wien

Dank auch an meine Mitarbeiterinnen
Irene Haug, Cordula März-Brendel und Birgit Büker

© 1999 by Mary Hahn Verlag in der F. A. Herbig
Verlagsbuchhandlung GmbH, München
www.herbig.net
Alle Rechte vorbehalten

Umschlagillustration: »Hofball in der Wiener Hofburg«
von Wilhelm Gause, Abdruck mit freundlicher
Genehmigung Archiv für Kunst und Geschichte Berlin
Umschlagfoto: Faber & Partner Fotografie, Düsseldorf
Umschlaggestaltung: Wolfgang Heinzel
Food-Fotos: Faber & Partner Fotografie, Düsseldorf
alle anderen Fotos: Georg A. Weth;
außer: S. 7: Annette Greve
Layout und Satz: Bernd Walser Buchproduktion,
München
Reproduktionen: EPS, München
Druck und Bindung: Graficas Estella, Estella
Printed in Spain

ISBN 3-87287-474-8

Diesem Band liegt eine CD bei. Es handelt sich um
einen Live-Mitschnitt eines Konzerts des Johann-Strauss-
Orchesters unter der Leitung von Béla Fischer.
Den Sopran in »Mein Herr Marquis« aus »Die Fleder-
maus« singt Yvette Tannenberger.
CD © 1999 by Globe Music im Auftrag des
Mary Hahn Verlags

Bildnachweis

Der Abdruck aller historischen Abbildungen erfolgt mit
freundlicher Genehmigung des Historischen Museums
der Stadt Wien, außer: S. 11 oben: Wiener Stadt- und
Landesbibliothek; S. 142/143: Bank Austria

Abkürzungserklärungen

EL	=	Eßlöffel
TL	=	Teelöffel
ml	=	Milliliter
l	=	Liter
cm	=	Zentimeter
g	=	Gramm
kg	=	Kilogramm
Msp.	=	Messerspitze
ca.	=	cirka
°C	=	Grad Celsius

Inhalt

Musikalische Leckerbissen 7
Ham' ma nix, fress' ma Erdäpfel 8
An der schönen blauen Donau 14
Bei uns z'Haus 24
Industrie-Quadrille 32
Der Kobold 42
Zeitgeister 50
Nordseebilder 60
Rosen aus dem Süden 68
Künstler-Leben 76
Auf zum Tanze 84
Kaiser-Walzer 92
Kaiser-Franz-Joseph-Marsch 100
Fantasie-Bilder 108
Tändelei 116
Tausend und eine Nacht 124
Seid umschlungen, Millionen 132
Freut euch des Lebens 142
Köche und Hotels stellen sich vor 150
Anhang
Lebensdaten 158 · Rezeptverzeichnis 160
Literatur- und Quellennachweis 160

Johann Strauss, ca. 1888. Ölgemälde von August Eisenmenger

Musikalische Leckerbissen

Georg A. Weth (links) und Dr. Eduard Strauss

Mein Urgroßonkel Johann Strauss Sohn war sicher kein Gourmet, ja ich glaube, er hatte überhaupt keine besondere Beziehung zu ausgewogenen, erlesenen kulinarischen Genüssen. Das wollte ich ausdrücken, als ich zum Autor dieses Buches scherzhaft meinte, Strauss sei »ein Rindvieh im Essen« gewesen. Wie sollte es auch anders sein, wenn man sich die familiäre Situation seiner Kindheit vor Augen führt: Spätestens, als der kleine Johann 10 Jahre alt war, hatte der nervöse berühmte Vater, der »Walzerkönig« Johann Strauss Vater (1804–1849) den Bruch mit seiner legalen Familie bereits nach außen erkennbar vollzogen: Etwa zwei Monate nach seinem jüngsten ehelichen Sohn Eduard wurde die erste uneheliche Tochter geboren! Das Familienglück im Hause Strauss war damit endgültig zerstört. Der Vater kam nur mehr zum Arbeiten (Proben etc.) in die riesige, geschäftig pulsierende Wohnung im Hirschenhaus, und die Mutter Anna, eine Bierwirtstochter, war sicherlich nur Wiener Vorstadt-Wirtshausküche gewohnt und mußte nun ums Überleben für sich und die fünf Kinder – Johann, Josef, Anna, Therese und Eduard – kämpfen. Sie hatte also andere Sorgen, als ihren Kindern eine gehobene Küche zu kredenzen oder kredenzen zu lassen! Woher und wie sollte der junge Johann Strauss eine Beziehung zu den besonderen Gaumenfreuden entwickeln, wiewohl er natürlich in den späteren Jahren seiner erfolgreichen Musikerkarriere sicher ausreichend Gelegenheit hatte, die Spezialitäten in- und ausländischer Küche zu verkosten und zu genießen. Es lohnt sich also die in diesem Buch praktizierte kulinarische Annäherung an Johann Strauss, wird sie doch hauptsächlich über die Titel der Kompositionen und damit in engstem Zusammenhang mit der Strauss'schen Musik gesehen. Viele der genannten Titel sind wahre musikalische Leckerbissen. Lassen Sie sich die vorgeschlagenen Menüs auf der Zunge zergehen und genießen Sie dazu die passende Strauss-Musik als Ohrenschmaus!

Dies wünscht sich mit vielem Dank an den Autor Georg A. Weth

Ihr

Dr. Eduard Strauss

DR. EDUARD STRAUSS

Ham' ma nix, fress' ma Erdäpfel

(Haben wir nichts, essen wir Kartoffeln)

Strauss-Büste von Victor Tilgner 1880

Was hat Johann Strauss am liebsten gegessen? Schwejzárskij syr, Grammel-Pogatscherl, Oglio, Stékely-Gulyás, Ochsenaugen, Ribiseln, Kipfelbröselstrudel, ordinäre Erdäpfelnudeln, Salonbeuschel, Powidl, Marillen, Halászli, Risí-Pisí, Indian, Topfen …

Das ist nur eine Auswahl seiner Lieblingsspeisen, von denen in den nachfolgenden Kapiteln die Rede sein wird.

Einige der oben genannten typisch österreichischen oder Wiener Speisenbezeichnungen fallen laut »Amtsblatt der Europäischen Gemeinschaft« sogar unter die »schutzbedürftigen Wörter«!

»Der Johann war ein Rindvieh im Essen«, stellte Eduard fest – nicht der berühmte Bruder von Johann Strauss, sondern dessen Urgroßneffe. Ich traf mich mit Dr. Eduard Strauss, dem derzeitigen Familienoberhaupt der Strauss-Familie und Richter in Wien, am 28. Mai 1999 in der österreichischen Metropole.

Dr. Eduard Strauss, der sich als Präsident des »Wiener Instituts für Strauss-Forschung« leidenschaftlich mit seiner Familiengeschichte beschäftigt, wollte mit dieser Feststellung ausdrücken, daß sein Urgroßonkel die bürgerliche Wiener Küche jederzeit einem exzellenten Galamenü vorzog, obwohl er sich dies finanziell durchaus hätte leisten können.

Zu Beginn des 21. Jahrhunderts kennt man den Walzerkönig besser als zu seinen Lebzeiten. In Hunderten von Büchern wurde er geistig seziert. Vor allem in den Strauss-Jahren 1999/2000 erschienen erstaunliche Werke, die sich ausführlich mit des Meisters positiven und negativen Eigenschaften befaßten. »Ich bin froh darüber«, stellt Dr. Eduard Strauss fest, »denn die Wiener dachten sich, den Strauss haben wir ja, für den müssen wir nichts mehr tun. Die Strauss-Jahre bieten mit Konzerten, Kolloquien, Ausstellungen und unzähligen Veröffentlichungen die Chance, ein anderes Strauss-Bild zu vermitteln. Es wird der Mensch hinter seiner Musik gezeigt.«

Aber im Informationsmaterial zur Lebensgeschichte dieses großen Mannes finden sich immer wieder Lücken, die zu schließen reizvoll erscheint. Wie Johann Strauss »lebte und liebte«, das wurde inzwischen umfangreich dokumentiert. Dagegen erfuhren wir bisher wenig darüber, wie er »leibte«, wie er mit seinem Körper, der seinem Geist und seiner Seele die irdische Heimat gab, umging.

Einfacher ausgedrückt – welche leiblichen Genüsse inspirierten ihn dazu, zum »Erdballmusiker« zu werden, wie er am 11. Oktober 1894 vom »Berliner Börsen-Courir« (Nr. 476) bezeichnet wurde.

War es nun das Salonbeuschel, das Wiener Schnitzel, die ordinären Erdäpfelnudeln oder der Schwejzárskij syr? Waren es die österreichischen Weine oder der französische Champagner, der ihn beflügelte? Waren es die Trabuco-Zigarren oder das Tarock- und Billardspiel, das er zum Entspannen und Regenerieren brauchte?

Auf der Suche nach Antworten auf diese Fragen durchstöberte ich Berge von beschriebenem Papier in Archiven und von Büchern in Bibliotheken, ich besuchte die berühmten Strauss-Stätten und führte unzählige Gespräche.

Das älteste Wiener Strauss-Zeugnis befindet sich in dem Stadtteil Salmannsdorf. Der heutige

19. Gemeindebezirk war früher ein Weindorf vor den Toren Wiens. Die Gassen haben sich bis heute ihr romantisches Flair erhalten. Hügelan gelegen befindet sich die Dreimarksteingasse 13. Dort stemmt sich ein kleines, gelb angemaltes Haus gegen den Berg.

Auf einer Tafel lesen wir:

> »Hier hat ein großer Musikant,
> der Meister Strauss war er genannt,
> den ersten Walzer komponiert
> und dadurch dieses Haus geziert.«

Bei dem Häuschen handelt es sich um das ehemalige Sommerhaus des Wiener Gastwirts Jakob Streim, dessen Tochter Anna sich in den Geiger Johann Strauss, den Vater des berühmten Johann, verliebte. Sie heirateten am 11. Juli 1825 und zogen in das Haus in der heutigen Lerchenfelder Str. 15. Dort gebar Anna einige Monate später einen Sohn, den sie ebenfalls Johann nannten und der, nachdem er in die künstlerischen Fußstapfen seines Vaters getreten war, als Johann Strauss Sohn berühmt wurde. Als Sechsjähriger verbrachte er 1831 mit seiner Mutter einige Wochen in Großvaters Salmannsdorfer Sommerhaus, wo er es seinem Vater und Großvater gleichtun wollte und Notenpapier mit »merkwürdigen Zeichen« vollkritzelte. Der Mutter gefiel dies. Sie hob das Blatt zur Erinnerung auf. Als Johann Strauss am 25.10.1855 30 Jahre alt wurde, überreichte sie ihm dieses Notenblatt zum Geburtstag. Johann Strauss Sohn, schon damals sehr geschäftstüchtig, las aus dem Gekritzel einen kindlich-anmutigen Konzertwalzer heraus, den er etwas verbesserte und mit dem Titel »Erster Gedanke« versah. Er wurde 1881 veröffentlicht und hat keine Opus-Nummer.

Johann Strauss' Großvater mütterlicherseits war Wirt in der Vorstadt Thury, ebenso wie sein Großvater väterlicherseits, Franz Borgias Strauss. Schon damals spielten in beiden Wirtschaften Musikanten auf, die Johanns Vater begeisterten. Er wandte sich der Musik zu und wurde im Alter von 23 Jahren der erste »k.u.k. Hofballmusik-Direktor« Wiens. Johann nahm sich seinen Vater zum Vorbild, obwohl dieser alles versuchte, um ihn davon abzuhalten, auch Musiker zu werden. Er ging sogar behördlich gegen seinen Sohn vor, als dieser eine eigene Kapelle gründete, mit der er am 15. Oktober 1844 in »Dommayer's Casino« mit großem Erfolg debütierte. Anstelle des Casinos steht heute dort das heruntergekommene »Parkhotel Schönbrunn«, das einstmals als »k.u.k. Gästehaus« im Auftrag von Kaiser Franz Joseph erbaut wurde.

Haus der Famiie Strauss in Salmannsdorf

Johann Strauss hatte vier eheliche Geschwister (Strauss Vater wurde 1846 geschieden und zeugte sieben uneheliche Kinder), von denen sich Josef und Eduard ebenfalls professionell mit der Musik beschäftigten. Johann, auch Schani genannt, hatte eine schwere Kindheit und Jugend, deren Einzelheiten aufzuzählen nicht im Sinne des Vorwortes zu einem Kochbuch liegen. Zum besseren Verständnis seiner Eßgewohnheiten muß jedoch erwähnt werden, daß der »Vorstadtmusiker« Johann Strauss durch die Familienverhältnisse in ein bürgerliches Schema gepreßt wurde, aus dem er zeitlebens nie ganz ausbrechen konnte. Das Milieu, in dem er aufwuchs, hatte ihn unbewußt geformt. Auch seine drei Ehen mit Jetty Treffz (1862), Angelika Dittrich (1878) und Adele Strauss (1887) veränderten ihn nicht. Er blieb der Mann aus der Vorstadt, auch wenn er sich ein luxuriöses Zuhause einrichtete, wie beispielsweise im Hirschenhaus in der Hietzinger Villa, im Palais in der Igelgasse, in den Sommerhäusern von Schönau und Bad Ischl. Der Bürger Strauss blieb der Bürger Strauss, auch wenn er sich immer besser kleidete als die anderen und vierspännig ausfuhr.

Die Menschen aus der Vorstadt dankten es ihm und nahmen seine Kompositionen mit offenen Herzen auf, noch bevor die Oberen begriffen, daß es neben Strauss Vater auch einen Strauss Sohn gab. »Dort geht Johann Strauss, der große Komponist, von dem der kleinste Walzer das größte Kunstwerk ist«, sang man in den Wirtschaften der »Häferlgucker«.

»Häferlgucker« nannte man bereits im 12. Jahrhundert die Wiener Schlemmer, die sich aus Geldmangel wenigstens mit den Augen und der Nase Appetit holten. Damals hatte der Babenberger Markgraf Heinrich Jasomirgott (1107–1177) ein Gelübde abgelegt, daß seine Küche die Mönche des noch heute bestehenden Schottenklosters verköstigen solle. Da die Speisen von der Hofburg zum Schottenkloster getragen werden mußten, fanden sich ständig hungrige Mäuler ein, die die Deckel der Schüsseln lüfteten, um ein klein wenig an der »großen Küche« teilhaben zu können. Das brachte den Wienern den Spitznamen »Häferlgucker« ein.

Die österreichische und speziell die Wiener Küche ist uralt, obwohl sie als eigenständige »Spezialität« gar nicht existiert, denn viele Völker und Kriege haben sie geformt und geprägt. Vor allem die osteuropäischen Staaten übten durch die »politischen Eroberungen« großen Einfluß aus. Trotz der verschiedenen Strömungen ging es den Wienern kulinarisch gesehen immer gut.

Strauss-Konzert im Musikvereinssaal (nach 1890), Druck nach Wilhelm Gause

1540 schrieb Wolfgang Schmeltzl: »Wer sich in Wien nicht nähren kann, ist überall ein verdorbener Mann.«

Schon im 16. Jahrhundert stand am Rande des Praters die konzessionierte Gastwirtschaft »Sperlwirt«. Zählte man bei der Eröffnung des Praters im Sommer 1776 15 Schankwirtschaften, so waren es in der Ära Strauss in der zweiten Hälfte des 19. Jahrhunderts bereits 54. Adolf Glassbrenner schrieb in seinem Genrebild vom »Würstelprater« 1836:

»Links am Wege stehen die Restauranthäuser … aus ihnen erschallt Musik, unter den Bäumen stehen viele tausend Sessel, überwuchert mit geputztem Menschengestrüpp, das redet, das lacht, ruft nach Kellnern …«

Erst im 19. Jahrhundert entwickelt sich das, was man heute generell als »Wiener Küche« bezeichnet. Sie war und ist – auch heute noch, im 21. Jahrhundert – konservativ, rustikal und herzlich, obwohl viele kreative Meisterköche am Werk sind, um die Tradition den neuen Geschmacksrichtungen anzugleichen. Einige der nachfolgenden Kochrezepte sind gute Beispiele dafür.

Profil erhielt die österreichisch-wienerische Küche erstmals durch Elisabeth Stöckels 1833 erschienenes Kochbuch mit dem Titel »Die bürgerliche Küche, oder neuestes österreichisches Kochbuch für Bürgerfamilien aus der gebildeten Mittelklasse«.

Eines der damals bedeutendsten Kochbücher dürfte aber das 1897 veröffentlichte Werk »Österreichische Küche« von Marie von Rokitansky sein, die bereits in ihrem Titel auf Standesunterschiede verzichtete.

Mit Ausnahme der eleganten Ballsäle war eine vornehme Bewirtung zu dieser Zeit in den Gasthäusern nicht zu finden, wohl aber in den privaten Salons in den eigenen vier Wänden, wo auch

Anzeige für das erste öffentliche Auftreten von Johann Strauss als Dirigent mit eigenem Orchester im Casino von Ferdinand Dommayer am 15. Oktober 1844. »Wiener Zeitung«

Der große Tanzsaal im »Zum Sperl«, 1873. Aquarell von Josef Wohlmuth

Johann Strauss sie hauptsächlich mit seiner dritten Frau Adele praktizierte. Die Diners und Soupers bei der Familie Strauss waren gefragt. Mit Johann Strauss sind aber auch die Tanzpaläste in Wien groß in Mode gekommen. Zum Beispiel »Der Sperl«, in den prachtvollen Speisesälen genoß die Wiener Hautevolee die berühmten Sperl-Backhendl und Sperl-Faschingskrapfen, der »Fortuna-Saal« und der »Apollosaal«, der damals größte Tanzpalast Europas. Dann gab es das »Odeon« (»… die Küche war zu klein, die Bedienung schlecht …«), die Redoutensäle der Hofburg, den »Mondscheinsaal«, das »Tivoli«, den »Dianabad-Saal«, den »Sofienbad-Saal« und vor allem den »Dommayer« (»… vorbildliche Bedienung, … seine ausgezeichneten Getränke und seine bei allen Gourmets berühmte Küche …«). Dies sind nur einige der renommiertesten Häuser.

Und natürlich wurde bei der Walzerseligkeit à la Strauss auch geschlemmt. Im Apollosaal gab es nicht weniger als 13 Küchen. Strauss hat bei derartigen Veranstaltungen dem Publikum nicht nur »die Füße vom Boden weggezaubert« (1858), sondern seine Musik bewirkte auch, »daß das Essen im Leibe tanzte«.

Der Walzerkönig arbeitete hart. Dabei tyrannisierte er oftmals seine Umgebung. Von seinen Kritikern wurde er deshalb als herzlos bezeichnet. Robert Dachs nennt ihn in seinem 1999 erschienenen Buch »Was geh' ich mich an« sogar einen »Hypochonder« und »eine angstzerfressene Figur aus einem Kafka-Roman«. Dieses Buch eignet sich geradezu als Nachschlagewerk für alle negativen Bezeichnungen, die man einem Menschen andichten kann. Auch wenn Strauss – wie so manches Genie – Licht- und Schattenseiten hatte, so sollte man doch fair mit ihm umgehen.

Wohlüberlegt plazierte man deshalb auch am Eingang der Wiener Jubiläumsausstellung des Historischen Museums unter dem Titel »Johann Strauss – unter Donner und Blitz« die Plastik eines doppelköpfigen Strauss.

Bis heute sind 479 Werke von ihm bekannt, 174 Polkas, 159 Walzer, 70 Quadrillen, 40 Märsche und 36 andere Kompositionen. Er komponierte bei Tag und (hauptsächlich) bei Nacht, im Stehen, Sitzen, Liegen … auf Hemdmanschetten, Tischdecken, Bettüchern, Skizzenbüchern, Speisekarten …. beim Tarockspiel, beim Essen, während Konzerten, bei Kutschfahrten, auf der Toilette …

Doppelköpfige Strauss-Büste

Inspirieren ließ er sich vor allem von naßkaltem Wetter, das er sehr liebte, von der Nacht und vom österreichischen Wein, besonders vom Kutscherwein – einem Roten. Er selbst schrieb Ende März 1892 an Luise Simon:

»… Meine Kinder bekommen zur Entwicklung gar nichts als leichten Rotwein – sie gedeihen mitunter ganz zufriedenstellend … Mein jüngstes Kind, Seid umschlungen, Millionen – eine Nachtgeburt (nicht Nachgeburt) – hat seinen ersten Schrei im Musikvereinssaal getan – der Vater hat dabei geschwitzt – denn das Kind hat fürchterlich geheult und gejammert – das Kind hat so viel Angst gehabt, vor der Taufe.«

Gemeint ist natürlich, daß er für die Entwicklung seiner Komposition »Seid umschlungen, Millionen« mehrere Gläser Rotwein brauchte.

In einem Feuilleton des »Fremdenblattes« Nr. 280 aus dem Jahre 1894 meint Ludwig Hevesi überschwenglich:

»… Igelgasse Nr. 4 … Abends hat er oft Gesellschaft, sogar sehr große. Diese Strauss-Abende sind ja in Wien berühmt. Aber selbst nach solchen Festgelagen geht der Meister noch lange nicht schlafen, denn um zehn Uhr abends wird er erst recht wach. Er ist ein Nachtschwärmer der Arbeit … Da steckt er sich eine Zigarre der schwärzesten Sorte an, eine wahre Nikotinfackel (auch »Friedhofsspargel« genannt – Anm. d. Autors), und wenn diese zu Ende ist, eine andere. Und eine Flasche Wein steht dabei und wird immer leerer. Und ein Notenblatt liegt dabei und wird immer voller. Und das sind die süßesten Weisen, die innigsten Rhythmen, geweihte Nachtgeburten, wie der tosende Tag sie nicht hervorbringt …«

Der Wein beflügelte seine Arbeit. Immer wieder bestätigen es seine Briefe:

»… Um diese Zeit nach 12 Uhr nachts – allein in meinem Masterstübchen bei einem Glas Wein – denke ich an Vieles, hauptsächlich beschäftige ich mich mit philosophischen Betrachtungen … wie herrlich zu wandern in den Regionen der Phantastereien …«, schrieb er im Februar 1892 an Josef Simon.

Am 25. Oktober 1893 konnte man im »Neuen Wiener Journal« über den Komponisten lesen: »Von Getränken liebt der große Meister am meisten den sogenannten Kutscherwein, von dem er zwei Flaschen nacheinander austrinken kann, ohne zu zwinkern …«

Aber mit Wein versuchte er sich auch von seinem Gichtleiden zu kurieren, wie man aus einem Schreiben an seinen Vertrauten Josef Priester vom 2. April 1892 ersehen kann: »… vorläufig will ich es mit kalten Umschlägen versuchen – gelingt diese Kur nicht – à la bonheur, dann gibt's wieder 9 ¼ Kutscherwein …«

Der österreichische Wein kann auf eine zweitausendjährige Tradition zurückblicken. Bereits die Kelten und die Illyrer haben im heutigen Burgenland und in der Steiermark Weinanbau betrieben. Aber erst im Mittelalter unter Karl dem Großen wurden Musterweingärten angelegt und eine klare Sortenbezeichnung bei den Reben eingeführt. Schon 1567 stellte der Schuster und Poet Hans Sachs aus Nürnberg bei der Wiener Weinlese fest:

»Das Weinlesen dauert oft vierzig Tag,
Daß man täglich einführt, ich sag:
Wagen mit Wein, täglich dreihundert.
Des Tages zu oft, das manchen wundert,
Daß täglich bei zwölfhundert Pferden
Im Weinlesen gebrauchet werden.«

Im Auf und Ab der österreichischen Weinkultur haben sich seit 1985 Spitzenweine entwickelt, die weltweit auf den ersten Plätzen rangieren.

Zur österreichischen Küche sollte man daher auch den Wein dieses Landes kredenzen. Deshalb habe ich zu jedem Menü einige in ihren Charakteristika passende Weine empfohlen.

Im übrigen werden Sie beim Durchblättern dieses Buches schon festgestellt haben, daß ich jedes einzelne Menü unter den Titel eines Strauss-Opus stelle. Die Auswahl der Musikstücke bezieht sich entweder auf ihren Inhalt oder direkt auf die Entstehung der Speisenfolge am »Ort der Handlung«. Namhafte Köche in Deutschland und Österreich haben die »Schlemmereien« nachgekocht. Johann Strauss fühlte sich in den einfachen Beiserln wohl und ging in den besten Häusern ein und aus. Dabei ist der Walzerkönig sich selbst immer treu geblieben. Verhungert wäre er nie, denn »Ham' ma nix, fress' ma Erdäpfel« soll achselzuckend sein Standardsatz gewesen sein, wenn sich finanzielle Probleme einstellten.

Immer wenn mich etwas bedrückt, dann summe ich eine seiner unsterblichen Melodien, und schon schwebe ich einige Zentimeter über der Erde. »Ham' ma nix, dann ham' ma immer no' unser'n Strauss!«

GEORG A. WETH

Wiener Musikverein

An der schönen blauen Donau

(Opus 314)

Millionen Menschen in allen Erdteilen genießen zur Jahrtausendwende 1999/2000 »Schlemmereien im Walzertakt«, denn kein Komponist wird in den Stunden des Übergangs vom 20. in das 21. Jahrhundert öfter gespielt als Johann Strauss. Sein Walzer »An der schönen blauen Donau«, der seit dem 15. Februar 1867 (Uraufführung im Wiener Dianasaal) seinen Siegeszug durch die Welt antrat, wird nicht nur traditionsgemäß am Neujahrsmorgen des Jahres 2000 im Musikvereinssaal Wien mit frenetischem Jubel aufgenommen werden, er eröffnet auch nach alter Tradition die meisten Silvesterbälle, wie beispielsweise im ehrwürdigen Kempinski-Hotel »Vier Jahreszeiten« in München, das sich zum Ball der Bälle das Wiener Johann-Strauss-Orchester unter der Leitung von Béla Fischer holt.

Dieses Werk, das Strauss in seiner Wohnung Praterstraße 54 komponierte, ist hundert Jahre nach seinem Tod immer noch ein Tophit, der öfter gespielt wird als »Stille Nacht«. Schon damals war dieser Walzer ein Schlager, den selbst sein geliebter Papagei Jacquo krächzte.

Der Donauwalzer hätte ihn zum Millionär machen können, aber der Meister erhielt für den »eilig komponierten Chorwalzer« nur ein Gesamthonorar von 650 Gulden. Ihm selbst gefiel sein Werk nicht so gut: »Der Walzer war vielleicht nicht reißerisch genug«, doch das Volk kaufte die Notenblätter so begeistert wie die Jugendlichen im Jahre 2000 die CDs von Michael Jackson. Sein Freund Johannes Brahms bewunderte das Meisterwerk mit den Worten: »Leider nicht von mir.«

Das »Schlemmen im Walzertakt« begann eigentlich erst mit Johann Strauss Sohn so richtig, obwohl schon Johann Strauss Vater und Joseph Lanner in den damaligen Tanzsälen sehr erfolgreich waren. Johann Strauss – der Sohn – aber füllte mit seinem Orchester und seinen Kompositionen die größten Paläste Wiens. Nach seinem bejubelten Debüt am 15. Oktober 1844 in »Dommayer's Casino« ging es nahezu mühelos bergauf. Im »Humorist« hieß es bereits ein Vierteljahr später in der Ankündigung zu einer Strauss-Gala: »… Strauss Sohn verspricht die Geige so tanzmuthig zu streichen …, daß selbst die Sträußchen an den Busen der Damen zu tanzen anfangen werden … wo aber hält die Göttin des Tanzes jenes Lever au soir? … Bei Dommayer … wer dort speist, dem braucht man nicht erst wohl zu speisen wünschen. Dort ist Alles eitel Ambrosia und Nektar.«

Der Walzer diente ursprünglich zur Belustigung der »niederen Stände«, die eigentlich nicht tanzen konnten oder wollten, sondern »walzten«.

Strauss-Haus in der Praterstr. 54 in Wien

Das Menü, nachgekocht von Thomas Treu

KEMPINSKI HOTEL „VIER JAHRESZEITEN",
80559 MÜNCHEN

Grüne Spargelspitzenkrone mit geräuchertem Lachs und Beluga-Kaviar

Consommé von Schwarzfederhuhn und Wachtel unter der Blätterteighaube

Hummergratin »Joseph Lanner«

Gefülltes Kalbsfilet mit Trüffelsauce, Rote-Bete-Wirsingroulade und Kartoffeltörtchen

Johann Strauss Topfenstrudel

Josef Kurz meinte damals: »… bald singen, bald springen, bald saufen, bald ranzen, bald spielen, bald tanzen, bald waltzen sie umadum.« Kein Wunder, daß sich Strauss, der aus dem »niederen« Stand kam, des Walzers annahm. Graf de la Garde drückte es so aus: »… sobald die ersten Takte sich hören lassen, klären sich die Mienen auf, die Augen beleben sich, ein Wonnebeben durchrieselt alle …«

Der damals größte Ballsaal Wiens wurde lange vor der Geburt Strauss' im Jahre 1808 eröffnet. Es war der »Apollosaal« mit ca. 10.000 Plätzen. Gespeist wurde königlich von Silbertellern, die in der Anschaffung schon 600.000 Gulden kosteten. Volle Champagnerflaschen wurden als Kegel verwendet, zum Anzünden von Zigarren dienten brennende Geldscheine. 5000 Wachskerzen brannten in den verschiedenen Speisesälen, die von 13 Küchen bedient wurden.

Oftmals begannen die Strauss-Bälle um 8 Uhr abends und endeten um 5 Uhr früh. Es gab keine feste Regelung für Eintrittspreise. Wenn Eintritt erhoben wurde, dann setzte er sich gewöhnlich aus folgenden Abgaben zusammen:

»Fünf Groschen Entree, ein Groschen Lichtgeld, zwei Groschen Musikgeld, zehn Kreuzer Decorationsbeitrag, zwei Kreuzer für Bier, Würstel und fünf Groschen Einsatz für's Austanzen von einem Hahn und einer Ente, die in Vogelkäfigen statt den Lustern am Plafond befestigt sind.«

Strauss mit seinem »unwiderstehlichen Zauberstab« (»Humorist«, 1845) faszinierte Alt und Jung. Das Sofienbad, aus dem die Sofiensäle wurden, konnte die Menge seiner Fans kaum fassen.

Die Sofiensäle in der Marxergasse stehen immer noch für Veranstaltungen zur Verfügung. Der Gebäudekomplex mit den einzelnen Sälen wirkt heute allerdings heruntergekommen und ungepflegt. Dort fand erstmals der berühmte »Rosenmädchenball« statt, die Concordiabälle der Wiener Presse. 1863 wurde der Saal sogar als Markusplatz von Venedig dekoriert, mit Gondelfahrten zur Musik von Strauss.

»An der schönen blauen Donau«, Deckblatt der k.u.k. Hof- u. r. Kunst- und Musikalienhandlung

»Schwenders Coloseum«, gegründet von einem ehemaligen Kellner aus Karlsruhe, war berühmt für seine »Lumpenbälle«. Ebenfalls unter der Leitung von Schwender befand sich »Die Neue Welt« in Hietzing, in der auch Strauss regelmäßig zum Tanz aufspielte.

Bei derartigen Veranstaltungen wurden den Damen oftmals wertvolle »Damenspenden« überreicht, die in einer limitierten Auflage extra dafür angefertigt wurden. Selbst Strauss übermittelte einmal ein derartiges Präsent, indem er am 22. Januar 1845 bei einem Faschingsball im Dommayer einen kostbaren Extradruck der Titelseite zu seiner Komposition »Sinngedichte« überreichte.

Die exzellenten Ballspenden sind heute in der ehemaligen Strauss-Wohnung, der jetzigen Johann-Strauss-Gedenkstätte, in der Praterstraße 54 ausgestellt.

Das Geschäft lief so gut, daß Strauss im Laufe der Jahre mehrere Kapellen zusammenstellte, die am gleichen Abend an verschiedenen Plätzen spielten. Er fuhr dann von einem Spielort zum anderen, um wenigstens einige Walzer selbst zu dirigieren. Und überall gab es das köstlichste Essen, vor allem bei den Silvesterbällen.

Ein Silvestermenü à la Strauss hat der Chefkoch des Kempinski-Hotels »Vier Jahreszeiten« nachempfunden.

Sofienbadsaal Innenansicht, Franz Kollarz, kolorierter Stich

WEINEMPFEHLUNG

ZUR SPARGELSPITZENKRONE:
Einen gelben Muskateller aus der Südsteiermark

Ein Menü, das die Vielfalt dieser Rebsorte zur Geltung bringt: Ob trocken oder in hohen Prädikatsstufen – die Weine verfügen über ein traubiges, ausgeprägtes Muskatbukett, das die frische Muskatellertraube spürbar werden läßt.

ZUM KALBSFILET:
Einen Blaufränkischen vom Neusiedlersee

In Österreich hegt und pflegt man den Blaufränkischen wie kaum eine andere Rebsorte. In einigen Weinbaugebieten hat er sich aufgrund seiner Zuverlässigkeit und der hervorragenden Qualitäten durchgesetzt. Das Mittelburgenland wird z.B. vom Blaufränkisch derart dominiert, daß man es Blaufränkischland nennt.

ZUM TOPFENSTRUDEL:
Eine Auslese vom gelben und roten Muskateller vom Neusiedlersee

Durch das ausgeprägte Muskatbukett dieser Auslese kann hier eine köstliche Kombination zum Topfenstrudel geschaffen werden.

Grüne Spargelspitzenkrone mit geräuchertem Lachs und Beluga-Kaviar

Die Spargelspitzen waschen und gleichmäßig einkürzen. Etwa 1 Liter Wasser zum Kochen bringen und mit etwas Salz und der Zitronenscheibe würzen. Den Spargel darin in etwa 7 Minuten bißfest kochen. Sofort aus dem Wasser nehmen und in Eiswasser abschrecken.

Den Lachs in feine Würfel schneiden und in eine Schüssel geben. Die Kräuter kurz unter kaltem Wasser abbrausen und abtropfen lassen. Einen Teil der Kräuter zum Garnieren beiseite legen, die restlichen fein hacken. Etwas Sauerrahm und die gehackten Kräuter mit dem Räucherlachs vermengen und das Ganze mit Pfeffer würzen. Die Masse sollte nicht zu weich sein, sondern eine formbare, feste Konsistenz haben. Die Mischung abdecken und für etwa 1 Stunde kalt stellen.

Inzwischen den restliche Sauerrahm mit etwa der Hälfte des Zitronensafts verrühren und mit Salz und Pfeffer würzen. Die Blattsalate putzen, waschen und trockenschleudern. Aus dem restlichen Zitronensaft, Olivenöl, Zucker, Salz und Pfeffer ein Dressing rühren.

Auf 4 flachen Tellern die Sauerrahmsauce zu Spiegeln gießen. Auf jeden Teller in die Mitte eine Form mit etwa 4 cm Durchmesser plazieren, mit je einem Viertel der Lachsmischung füllen und anschließend die Form vorsichtig nach obenhin abziehen. Die grünen Spargelspitzen sorgfältig um die Lachstürmchen stellen, so daß sie eine Krone bilden.

Die Blattsalate kurz mit dem Dressing benetzen, um die Kronen drapieren und mit den Kräutern und den Rosenblättern dekorieren. Den Kaviar jeweils in die Mitte der Spargelspitzen gleiten lassen. Alles mit Wachteleierhälften garnieren.

Zutaten für 4 Personen

400 g grüne Spargelspitzen
Salz
1 Zitronenscheibe
400 g geräucherter Lachs
verschiedene Kräuter (z.B. Kerbel, Dill und Schnittlauch)
250 g Sauerrahm
Pfeffer aus der Mühle
Saft von 1 Zitrone
Blattsalate zum Garnieren
2 EL Olivenöl
etwas Zucker
Rosenblätter zum Garnieren
80 g Beluga-Kaviar
8 gekochte Wachteleier

Consommé von Schwarzfederhuhn und Wachtel unter der Blätterteighaube

Vom Schwarzfederhuhn und den Wachteln jeweils die Keulen und das Brustfleisch von den Knochen ablösen und kalt stellen. Restliche Geflügelteile in etwas Öl bei schwacher Hitze bräunen. Die angebratenen Geflügelteile in einen hohen Topf geben und mit etwa 2 Liter Wasser auffüllen. Das Ganze bei schwacher Hitze zum Köcheln bringen. Immer wieder mit einer Kelle die aufsteigenden Trübstoffe abschäumen.

Die Zwiebel schälen und vierteln. Das Suppengrün putzen, waschen und kleinschneiden. Ein Drittel des Gemüses beiseite stellen. Restliches Gemüse sowie Zwiebel in die Brühe geben und alles mit Salz und der Hälfte der Pfefferkörner würzen. Die Brühe köcheln lassen. Die Hälfte der Kräuter zusammen mit 1 Lorbeerblatt und der Hälfte der Wacholderbeeren in ein Gewürzsäckchen geben. In die Brühe legen und alles 1 bis 2 Stunden leicht köcheln lassen. Anschließend durch ein mit einem Küchentuch ausgelegtes Sieb gießen und kalt stellen. Überschüssiges Fett abschöpfen.

Die ausgelösten Keulen und Brüste von Knochen, Häuten und Sehnen befreien. Das Brustfleisch in einem Teil der Brühe garen und beiseite stellen. Das Keulenfleisch zusammen mit dem zurückbehaltenem Gemüse durch die große Scheibe eines Fleischwolfs drehen. Die Eiweiße steif schlagen. Die Fleisch-Gemüse-Mischung mit Eischnee, Eiswürfeln, Sherry und Cognac verrühren. Restliche Kräuter, Lorbeerblatt, übrige Wacholderbeeren und Pfefferkörner hinzufügen und mit Salz würzen. Das Ganze mindestens 1 Stunde kalt stellen.

Dann in die kalte Brühe geben und alles unter gelegentlichem Rühren erhitzen. Dabei die Consommé nicht zu stark kochen lassen, da sie sonst trüb wird. Nach einmaligem Aufkochen nochmals 1 Stunde auf dem Herd köcheln lassen, damit sich alle Trübstoffe binden können.

Den Backofen auf 180 °C vorheizen. Die Consommé durch ein Tuch abseihen und wieder erkalten lassen. Die Champignons putzen und in Scheiben schneiden. Von der Consommé nochmals überschüssiges Fett abschöpfen und sie dann in 4 Suppentassen füllen. Die Geflügelbrüste sowie die Champignons als Einlage hineingeben. Den Blätterteig ausrollen und 4 Kreise ausschneiden, deren Durchmesser um jeweils etwa 1 cm größer ist als der der Suppentassen. Die Tassen mit den Blätterteigkreisen abschließen. Den Teig mit Eigelb bestreichen. Alles in den Ofen geben und 15 bis 20 Minuten backen.

Zutaten für 4 Personen

- 1 küchenfertiges Schwarzfederhuhn (ersatzweise Perlhuhn)
- 2 küchenfertige Wachteln
- etwas Öl
- 1 Zwiebel
- 1 Bund Suppengrün
- Salz
- 6 weiße Pfefferkörner
- 1 Bund Petersilie
- 1 Zweig Thymian
- 2 Lorbeerblätter
- 6 Wacholderbeeren
- 3 Eiweiß
- 10 Eiswürfel
- 100 ml Sherry
- 100 ml Cognac
- Pfeffer aus der Mühle
- 100 g Champignons
- 250 g Blätterteig
- 1 verquirltes Eigelb

Hummergratin »Joseph Lanner«

»Nur den nächsten Weg« von J. Ch. Schöller, 1838

In einem großen Topf reichlich Salzwasser zum Kochen bringen. Die Hummer mit dem Kopf voran hineingeben und 3 bis 4 Minuten garen. Herausnehmen, abtropfen lassen, jeweils längs halbieren und beiseite stellen. Den Spinat putzen und waschen. Die Schalotten schälen und fein hacken. Die Hälfte des Spinats und der Schalotten in etwas Öl weich dünsten. Mit Salz und Pfeffer würzen und im Mixer zu einem feinen Püree verarbeiten. Das Fischfilet entgräten, waschen und trockentupfen. Die Eier trennen und die Eigelbe beiseite stellen. Fischfilet zusammen mit Eiweiß, Sahne und Spinatpüree im Mixer pürieren. Mit Salz und Pfeffer würzen. Die Zitronen in dünne Scheiben schneiden und entkernen. Eine Terrinenform mit den Zitronenscheiben auskleiden. Die Farce in die Form streichen. Alles im Wasserbad im Backofen etwa 30 Minuten bei 70 °C pochieren. Anschließend warm stellen.

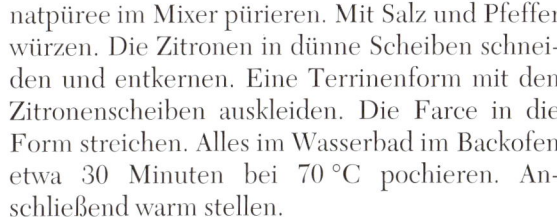

Die Erdnüsse in einer Pfanne kurz rösten und dann mit dem Geflügelfond ablöschen. Mit Cayennepfeffer, Pfefferkörnern und Salz würzen. Das Ganze sehr fein pürieren, dann durch ein Sieb passieren und mit Butter aufmixen. Für die Hollandaise einen Teil der restlichen Schalotten mit 4 Eßlöffeln Wasser und dem Estragonessig bei milder Hitze um ein Drittel reduzieren. Vom Herd nehmen und erkalten lassen. Die Eigelbe unterrühren. Die Mischung unter ständigem Rühren vorsichtig erhitzen. Wenn sie nach etwa 10 Minuten eine cremige Konsistenz erhält, vom Herd nehmen und die geklärte Butter nach und nach zufließen lassen. Dabei ständig rühren. Mit Salz und Pfeffer würzen. Die Sauce durch ein feines Sieb gießen und warm halten.

Den Backofengrill vorheizen. Die Hummer in etwas Olivenöl kurz anbraten. Restliche Schalottenwürfel und übrigen Spinat in Olivenöl leicht dünsten, mit Salz und Pfeffer würzen. Auf 4 vorgewärmten Tellern den Spinat jeweils auf die Tellermitte plazieren. Die Hummer auf dem Spinat anrichten. Den Zitronensaft unter die Hollandaise rühren und die Hummerstücke damit überziehen. Alles in den Ofen geben und kurz gratinieren. Die Terrine auf eine Servierplatte stürzen, mit der Erdnußemulsion umgießen und alles zügig servieren.

> **ZUTATEN**
> FÜR 4 PERSONEN
>
> **FÜR DEN HUMMER**
> Salz
> 2 kleine Hummer
> à 300–400 g
>
> **FÜR DIE FARCE**
> 200 g Blattspinat
> 1–2 Schalotten
> etwas Öl
> Pfeffer aus der Mühle
> 100 g weißes Fischfilet
> 4 Eier
> 80 ml Sahne
> 2 unbehandelte Zitronen
>
> **FÜR DIE ERDNUSSEMULSION**
> 80 g ungesalzene Erdnüsse
> ¼ l Geflügelfond
> 1 Msp. Cayennepfeffer
> 1 EL weiße und schwarze Pfefferkörner
> 3–4 EL Butter
>
> **FÜR DIE HOLLANDAISE**
> 4 EL kaltes Wasser
> 1 EL Estragonessig
> 200 g geklärte, flüssige Butter
> Saft von ½ Zitrone
>
> **AUSSERDEM**
> etwas Olivenöl

Gefülltes Kalbsfilet mit Trüffelsauce, Rote-Bete-Wirsingroulade und Kartoffeltörtchen

Zutaten
für 4 Personen

Für das Filet
600–650 g Kalbsfilet
80 g frische Morcheln
½ EL Butter
Salz, Pfeffer aus der Mühle
etwas Öl zum Braten

Für die Rote-Bete-Wirsingrouladen
1 Wirsing
200 g Rote Bete
1 Eiweiß
etwas geriebene Muskatnuß

Für die Kartoffeltörtchen
300 g Kartoffeln
1 halbierte Knoblauchzehe
½ l Sahne

Für die Trüffelsauce
2 Schalotten
40 g schwarze Wintertrüffel
50 g schwarze Trüffel
1½ EL Butter
3 EL Madeira
3 EL roter Portwein
¼ l brauner Kalbsjus

Das Kalbsfilet in 4 gleich große Portionen teilen. Mit einem scharfen Messer jeweils in der Mitte einschneiden. Die Morcheln putzen und in der Butter kurz anbraten. Die Filetstücke mit den Morcheln füllen und kalt stellen. Vom Wirsing den Strunk und die äußeren Blätter entfernen. Von den restlichen Blättern 4 große, schöne Blätter auswählen und in Salzwasser waschen. Dann blanchieren und in Eiswasser abschrecken. Die Wirsingblätter auf Küchenpapier abtropfen lassen.

Den Backofen auf 180 °C vorheizen. Die Rote Bete waschen und weich kochen. Anschließend gut ausdampfen lassen, schälen und pürieren. Eiweiß steif schlagen. Das Rote-Bete-Püree mit dem Eischnee vermengen und mit Muskatnuß, Salz sowie Pfeffer würzen. Die Wirsingblätter auf ein Küchentuch legen und das Püree darauf verstreichen. Die Blätter jeweils zu einer Rolle formen und etwa 15 Minuten im Ofen backen. Herausnehmen, jeweils in 4 gleich große Stücke schneiden und warm stellen.

Die Kartoffeln schälen und dünne Scheiben schneiden. Eine feuerfeste Form mit Knoblauch ausreiben und die Kartoffelscheiben hineinschichten. Die Sahne mit Salz und Pfeffer würzen und darüber gießen. Das Ganze bei 180 °C im vorgeheizten Ofen 20 bis 30 Minuten backen. Herausnehmen und mit einem runden Förmchen 4 Törtchen ausstechen. Auf ein Blech setzen und im Ofen warm halten.

Für die Trüffelsauce die Schalotten schälen und fein hacken. Die Trüffel putzen und fein würfeln. 1 Eßlöffel Butter erhitzen und Schalotten sowie Trüffel darin anschwitzen. Mit Madeira und Portwein ablöschen und die Flüssigkeit etwas reduzieren. Den Kalbsjus dazugießen und alles weiter köcheln lassen, bis die Sauce eine leicht sämige Konsistenz erhält. Die restliche Butter unterrühren, mit Salz und Pfeffer abschmecken und warm halten.

Den Backofen auf 200 °C vorheizen. Die gefüllten Kalbsfilets mit Salz und Pfeffer würzen. In einer großen Pfanne etwas Öl erhitzen und das Fleisch darin anbraten. Dann etwa 10 Minuten im Ofen garen. Herausnehmen, kurz ruhen lassen und schräg aufschneiden. Alles zusammen servieren.

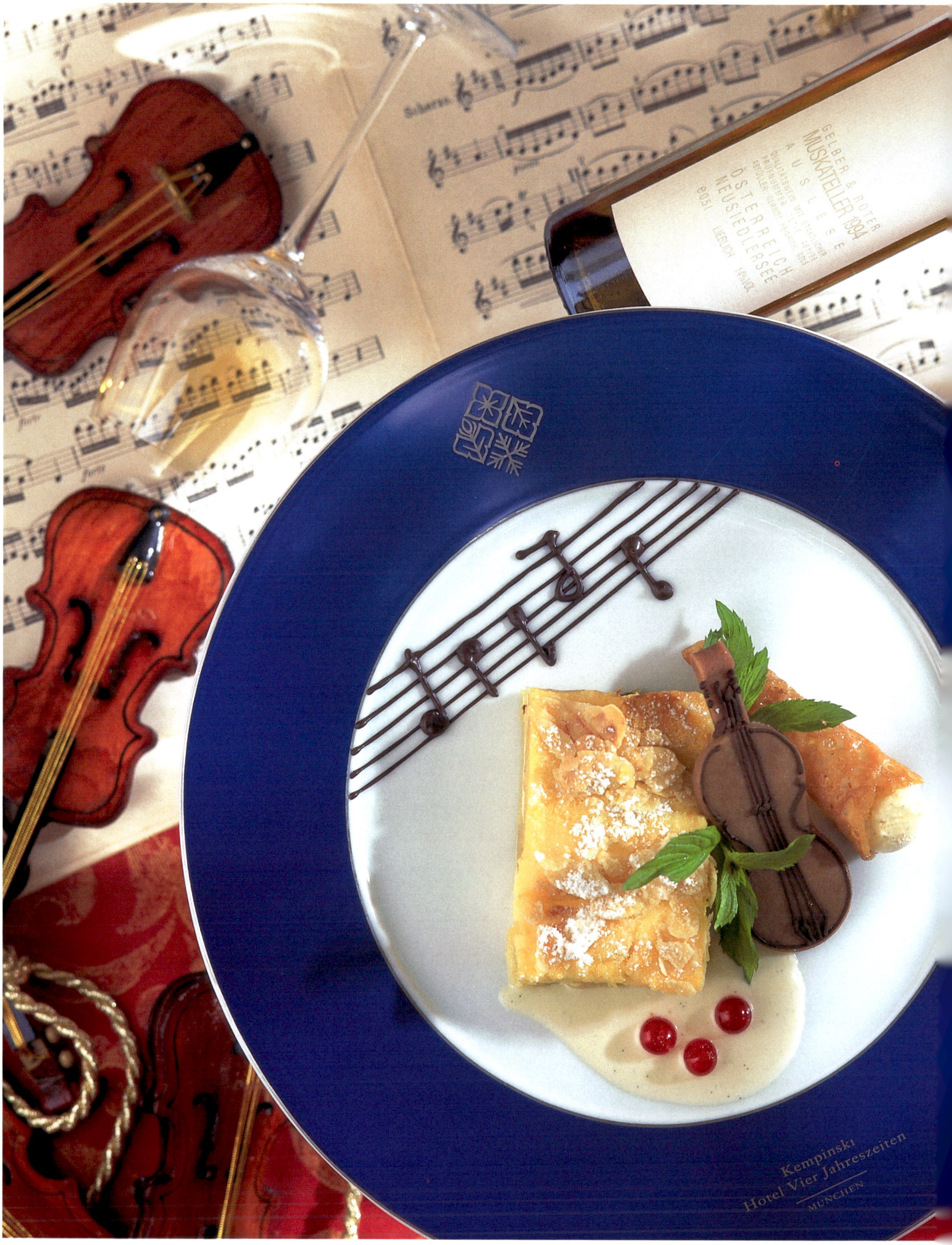
GELBER & ROTER
MUSKATELLER 1994
AUSLESE
ÖSTERREICH
NEUSIEDLERSEE
0,5l
LIEBLICH
14%VOL
Kempinski
Hotel Vier Jahreszeiten
MÜNCHEN

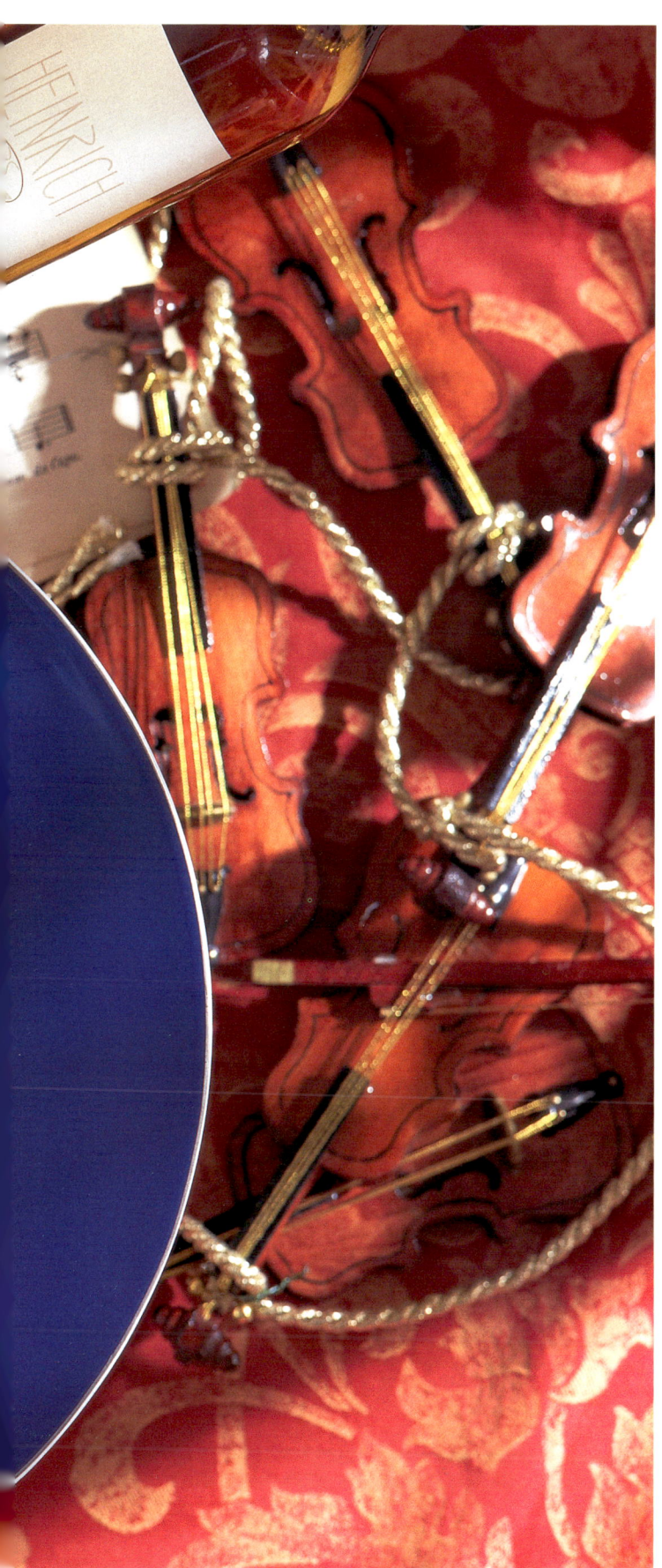

Johann Strauss Topfenstrudel

Für den Strudelteig alle Zutaten zu einem glatten Teig verarbeiten. Zur Kugel formen, mit einem Tuch zudecken und an einem warmen Ort etwa 10 Minuten ruhen lassen. Den Quark in einem Tuch auspressen und durch ein feines Sieb streichen. Die Eier trennen und die Eiweiße steif schlagen. Die Eigelbe mit dem Quark verrühren. Zucker, Vanilleschotenmark, Rum, Rosinen sowie etwas Salz hinzufügen und alles gut vermengen. Den Eischnee unterziehen und die Masse kühl stellen.

Den Backofen auf 180 °C vorheizen. Den Strudelteig halbieren. Beide Hälften auf etwa 40 x 30 cm ausziehen. Jeweils die unteren zwei Drittel der Teigplatten mit der Hälfte der Quarkmasse bestreichen, dabei auf jeder Seite einen Rand belassen, damit beim Aufrollen keine Füllung austritt. Die Strudel mit Hilfe eines Tuches aufrollen und jeweils die Ränder vorsichtig zusammendrücken. Die Strudel auf ein gebuttertes Blech mit hohem Rand legen und etwa 25 Minuten backen. Inzwischen für den Guß Milch, Sahne, Ei und Zucker verquirlen. Die Strudel damit begießen und weitere 40 Minuten backen.

Die Butter in Flöckchen schneiden und zusammen mit den Mandelblättchen und dem Zucker auf die Strudel streuen. Nochmals 10 Minuten backen lassen. Dann gleich aus der Form nehmen und noch warm zusammen mit Vanillesauce servieren.

ZUTATEN FÜR 4 PERSONEN

FÜR DEN STRUDELTEIG
90 g Mehl
2 EL lauwarmes Wasser
etwas Salz
1½ EL Butter
1 Eigelb
Butter für das Blech

FÜR DIE QUARKMASSE
400 g Quark
2 kleine Eier
80 g Zucker
ausgekratztes Mark von ½ Vanilleschote
3 EL Rum
3 EL in Rum eingelegte Rosinen

FÜR DEN GUSS
3½ EL Milch
3½ EL Sahne
1 kleines Ei
1½ EL Zucker

FÜR DIE MANDELKRUSTE
3½ EL Butter
100 g Mandelblättchen
1½ EL Zucker

Bei uns z'Haus

(Opus 361)

Als Johann Strauss 1853 zu kränkeln begann, holte man seinen Bruder Josef in das Strauss-Unternehmen. Eduard folgte 1862. Sie leiteten vorerst abwechselnd das Orchester, während Johann hauptsächlich komponierte.

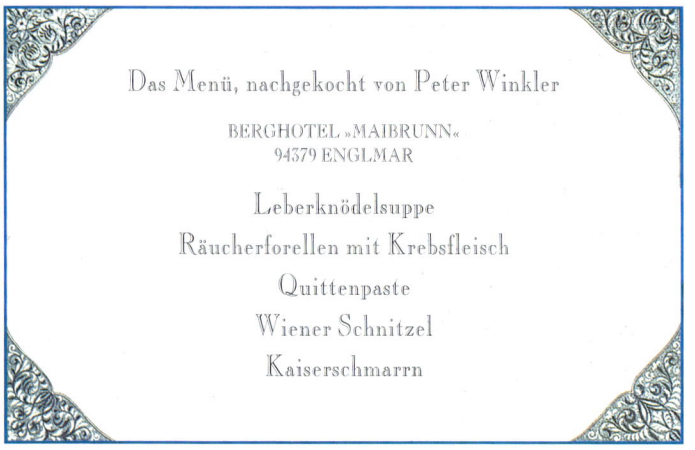

Das Menü, nachgekocht von Peter Winkler

BERGHOTEL »MAIBRUNN«
94379 ENGLMAR

Leberknödelsuppe

Räucherforellen mit Krebsfleisch

Quittenpaste

Wiener Schnitzel

Kaiserschmarrn

Nach und nach stellte sich heraus, daß Josef ein ausgezeichneter Komponist war, während Eduard das Talent besaß, das Orchester mit Verantwortung und künstlerischem Einfühlungsvermögen zu leiten, wenn er auch nicht den Vorstellungen seines Bruders Johann entsprach. Die meisten Auslandstourneen übernahm Eduard. Als er 1889 eine Kunstreise durch Europa unternahm, berichtete das »Neue Wiener Tagblatt« am 4. Oktober 1889:

»… Mit vierzig Mann hatte Eduard Strauss Ende März seine Kunstreise durch Mitteleuropa angetreten: die größte Tournee, die bisher von einem Orchester unternommen wurde… Ein wahrer Triumphzug dieser ›schönen blauen Donau‹ – sie wurde allabendlich gespielt, natürlich allabendlich zur Wiederholung begehrt und somit im Verlauf der Reise 360 Mal vorgetragen. Freilich vermochte dieser Enthusiasmus der Pommern, Thüringer, Mecklenburger usw. die Strauss'schen Musiker für manche Entbehrungen nicht zu entschädigen. Sie dachten mit Wehmut an den heimatlichen Herd, auf welchem so trefflich Suppe, so gutes Fleisch bereitet wird, denn weder die pommerschen Gänsebrüste noch die Thüringer ›Rinderbraten‹ behagten ihnen, und selbst gegenüber den Reizen eines ›Lendenbratens in weißer Tunke‹ oder der ›Teltower Rübchen‹ blieben sie unempfänglich. Und erst in Holland! Können die bedeutendsten künstlerischen Erfolge die Unannehmlichkeiten eines Magenkatarrhs aufwiegen? Theure Preise und schlechte Kost – man vergegenwärtige sich nur beispielsweise, daß in Oel gebratene Tauben holländische Leckerbissen sind …«

Noch unerträglicher für die Musiker war offenbar die Verpflegung in Amerika! Die gleiche Zeitung schrieb anläßlich einer Amerika-Tournee am 24. Oktober 1890:

»… die den Wiener Magen wenig befriedigende amerikanische Küche strapazierte ihre Nerven … Manche Qualen mußten die nach einem Labetrunk Lechzenden in jenen Städten erdulden, in welchen die Temperenzler Oberhand haben und wo der Genuß von Wein strenge verpönt ist. Einmal, als nach einem Nachmittag- und Abendkonzerte ihre Kehlen entsetzlich trocken waren, gelang es den Wiener Musikern, durch die Gunst des Gouverneurs einen glücklichen Coup zu inszenieren. Der Gouverneur stellte ihnen einen

WEINEMPFEHLUNG

ZUM WIENER SCHNITZEL:
Ein Roter Veltliner aus dem Kremstal

Eine österreichische Rarität: anspruchsvoll im Weingarten, auch im Keller schwierig zu bearbeiten, stellt er für jeden Winzer eine Herausforderung dar. Um so mehr erfreut der Rote Veltliner als vielseitig einsetzbarer Speisenbegleiter.

ZUM KAISERSCHMARRN:
Ruster Ausbruch aus Rust

Der Ruster Ausbruch verfügt über eine jahrhundertealte Tradition. Bereits im 17. Jahrhundert konnten sich die Ruster Bürger das Freistadtrecht mit Ruster Ausbruch erkaufen.

Johann Strauss 1853, Kupferstich von Joseph Kriehuber

Attest aus, daß sie kranke, durchreisende Touristen seien und auf diese Bescheinigung hin folgte man ihnen in den Apotheken der Stadt einige Flaschen Wein aus …!!«

»Bei uns z'Haus« (Titel eines Walzers, den Strauss am 6. März 1873 der Fürstin Marie Hohenlohe-Schillingsfürstin widmete) ist alles besser, meinten die Musiker, die froh waren, daß sie nach Wochen der Abstinenz ihr Wiener Schnitzel oder ihre Wienerle wieder genießen durften. Es war ihnen »wurscht« daß das »Wiener Schnitzel« seinem Ursprung nach maurisch und daß das »Wienerle« eigentlich ein »Frankfurter« ist. Erfunden wurde das »Wiener Frankfurter Würstchen« von einem in Frankfurt geborenen Metzger namens Franz Lahner, der sich nach seinen Wanderburschenjahren in Wien niederließ. In seinem Haus in der Neustiftgasse 112 erfand er die berühmten Würstchen, die er zu Ehren seiner Heimat »Frankfurter« nannte. 1994 hat man diesem Ereignis sogar eine Gedenktafel gewidmet.

Und das Wiener Schnitzel? Bereits die Mauren sollen in Andalusien ein ähnliches, in Semmelbröseln gewendetes und ausgebackenes Gericht eingeführt haben. Im 12. Jahrhundert erfreute sich ein vergleichbares Fleischgericht in Konstantinopel großer Beliebtheit.

Im 16. Jahrhundert war es vor allem in Oberitalien gebräuchlich, Speisen zu umhüllen, teilweise sogar mit Blattgold. Nachdem 1514 das Vergolden von Speisen verboten worden war, besannen sich die Köche auf das Panieren von Fleisch mit gemahlenem Brot, das, in schwimmendem Fett gebraten, nahezu wie Gold aussah. Wie dem auch sei, die Wiener haben es jedenfalls geschafft, mit einem Stückchen paniertem Fleisch weltweit bekannt zu werden.

Der Kaiserschmarrn allerdings geht auf eine echte Wiener »Erfindung« zurück. Nach einer Anekdote soll der Hofküchenpatissier des Kaisers Franz Joseph eine neue Kreation aus Omeletteteig gemacht haben, die Sisi jedoch nicht schmeckte.

Da griff der Kaiser mit folgenden Worten ein: »Na, geb' er mir halt den Schmarren, den's da wieder 'zamm'kocht hab'n.«

Leberknödelsuppe

Die Brötchen in dünne Scheiben schneiden und in eine große Schüssel legen. 1 Teelöffel Salz und die Milch über das Knödelbrot geben. Zugedeckt etwa 1 Stunde durchziehen lassen. Dann leicht ausdrücken.

Zutaten
für 4 Personen

- 8 altbackene Brötchen
- Salz
- 375 ml lauwarme Milch
- ½ Zwiebel
- ½ Bund Petersilie
- 1 EL Butter
- 250 g Kalbsleber
- 2–3 Eier
- 1 Msp. getrockneter Majoran
- 2 Msp. Pfeffer
- 1 l Rinderbouillon

Die Zwiebel schälen und fein würfeln. Die Petersilie waschen, abtropfen lassen und die Blätter fein hacken. Die Butter in einer kleinen Pfanne erhitzen und die Zwiebelwürfel zusammen mit der Petersilie darin anbraten. Die Pfanne vom Herd nehmen und alles abkühlen lassen. Die Leber von Häuten, Sehnen, Adern und Bindegewebe befreien.

Fein schaben oder durch die kleinste Scheibe eines Fleischwolfs drehen. 2,5 Liter Wasser zusammen mit 2 Teelöffeln Salz zum Kochen bringen. Die Eier mit Majoran und Pfeffer verquirlen. Zusammen mit den Zwiebelwürfeln zum Knödelbrot geben. Die Leber hinzufügen, alles gut vermengen, zu einer homogenen Masse kneten und in der Schüssel flach drücken. Mit angefeuchteten Händen kleine Knödel formen, ins kochende Salzwasser legen und darin 7 bis 10 Minuten garen. Inzwischen die Rinderbouillon erhitzen. Die Leberknödel aus dem Salzwasser nehmen, in die heiße Bouillon einlegen und servieren.

Räucherforellen mit Krebsfleisch

Die Eigelbe vorsichtig in eine Schüssel gleiten lassen, ohne sie zu verletzen. Salz, Zucker, Cayennepfeffer, Senf und Zitronensaft hinzufügen. Wenige Tropfen Öl dazugeben und entweder im Mixer oder mit einem Schneebesen etwa 1 Minute kräftig rühren, bis die Mischung cremig wird. Unter ständigem Weiterrühren das restliche Öl zuerst tropfenweise, später – nach etwa insgesamt 2 Eßlöffeln Öl – in einem dünnen Strahl zugießen, dabei darauf achten, daß die Konsistenz immer wieder cremig wird.

Anschließend mit Essig würzen und die gehackten Kräuter unterrühren. Nochmals abschmecken. Die Zutaten für die Kräutermayonnaise sollten alle Raumtemperatur haben, damit sie nicht gerinnt.

Das Krebsfleisch aus den Schalen lösen und mit der Mayonnaise vermischen. Die Forellen entlang des Rückens aufschneiden und mit der Krebsfleisch-Kräuter-Mayonnaise füllen.
(auf dem Foto)

ZUTATEN FÜR 4 PERSONEN

2 frische Eigelbe
Salz
etwas Zucker
1 Msp. Cayennepfeffer
1 TL Senf
1 TL Zitronensaft
¼ l Öl
1–2 EL Essig
2 EL fein gehackte Kräuter (Dill, Estragon, Zitronenmelisse, Zitronenverbene, Salbei, Petersilie)
8 gegarte Krebsschwänze
8 geräucherte Forellen

Quittenpaste

Die Quitten waschen und mitsamt der Schale und dem Kerngehäuse in feine Scheiben schneiden. In einen großen Topf geben, knapp mit Wasser bedecken und bei schwacher Hitze etwa 30 Minuten kochen, bis sie weich sind. Anschließend in ein mit einem Tuch ausgelegtes Sieb geben und den Saft ausdrücken. Danach die Quitten durch ein Haarsieb passieren. Das Quittenpüree zusammen mit Zucker und Zitronensaft unter ständigem Rühren 2 bis 3 Stunden einkochen, bis die Masse eine rötliche Farbe annimmt und beginnt, sülzig zu werden. Die Quittenpaste in eine große Kastenform füllen und darin erkalten lassen. Vor dem Servieren stürzen und in Scheiben schneiden.

ZUTATEN FÜR 4 PERSONEN

4 kg Quitten
3 kg Zucker
Saft von 2 Zitronen

Wiener Schnitzel

Die Kalbsschnitzel kurz kalt waschen und gut trockentupfen. Die Haut an den Rändern entfernen und die Schnitzel sanft klopfen. Das Fleisch mit Salz und Pfeffer einreiben.

Das Mehl in einen tiefen Teller schütten. In einem weiteren tiefen Teller das Ei mit 1 Eßlöffel Wasser und etwas Salz gut verquirlen. Die Semmelbrösel in einen dritten Teller schütten. Die Schnitzel zuerst in Mehl wenden. Dann durch das verquirlte Ei ziehen. Anschließend in den Semmelbröseln wenden, diese leicht andrücken und nicht anhaftende Panade abschütteln.

In einer großen Pfanne ausreichend Schweineschmalz erhitzen und die panierten Schnitzel schwimmend darin von beiden Seiten etwa 4 Minuten braten.

Die Petersilie waschen, mit Küchenpapier trockentupfen und von den harten Stielen befreien. Die Zitrone in Spalten schneiden. Die Schnitzel aus der Pfanne nehmen, etwas abtropfen lassen und auf eine vorgewärmte Servierplatte geben. Petersilie und Zitronenspalten auf einem extra Teller anrichten und dazu reichen. Nach Belieben zusammen mit Bratkartoffeln und gedünsteten Zuckerschoten servieren.
(auf dem Foto)

ZUTATEN FÜR 4 PERSONEN

4 Kalbsschnitzel
à 125 g, aus der Nuß
Salz, Pfeffer aus der Mühle
3–4 EL Mehl
1 Ei
Semmelbrösel zum Panieren
Schweineschmalz zum Ausbacken
½ Bund Petersilie
1 unbehandelte Zitrone

*Postkarte
»Eduard Strauss dirigiert«,
»Dr. O. Böhler's Silhouetten«*

Kaiserschmarrn

Die Eier trennen. In einer Schüssel die Eigelbe mit der Milch und dem Salz verquirlen. Löffelweise das Mehl unterrühren. Anschließend den Teig mindestens 30 Minuten ruhen lassen.

Inzwischen die Rosinen waschen und in einem sauberen Küchentuch trockenreiben. Die Eiweiße steif schlagen und vorsichtig unter den Teig ziehen. In einer Pfanne die Butter erhitzen, die Teigmasse hineingeben und bei mittlerer Hitze etwas stocken lassen.

Dann die Rosinen darauf streuen. Wenn der Teig goldbraun ist, umdrehen und auf der Rückseite ebenfalls backen. Anschließend mit Hilfe von 2 Gabeln in nicht zu kleine Stücke reißen. Auf vorgewärmten Tellern locker anrichten. Vor dem Servieren dick mit Puderzucker bestäuben.

ZUTATEN FÜR 4 PERSONEN

4 Eier
½ l Milch
1 Msp. Salz
250 g Mehl
100 g Rosinen
2 EL Butter
Puderzucker zum Bestäuben

»Josef und seine Brüder« 1869, Karikatur aus dem »Zeitgeist«

Industrie-Quadrille

(Opus 35)

Baden bei Wien – ein historischer Kurort, der Geschichte machte und bis heute aus ihr lebt. Obwohl heute moderne Kureinrichtungen und erstklassige Luxushotels den Gast verwöhnen, hat sich Baden bei Wien das Flair des 19. Jahrhunderts erhalten, von dem sich einst Karl Komzak, Carl Michael Ziehrer, Franz Lehar, Ludwig van Beethoven (er vollendete in der Rathausgasse 10 seine 9. Symphonie), Franz Grillparzer, Franz Schubert und Carl Maria von Weber inspirieren ließen. Max Goldmann, der sich später Max Reinhardt nannte, und der Nobelpreisträger Karl Landsteiner, der die Blutgruppen entdeckte, sowie die Burgschauspielerin Katharina Schratt wurden hier geboren.

Baden ist aber auch stolz auf die Strauss-Dynastie, die dem Kurort vor den Toren Wiens stets ihre Sympathie bekundete.

Strauss Vater widmete Baden zwei Kompositionen: »Mein schönster Tag in Baden« (1830) und »Souvenir de Baden« (1832).

Lanner und er konzertierten des öfteren im noch erhaltenen Biedermeier-Musikpavillon im romantischen Kurpark, der auch heute noch zur Promenade einlädt. Karl Friedrich Zelter schrieb an Goethe:

»Der Park hier ... ist wie ein türkisches Paradies. Was an schönen Weibern in Wien ist und einen Wagen bezahlen kann, stellt sich sonntags nach 11 Uhr ein, aufs anmutigste geputzt und gestützt, daß man lauter Augen sein möchte. Es gibt viele schöne Frauen hier, besonders vom mittleren Alter, glatt, rein, weder bedeckt noch versteckt und von der reizendsten Carnation ...«

Das Menü, nachgekocht von Rainer Frühwald
CHEFKOCH IM »GRAND HOTEL SAUERHOF«
BADEN BEI WIEN

Entenleberterrine mit Auslesegelee und Schinken

Consommé Double

Gemischte Edelfische auf grünem Spargel und roter Butter

Sorbet von grünen Äpfeln

Rehrücken mit Preiselbeercrêpes, Maroni und weißer Pfeffersauce

Variationen von der Birne

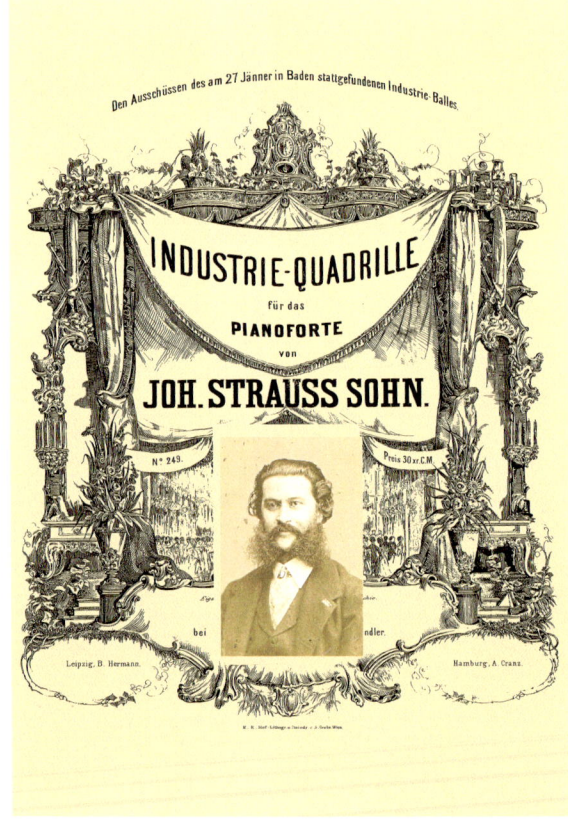

Titelblatt für die »Industrie-Quadrille«

Lanner und Strauss Vater wurde im Kurpark ein Denkmal gesetzt. Eduard Strauss dirigierte viele Male sein Orchester im Musikpavillon, und der Walzerkönig Johann Strauss fühlte sich zu Baden besonders hingezogen. An einigen Fassaden alter Häuser erinnern Gedenktafeln an sein Wirken.

Das Kurhaus Casino in Baden bei Wien

Die Pestsäule im Zentrum von Baden bei Wien

Während Strauss noch mit Henriette, geb. Treffz, verheiratet war, lernte er in dem Kurstädtchen (Frauengasse 8) die Sängerin Angelika Dittrich kennen, die er sieben Wochen nach dem Tod von Henriette (8. April 1878) am 18. Mai 1878 ehelichte.

Vieles spricht dafür, daß Strauss' berühmteste Operette »Die Fledermaus« in Baden angesiedelt ist. »Badeort in der Nähe einer Großstadt« heißt es in der Ortsbeschreibung. Das Libretto schrieben Carl Haffner und Richard Genée, der in Baden wohnte und starb (Braitner Str. 5). In der Uraufführung der »Fledermaus«, die am 5. April 1874 im Theater an der Wien stattfand, spielte Alfred Schreiber, der viele Jahre der Direktor des Badener Stadttheaters war, den Frosch.

Eine Komposition widmete Strauss dem Kurort Baden exklusiv: Für den am 27. Januar 1847 vorgesehenen und dann am 30. Januar in den Badener Redoutensälen aufgeführten Industrieball komponierte er die »Industrie-Quadrille«. Ein Jahr vor der Revolution war der Fortschritt in der österreichischen Industrie unübersehbar. Damals schrieb der Topograph Wenzel Blumenbach:

»Am dichtesten erscheinen die Gewerbeanstalten in Wien und im Kreise unter dem Wienerwalde, der zum Teil mit einer fast zusammenhängenden Reihe von Fabriken bedeckt ist, ungefähr so, wie man es in manchen Gegenden Englands findet.« Sechzig Dampfmaschinen gab es in dieser Zeit in Niederösterreich und siebenundachtzig allein in Wien. Das Wasserrad mußte der Dampfmaschine weichen. Dieser Entwicklung konnte sich auch Strauss nicht verschließen, denn er witterte hier neue Geschäfte durch neue Auftraggeber.

Johann Strauss, der ab 1880 seine Sommervilla im nahen Schönau bezog, kam immer häufiger nach Baden. Es ist anzunehmen, daß er auch in dem damals schon berühmten »Sauerhof« (1491 erstmals urkundlich erwähnt) speiste, den Josef Kornhäusel für den Freiherrn von Doblhoff von 1820–1822 neu errichtete. Heute begrüßt im Grand Hotel »Sauerhof« Kurt Dohnal als Direktor des Hauses eine erlesene Gästeschar von ranghohen Politikern aus der ganzen Welt, Industriemanagern und Adligen bis hin zu einer internationalen Künstlerschar. Wo einst Beethoven und Grillparzer ein und aus gingen, stellte man ein Menü aus der Zeit der »Industrie-Quadrille« zusammen, verfeinert für den Geschmack des 21. Jahrhunderts.

WEINEMPFEHLUNG

ZUR ENTENSTOPFLEBER:
Eine Traminer Auslese aus dem Kremstal

Der Traminer, eine der nachweislich ältesten Rebsorten, löst durch sein ausdrucksvolles, blumiges Bukett einen Ansturm auf den Geruchssinn aus. Einen ähnlichen Nuancenreichtum liefert die Entenleber dem Geschmackssinn. In Österreich ist der Traminer noch in allen Weinbauregionen zu finden.

ZU DEN EDELFISCHEN:
Ein Riesling aus dem Kremstal

Der Riesling, auch »König unter den Weißweinsorten« genannt, gedeiht in Niederösterreich nicht nur auf den kargen Urgesteinsböden der Wachau hervorragend. Auch im Krems- und Kamptal sowie im Weinviertel wissen Rieslinge ihre Klasse auszuspielen.

ZUM REHRÜCKEN:
Ein Rotwein vom Neusiedlersee

Die Qualität von Österreichs Rotweinen konnte in den letzten Jahren eine steile Aufwärtsentwicklung verzeichnen. Die Winzer wissen mit Cuvées von internationalem Format die Stärken der einzelnen Rebsorten zu einem besonderen Ganzen zu vereinen.

Entenleberterrine mit Auslesegelee und Schinken

Portwein und Calvados erhitzen und reduzieren. Die Entenlebern von Haut, Sehnen, Adern und Bindegewebe befreien. Anschließend in Stücke schneiden und in eine Porzellanschüssel geben. Mit dem Alkohol übergießen und mit weißem Pfeffer würzen. An einem kühlen Ort 2 Tage ziehen lassen.

Für das Gelee das Brustkernfleisch fein hacken. In etwas kaltem Wasser mit dem Eiweiß und den Eiswürfeln vermischen. Die Mischung unter die Brühe rühren und alles vorsichtig erhitzen. Nach einmaligem Aufkochen etwa 15 Minuten köcheln lassen, bis sich alle Trübstoffe gebunden haben. Anschließend durch ein mit einem Tuch ausgelegtes Sieb abgießen. Den Wein zur Brühe geben. Die Gelatine nach Packungsanweisung auflösen und die Flüssigkeit damit binden. Eine flache Form gut anfeuchten, das Gelee hineingießen und im Kühlschrank fest werden lassen. Auf Pergamentpapier stürzen, in Würfel schneiden und kalt stellen.

Den Backofen auf 70 °C vorheizen. Eine Terrinenform mit der Hälfte des Specks auslegen. Die Entenleberstücke hineingeben und mit dem restlichen Speck bedecken. Die Form mit einem Deckel verschließen. Zum Abdichten der Terrinenform das Mehl mit 250 ml Wasser vermengen und zu einem Teig verarbeiten. Eine dünne, lange Rolle formen und damit den Spalt zwischen Deckel und Schüsselrand versiegeln. Die Terrine im Wasserbad in den Ofen geben und etwa 30 Minuten garen. Dann den Deckel abnehmen, die Lebern mit einem Gewicht beschweren und kühl stellen.

Auf jedem Teller 1 Scheibe der Leberterrine zusammen mit einigen Geleewürfeln und je 2 Scheiben Schinken anrichten.

ZUTATEN FÜR 4 PERSONEN

FÜR DIE TERRINE
2–3 EL weißer Portwein
2–3 EL Calvados
500 g Entenstopflebern
weißer Pfeffer aus der Mühle
125 g grüner Speck (frischer Speck) in dünnen Scheiben

FÜR DAS GELEE
250 g Rindfleisch aus dem Brustkern
1 Eiweiß
3 Eiswürfel
¼ l Rinderbrühe
65 ml Auslesewein
4 Blatt Gelatine

AUSSERDEM
150 g Mehl
8 Scheiben roher Schinken (z. B. Pata Negra)

Consommé double

Die Zwiebeln mitsamt der Schale halbieren. Auf einer Herdplatte mit der Schnittfläche nach unten leicht anbräunen lassen. Lorbeer, Nelken, Pfefferkörner und Thymian in ein Mullsäckchen geben. 4 Liter Wasser zusammen mit Fleisch, Sellerie, Petersilie, Zwiebelhälften sowie dem Gewürzsäckchen zum Kochen bringen und dann bei schwacher Hitze etwa 3 Stunden köcheln lassen. Dann durch ein mit einem Küchentuch ausgelegtes Sieb gießen, abkühlen lassen und kühl stellen. Das kalte Fett der Oberfläche sorgfältig abschöpfen. Das Fleisch beiseite stellen und später eventuell als Suppeneinlage verwenden.

Zum Klären des Fonds sämtliche Zutaten vermischen und in die abgekühlte Flüssigkeit geben. Unter Rühren langsam erhitzen und einmal aufkochen lassen. Dann nicht mehr rühren und das Ganze 2 bis 3 Stunden köcheln lassen. Sobald alle Trübstoffe gebunden sind, die Brühe durch ein Tuch abseihen. Mit Salz abschmecken. Nochmals vorsichtig erhitzen. Nach Belieben mit oder ohne Einlage heiß servieren.

Zutaten
für 4 Personen

Für den Fond
3 Zwiebeln
1 Lorbeerblatt
2 Nelken
8 schwarze und weiße Pfefferkörner
3 Thymianzweige
500 g Tafelspitz
¼ Knolle Sellerie
½ Bund Petersilie
Salz

Zum Klären
3 kg Rinderhackfleisch
250 g Stangensellerie
1 Zwiebel
1 Lorbeerblatt
8 schwarze Pfefferkörner
8 Eiweiß

Das Lanner-Strauss-Denkmal im Kurpark von Baden

Gemischte Edelfische auf grünem Spargel und roter Butter

Den Spargel putzen, am unteren Ende schälen und in Salzwasser etwa 10 Minuten garen. Anschließend in gesalzenem Eiswasser kurz abschrecken. Warm halten. Die Zutaten für die rote Butter in einen Topf geben und erhitzen. Fast gänzlich reduzieren. Mit kalten Butterstückchen (Verhältnis Butter zu Reduktion sollte 1:1 sein) aufschlagen.

Die Fischfilets waschen, trockentupfen und von eventuellen Gräten befreien. In portionsgerechte Stücke schneiden. Die Scampischwänze auslösen. In einer großen Pfanne etwas Öl erhitzen, die Fischstücke darin von beiden Seiten braten und anschließend warm halten. Die Scampis in Öl braten.

Für die Champagnersauce in einem kleinen Topf Noilly Prat und Weißwein erhitzen und auf etwa ein Viertel reduzieren. Das Ganze mit Fischfond aufgießen und erneut stark reduzieren. Die Crème double mit dem Stabmixer unterrühren. Kurz vor dem Servieren einen guten Schuß Champagner in die Sauce geben.

Auf 4 vorgewärmten Tellern die rote Butter jeweils zu einem Spiegel angießen. Den grünen Spargel, die Fischfilstücke sowie die Scampischwänze darauf anrichten und alles mit Champagnersauce überziehen.
(auf dem Foto)

ZUTATEN
FÜR 4 PERSONEN

FÜR DEN SPARGEL
800 g grüner Spargel
Salz

FÜR DEN FISCH
500 g Edelfischfilets (z.B. Steinbutt, Meerwolf, Saibling)
4 Scampischwänze
Öl zum Anbraten

FÜR DIE ROTE BUTTER
350 ml milder Rotwein
375 ml roter Portwein
2½ EL feingeschnittene, blanchierte Schalotten
Butter zum Aufschlagen

FÜR DIE CHAMPAGNERSAUCE
¼ l Noilly Prat oder weißer Martini
½ l Weißwein
½ l Fischfond
1–2 EL Crème double
1 Schuß Champagner

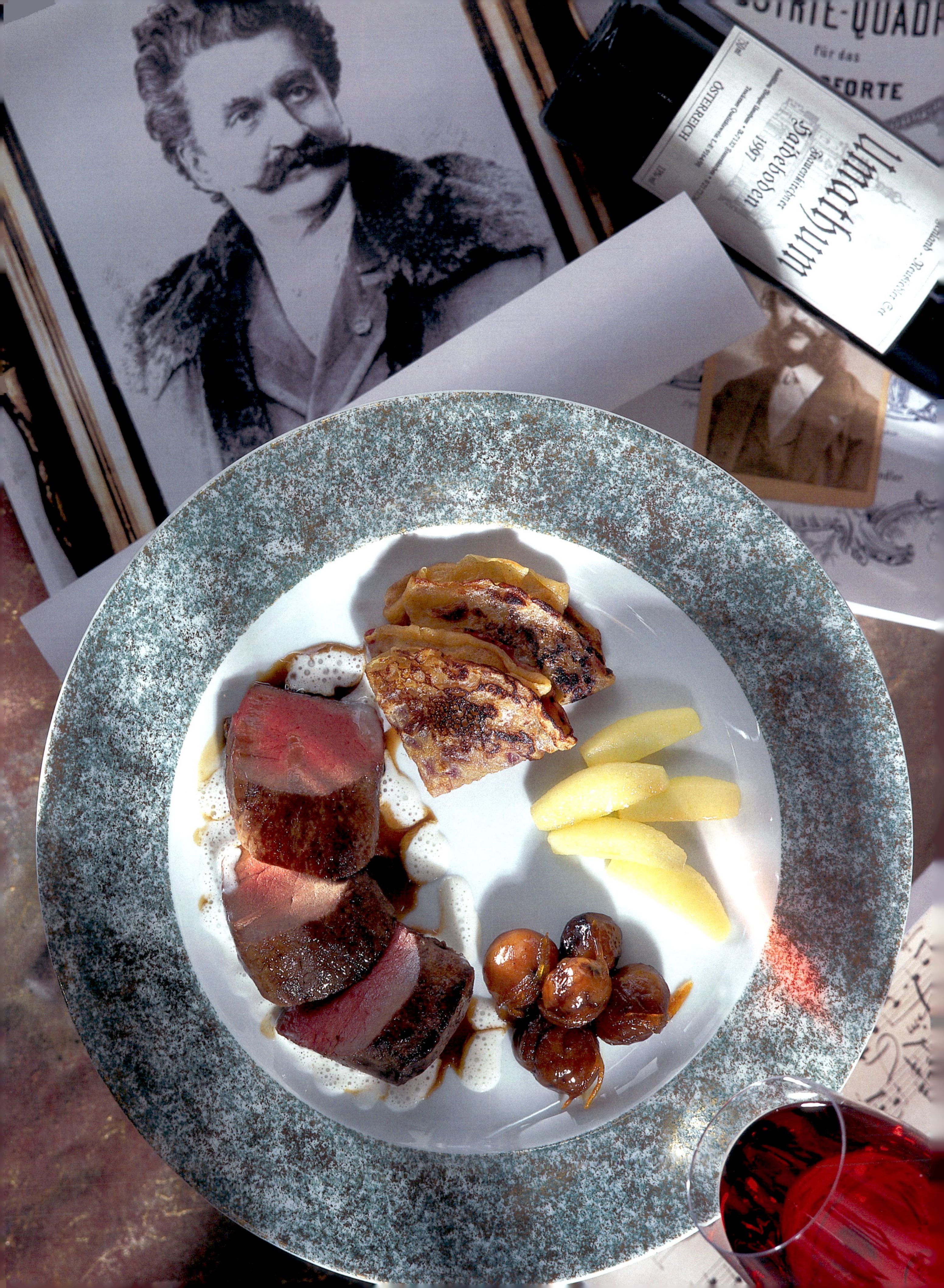
für das
Umathum
Haideboden
1997
ÖSTERREICH

Sorbet von grünen Äpfeln

Die Äpfel waschen, vierteln und vom Kerngehäuse befreien. Die Apfelstücke mitsamt der Schale zusammen mit Calvados, Zucker und Zitronensaft in einem Mixer gut pürieren. Anschließend durch ein Sieb passieren. Traubenzucker unterrühren. Das Sorbet in gefriergeeignete Schalen geben und für 2 bis 3 Stunden in ein Gefriergerät stellen.

> **ZUTATEN FÜR 4 PERSONEN**
>
> 1 kg Äpfel
> 60 ml Calvados
> 200 g Zucker
> Saft von 1 Zitrone
> 1–2 EL Traubenzucker

Rehrücken mit Preiselbeercrêpes, Maroni und Pfeffersauce

Für die Pfeffersauce das Öl in einer Pfanne erhitzen und die Wildabschnitte darin bei starker Hitze anbraten. Überschüssiges Fett abgießen. Sellerie und Karotten schälen, in grobe Stücke schneiden und zusammen mit den Knoblauchzehen sowie dem Speckschwartenstück mit in die Pfanne geben. Alles etwas dünsten lassen. Dann das Tomatenmark dazugeben und kurz mit anbräunen. Anschließend mit Weißwein, Cognac und Portwein ablöschen. Mit dem Rinderfond aufgießen, Wacholderbeeren sowie Lorbeerblätter hinzufügen und alles etwa 45 Minuten köcheln lassen. Die Pfefferkörner zerdrücken, zufügen und das Ganze etwa 15 Minuten weiter köcheln lassen. Die Sauce durch ein Sieb gießen und mit Salz und Pfeffer abschmecken. Kurz vor dem Servieren die Crème double unterziehen.

Für die Crêpes das Mehl in eine Schüssel sieben und mit der Milch und der Sahne verrühren. Die Eier sowie die geklärte Butter untermischen. Mit Salz und Muskatnuß würzen. In einer heißen Pfanne kleine Crêpes herausbacken. Mit Preiselbeermarmelade bestreichen, zweimal zusammenklappen und warm halten.

Den Backofen auf 200 °C vorheizen. Die Maronen auf der gewölbten Seite über Kreuz einschneiden, 10 bis 15 Minuten in den Ofen geben und anschließend aus der Schale brechen. In einer Pfanne den Zucker karamelisieren lassen. Die Orangenschale hinzufügen. Mit Weißweinessig ablöschen und das Ganze reduzieren. Den Orangensaft hinzufügen und alles so lange köcheln lassen, bis die Glasur eine cremige Konsistenz erhält. Die Maronen kurz in dieser Glasur schwenken und anschließend trocknen lassen.

Die Rehrückenfilets mit Salz und Pfeffer einreiben. In wenig Öl von beiden Seiten 5 bis 6 Minuten anbraten. Die Wacholderbeeren zerdrücken und zusammen mit dem Rosmarin kurz vor Ende der Garzeit zu den Filets legen. Anschließend das Fleisch ein paar Minuten ruhen lassen.

Auf 4 vorgewärmten Tellern mit der Pfeffersauce jeweils einen kleinen Spiegel angießen. Die Rehfilets in Scheiben schneiden und darauf anrichten. Die Crêpes und die Maronen jeweils daneben legen und alles servieren.
(auf dem Foto)

> **ZUTATEN FÜR 4 PERSONEN**
>
> **FÜR DIE WEISSE PFEFFERSAUCE**
> 2 EL Öl
> 500 g Wildabschnitte vom Metzger
> 100 g Sellerie
> 100 g Karotten
> 2 geschälte Knoblauchzehen
> 1 kleines Stück Speckschwarte
> 2 EL Tomatenmark
> 60 ml Weißwein
> 60 ml Cognac
> 60 ml weißer Portwein
> 500 ml Rinderfond
> 1 EL Wacholderbeeren
> 2 Lorbeerblätter
> 6 weiße Pfefferkörner
> Salz, Pfeffer aus der Mühle
> 80 g Crème double
>
> **FÜR DIE CRÊPES**
> 75 g Mehl
> 100 ml Milch
> 100 ml Sahne
> 2 Eier
> 90 g geklärte Butter
> etwas geriebene Muskatnuß
> 4 EL Preiselbeermarmelade
>
> **FÜR DIE MARONI**
> 20 Maronen
> 3–4 EL Zucker
> abgeriebene Schale von 1 unbehandelten Orange
> 1–2 EL Weißweinessig
> ¼ l frisch gepreßter Orangensaft
>
> **FÜR DEN REHRÜCKEN**
> 2 kleine Rehrückenfilets
> Öl zum Braten
> 3 Wacholderbeeren
> 1 kleiner Zweig Rosmarin

WALZER.

Variationen von der Birne

Für das Parfait 2 Birnen schälen, vom Kerngehäuse befreien und in einem Mixer pürieren. In einer Schüssel im warmen Wasserbad die Eier mit dem Zucker so lange verquirlen, bis eine cremige Masse entsteht. Anschließend kalt schlagen. Die Eiweiße steif schlagen. Die Eigelb-Zucker-Mischung, das Birnenpüree, Zitronensaft und Williamsobstwasser unter den Eischnee ziehen. Die Sahne unterheben, die Masse in gefriergeeignete Schalen füllen und etwa 3 Stunden gefrieren lassen.

> **ZUTATEN**
> **FÜR 4 PERSONEN**
>
> 13 kleine Birnen
>
> **FÜR DAS PARFAIT**
> 2 frische Eier
> 150 g Zucker
> 4 frische Eiweiß
> Saft von ½ Zitrone
> 40 ml Williamsobstwasser
> 500 ml halbgeschlagene Sahne
>
> **FÜR DIE GEFÜLLTE BIRNE IM STRUDELTEIG**
> 6 Nelken
> ½ Zimtstange
> 180 g Zucker
> Saft und abgeriebene Schale von 1 unbehandelten Zitrone
> 60 ml Weißwein
> 100 g Krokant
> 100 g Marzipanrohmasse
> 200 g Strudelteig (Fertigprodukt)
> Butterschmalz zum Ausbacken
>
> **FÜR DIE BIRNENMOUSSE**
> 2 EL Williamsobstwasser
> 1 EL Zitronensaft
> 250 ml Sahne
> 3 Blatt Gelatine

Die restlichen Birnen schälen und vom Kerngehäuse befreien. 1 Liter Wasser zusammen mit Nelken, Zimt, Zucker, Zitronensaft und -schale sowie Weißwein erhitzen. Die Birnen hineingeben und das Ganze einmal aufkochen lassen. Vom Herd nehmen und die Birnen im Sud abkühlen lassen. Dann herausnehmen und gut abtropfen lassen. 1 Birne beiseite legen. Die restlichen Birnen je zur Hälfte mit Krokant und Marzipanrohmasse füllen. Die gefüllten Früchte einzeln in Strudelteig einschlagen und in Butterschmalz ausbacken.

Die restliche Birne zusammen mit etwa 380 ml des Pochierfonds pürieren. Das Williamsobstwasser sowie den Zitronensaft unterrühren. Die Sahne steif schlagen. Die Gelatine nach Packungsanleitung auflösen und mit dem Birnenmus vermengen. Dann die geschlagene Sahne unterziehen, das Ganze in Schalen füllen und für etwa 2 Stunden kalt stellen. Alles zusammen servieren.

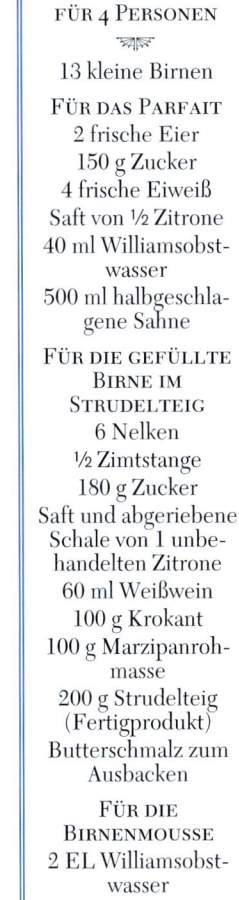

Der Kobold

(Opus 226)

Von 1856 bis 1865 sowie im Jahre 1869 gastierte das Strauss-Orchester unter der Leitung von Johann, gelegentlich auch von Josef und Eduard Strauss, in Pawlowsk nahe bei St. Petersburg in Rußland. Die Erfolge waren überwältigend, nicht nur in künstlerischer Hinsicht. Johann Strauss verliebte sich in eine Russin namens Olga Smirnitskaja. Das war im Sommer 1859. Als Strauss' Witwe Adele 1926 das Buch »Johann Strauss schreibt Briefe« in einer Erstauflage von 1000 Exemplaren bei dem Verlag für Kulturpolitik in Berlin herausgab, war der Inhalt eine Sensation. Viele wußten von der großen Strauss-Liebe, niemand ahnte jedoch, daß eines Tages Ausschnitte aus den Liebesbriefen veröffentlicht werden würden. Im Vorwort zu dieser Publikation meinte Frau Johann Strauss, wie sich Adele selbst nannte: »Über den Künstler Johann Strauss ist viel geschrieben worden – den Menschen kennen nur wenige ... Vielleicht sind die Briefe, die ich der Öffentlichkeit übergebe, imstande, sein Bild wenigstens in einzelnen Zügen zu beleuchten ... In den Liebesbriefen an Olga S., die seltsam verschlungene Zufälle in meine Hände spielten, steigert sich das Empfinden des jungen Musikers zu leidenschaftlichem Schwung. Reines Gefühl spricht aus seinen Zeilen, nichts von jener leichtblütigen Auffassung erotischer Dinge, wie sie oft humorvoll in späteren Briefen auftaucht, ist in den jugendlichen Ergüssen der Sturm- und Drangperiode des Künstlers zu finden ... «

Kostproben: »... Ich glaube immer mehr und mehr, daß Du das von Gott für mich bestimmte Wesen bist, und der Gedanke, ohne Dich leben zu können, findet keinen Raum mehr in Kopf und Herzen ...«

»... Es kann keinen letzten Kuß mehr geben, als denjenigen, welchen ich Dir vor meinem Tode auf die Lippen pressen werde. Meine Mama tut alles für mich, sie liebt mich am meisten und deshalb wird sie auch Dich lieben ...«

»Wie glücklich war ich gestern, als Du mich herzlicher als sonst empfangen und nicht gar so ökonomisch mit Deinen Küssen gewesen ... Liebst Du mich denn wirklich? Von mir hast du ja alle Überzeugung, daß anbetet und wahrhaftig liebt den kleinen Kobold Olga.«

»... Lassen wir unsere Herzen durch nichts voneinander trennen, lieben wir anders als andere Menschen ...«

Das Menü, nachgekocht von Gisbert Austgen

HOTEL »FASANERIE«
66482 ZWEIBRÜCKEN

Consommé »Adele«

Russischer Stör in Champagnersauce

Spargel à la Strauss

Fasan- und Kükenfleisch mit Gemüsebeilagen

Parfait mit frischen Erdbeeren und Aprikosen

Weinempfehlung

Zum Russischer Stör in Champagnersauce:
Ein Langenloiser Spiegel aus dem Kamptal

Ein Weißweincuvée aus den Trauben von Weiß- und Grauburgunder präsentiert sich dezent und doch kraftvoll. Ein Wein, der sich im Glas weiterentwickelt und die unterschiedlichsten Facetten freigibt.

Zum Fasan- und Kükenfleisch mit Gemüsebeilagen:
Ein Rotwein Cuvée aus dem Mittelburgenland

Im Mittelburgenland, einer Hochburg des Rotweinanbaus in Österreich, werden neben der Hauptsorte Blaufränkisch vor allem Blauer Zweigelt, Blauburgunder, Cabernet Sauvignon und Merlot kultiviert. In hochwertigen Cuvées spielt jeder dieser Sorten ihre Stärke aus.

Aber ihre Herzen wurden doch getrennt, denn sowohl Johanns Mutter als auch Olgas Eltern waren gegen die Verbindung.

An die große Liebe erinnert seine Komposition »Der Kobold« (20. November 1859) und nicht, wie irrtümlich angenommen, die »Olga Polka« (Opus 196), die er der Großfürstin Olga Fjodorowna widmete.

Strauss erhielt 1854 eine Einladung der ersten russischen Eisenbahngesellschaft, durch eine Konzertreihe in Pawlowsk für mehr Popularität des neuen Verkehrsmittels zu sorgen. Die Resonanz war groß. Die Züge, die die Menschen zu den Konzerten fahren sollten, waren stets überfüllt. Verspätungen waren vorprogrammiert, denn Strauss mußte so viele Wiederholungen geben, daß an eine pünktliche Rückfahrt nicht zu denken war. Oftmals mußten 10.000 Besucher von St. Petersburg nach Pawlowsk und zurück befördert werden.

Selbst Zar Alexander II. besuchte eines der Konzerte und lud Strauss mit seinem Orchester ein, bei der prunkvollen Zarenkrönung in Moskau zu spielen. Er wurde mit Ehrungen und Geschenken überhäuft. Er verdiente so viel Geld wie niemals zuvor oder danach. Hier bildete er den Grundstock zu seinem Vermögen. An seinen damaligen Verleger Haslinger schrieb er 1857: »... Man lebt nur in Rußland! Hier ist Geld, und wo dasselbe vorhanden ist, existiert Leben.!«

Strauss leistete in dieser Zeit auch Pionierdienste für neue oder bis dahin in Rußland unbekannte Komponisten, deren Werke er in sein Programm aufnahm, beispielsweise Verdi und Wagner. Den jungen Peter Iljitsch Tschaikowskí stellte er zum allerersten Mal mit den »Tänzen der leibeignen Mädchen« vor.

Olga Smirnitskaja, Jugendbildnis

Obwohl Strauss zehn Jahre lang immer wieder nach Rußland kam, erlernte er die Sprache dieses Landes nicht. Vor seiner ersten Rußlandreise machte er sich eine Vokabelliste der – wie er glaubte – für ihn wichtigsten Wörter in einer eigenen Lautsprache, wobei merkwürdigerweise »ich kann nicht«, »schneller« und »nein« an erster Stelle standen. An fünfzehnter Stelle lesen wir »schwejzàrkij syr«, was »Schweizer Käse« bedeuten soll, einen seiner Lieblingskäse.

Zu Ehren des Walzerkönigs gab die Zarenfamilie jährlich ein Festessen in Pawlowsk. Von einem Galadiner ist uns die Speisekarte noch erhalten.

Pavillion für Konzerte in Pawlowsk, Lithographie von C. Schultz

Consommé »Adele«

ZUTATEN FÜR 4 PERSONEN

500 g Suppenfleisch (vom Rind)
1½ TL Salz
1 Bund Suppengrün
2 Petersilienstengel
2 Stangen Sellerie
1 kleine Zwiebel
3 Eiweiß

Das Rindfleisch waschen. Zusammen mit 2 Litern Wasser und dem Salz in einen hohen Topf geben und zum Kochen bringen. Dann die Temperatur reduzieren, das Ganze leicht köcheln lassen und den aufsteigenden Schaum regelmäßig abschöpfen. Sobald sich kein Schaum mehr bildet, den Topf bis auf einen Spaltbreit schließen und die Brühe weiterhin leicht köcheln lassen. Suppengrün, Petersilie sowie Sellerie putzen, waschen und grob zerkleinern. Die Zwiebel ungeschält waschen und zusammen mit dem Gemüse nach etwa 1 Stunde Garzeit in die Brühe legen. Nach 1 weiterer Stunde das Fleisch aus der Brühe nehmen und – falls es als Einlage vorgesehen ist – kleinschneiden und beiseite stellen. Die Brühe kalt stellen.

Das kalte Fett sorgfältig entfernen. Die Brühe durch ein mit einem Tuch ausgelegtes Sieb abseihen. Die Eiweiße mit einem Schneebesen unterziehen und alles vorsichtig erhitzen. Etwa 1 Stunde leicht köcheln lassen, bis sich alle Trübstoffe gebunden haben. Dann erneut durch ein mit einem Tuch ausgelegtes Sieb abgießen. Die Fleischbrühe nochmals erhitzen. Entweder klar oder mit einer Einlage servieren.

Russischer Stör in Champagnersauce

Den Stör kurz unter fließendem kaltem Wasser waschen und trockentupfen. Mit dem Zitronensaft beträufeln und 30 Minuten zugedeckt ziehen lassen. 1 Liter Wasser in einem großen Topf – der Durchmesser des Topfes sollte der Länge des Fisches entsprechen – zum Kochen bringen. Die Zwiebel und die Karotte schälen, beides in grobe Stücke schneiden. Zusammen mit Pfefferkörnern, Petersilie und Lorbeerblatt ins kochende Wasser geben und das Ganze bei milder Hitze etwa 20 Minuten kochen lassen.

ZUTATEN FÜR 4 PERSONEN

1 kg frischer, küchenfertiger Stör
Saft von 1 Zitrone
1 Zwiebel
½ Karotte
4 weiße Pfefferkörner
1 Petersilienstengel
1 Lorbeerblatt
½ l Champagner
4 EL Weinessig
2 TL Salz
etwas Champagner zum Servieren

Den Sud mit Champagner, Essig und Salz kräftig abschmecken, dann die Hitze reduzieren. Den Stör in den siedenden Sud legen. Den Topf bis auf einen Spaltbreit schließen und den Fisch je nach Größe in 20 bis 30 Minuten gar ziehen lassen. Der Stör ist gar, wenn sich die Flossen leicht abziehen lassen. Aus dem Sud heben, kurz abtropfen lassen und auf einer gut vorgewärmten Platte anrichten. Vor dem Servieren nochmals mit etwas Champagner übergießen. Nach Belieben zerlassene Butter, Senf- oder Kapernsauce und Salzkartoffeln dazu reichen.

(auf dem Foto)

PAWLOWSK.

MENU
DU DINER
A L'HONNEUR DU MAITRE
J. Strauss.

Consommé „Adele".
Princesse.
Petits pâtés.
Sterlet à la russe au champagne.
Longe de veau au suprême, garniture.
Asperges en branches à la Strauss.
Rôti: Faisans, petits poulets nouveaux.
Salade.
Parfait aux fraises nouvelles et fruits de Vienne.
Dessert.
Liqueurs et Café.

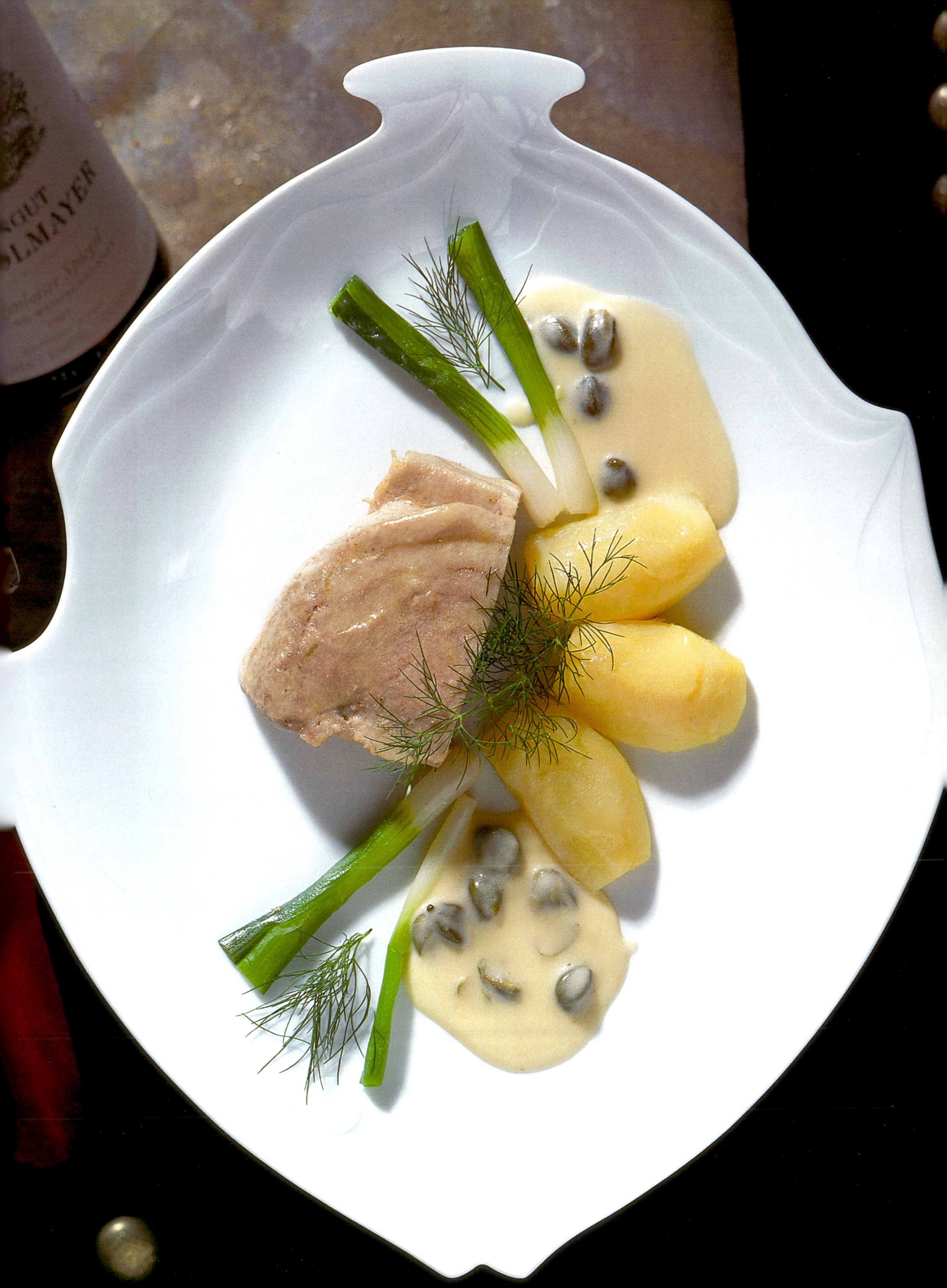

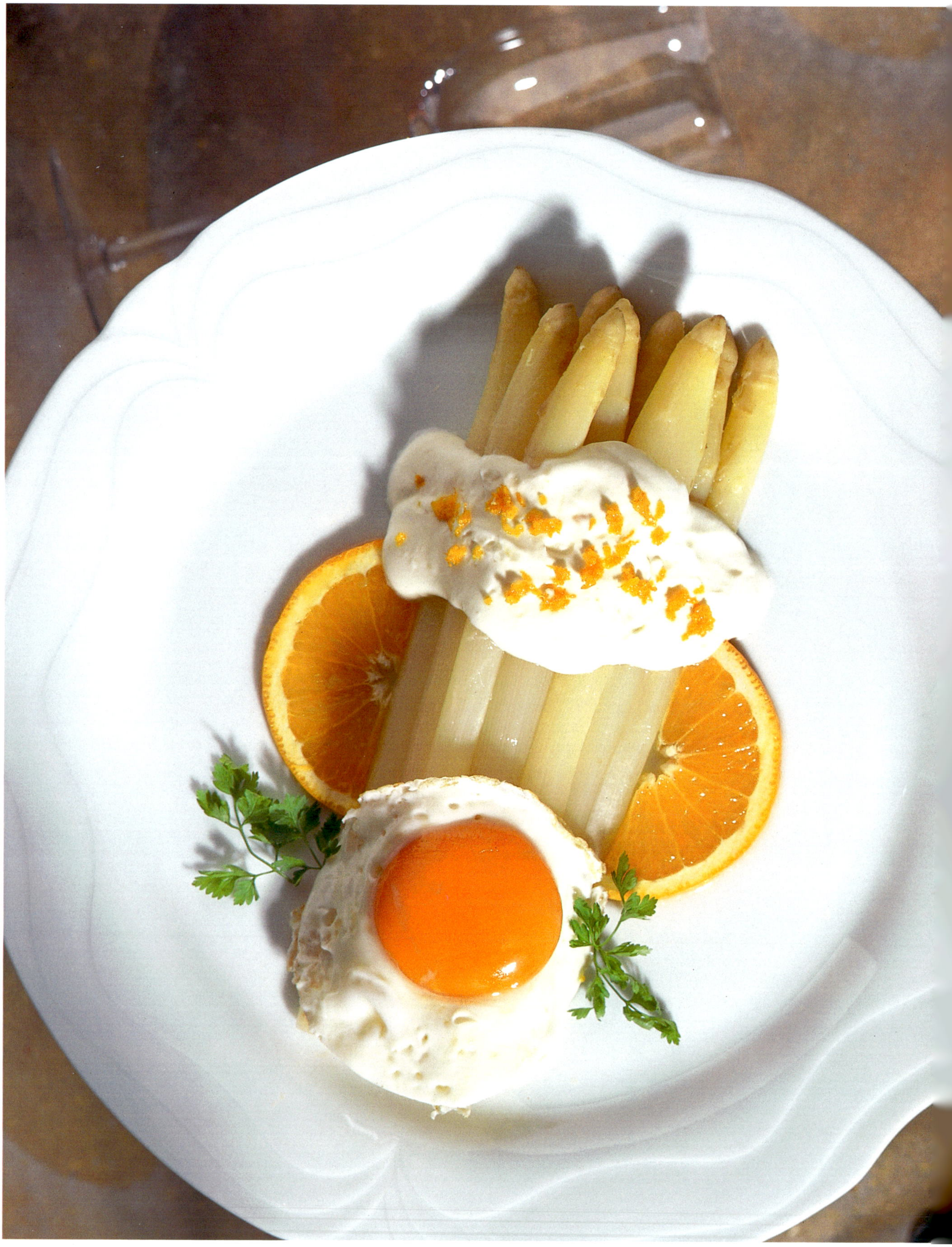

Spargel
à la Strauss

Die Spargelstangen putzen und schälen. In einen mit reichlich kaltem Wasser gefüllten, großen Topf legen. Salz, 1 Prise Zucker sowie den Weinessig zugeben. Den Spargel in 10 bis 15 Minuten bißfest garen.

Inzwischen den Schmelzkäse in einem Schälchen im Wasserbad flüssig werden lassen. Die Sahne steif schlagen. Den Orangensaft mit dem Schmelzkäse verrühren. Anschließend diese Mischung unter die Sahne ziehen.

In einer großen Pfanne die Butter erhitzen. Die Eier aufschlagen und in die Pfanne gleiten lassen, ohne die Eigelbe zu verletzen. 2 bis 3 Minuten anbraten. Leicht mit Salz und Pfeffer würzen.

Die Spargelstangen vorsichtig aus dem Wasser nehmen, kurz mit kaltem Wasser abschrecken und abtropfen lassen. Dann den Spargel auf 4 vorgewärmten Tellern anrichten. Jede Portion mit der Käse-Orangen-Sahne überziehen und anschließend mit abgeriebener Orangenschale bestreuen. Auf jeden Teller 1 Spiegelei geben. Mit den Orangenscheiben garnieren und servieren.

ZUTATEN
FÜR 4 PERSONEN

4 kg weißer Spargel
Salz
1 Prise Zucker
1 EL Weinessig
2 EL Schmelzkäse
125 ml Sahne
2 EL frisch gepreßter Orangensaft
1–2 EL Butter
4 Eier
Pfeffer aus der Mühle
abgeriebene Schale von ½ unbehandelten Orange
8 dünne Scheiben von ½ unbehandelten Orange

Fasan- und Kükenfleisch mit Gemüsebeilagen

Den Backofen auf 220 °C vorheizen. Die Fasane und die Küken unter fließend kaltem Wasser abspülen und danach gründlich trockentupfen. Das Geflügel innen und außen mit Salz und Pfeffer einreiben. Etwas Öl in eine für alle 4 Vögel ausreichend große Kasserolle geben. Die Fasane hineinsetzen und im Ofen in etwa 20 Minuten rosa braten. Dabei mehrmals mit etwas Wasser begießen. In einer Pfanne etwas Öl erhitzen und die Stubenküken darin von allen Seiten goldgelb braten. Anschließend zu den Fasanen geben und alles zusammen nochmals 20 bis 25 Minuten braten.

Während das Fleisch gart, das Gemüse zubereiten. Spargel, Karotten, Zuckerschoten sowie Blumenkohl putzen bzw. schälen und waschen. Die Karotten in lange Stifte schneiden, den Blumenkohl in Röschen teilen. Die Gemüsesorten in Salzwasser bißfest garen, dann abtropfen lassen. Den Spargel portionsweise mit Speckscheiben umwickeln und kurz anbraten, restliches Gemüse in Butter schwenken.

Den Bratensatz in der Kasserolle mit dem Holundsaft aufgießen und etwa 10 Minuten köcheln lassen. Die Sahne hinzufügen und die Flüssigkeit etwas reduzieren. Anschließend alles durch ein feinmaschiges Sieb gießen. Die Butter hineingeben und die Sauce aufmixen. Den Ahornsirup und die Holunderbeeren unterrühren. Nochmals vorsichtig erhitzen. Die Fasane in Portionen zerteilen und die Küken halbieren. Das Geflügel auf 4 vorgewärmten Tellern verteilen, mit der heißen Sauce übergießen und zusammen mit den Gemüsesorten servieren.
(auf dem Foto)

Zutaten
für 4 Personen

Für das Geflügel
2 küchenfertige Fasane
4 küchenfertige Stubenküken
Salz, Pfeffer aus der Mühle
Öl zum Braten

Für das Gemüse
400 g grüner Spargel
400 g Karotten
400 g Zuckerschoten
400 g Blumenkohl
100 g Frühstücksspeck in Scheiben
Butter zum Schwenken

Für die Sauce
½ l Holundersaft
¼ l Sahne
80 g Butter
1 TL Ahornsirup
1 EL Holunderbeeren

Parfait mit frischen Erdbeeren und Aprikosen

Die Erdbeeren waschen und vom Stielansatz befreien. In einem Mixer pürieren und beiseite stellen. Die Aprikosen waschen, entkernen und ebenfalls pürieren. Dann die Masse durch ein Sieb streichen. Den Aprikosenlikör mit dem Püree vermischen.

Die Eier trennen und die Eigelbe zusammen mit etwa der Hälfte des Zuckers zu einer cremigen Masse rühren. Die Hälfte der Eigelbmischung mit dem Erdbeermark vermischen, die andere Hälfte mit dem Aprikosenpüree.

Die Sahne steif schlagen und jeweils die Hälfte gleichmäßig unter die Erdbeer- und die Aprikosenmasse heben. Die Eiweiße sehr steif schlagen und jeweils die Hälfte des Eischnees unter die beiden Mischungen ziehen. Die beiden Sahne-Frucht-Massen schichtweise in Portionsförmchen oder in eine Kastenform füllen. Für 4 bis 6 Stunden in das Gefrierfach geben und etwa 20 Minuten vor dem Servieren in den Kühlschrank stellen. Stürzen und mit Minzblättern garnieren.

Zutaten
für 4 Personen

250 g Erdbeeren
275 g Aprikosen
1–2 EL Aprikosenlikör
2 Eier
200 g Puderzucker
200 ml Sahne
einige Minzblätter zum Garnieren

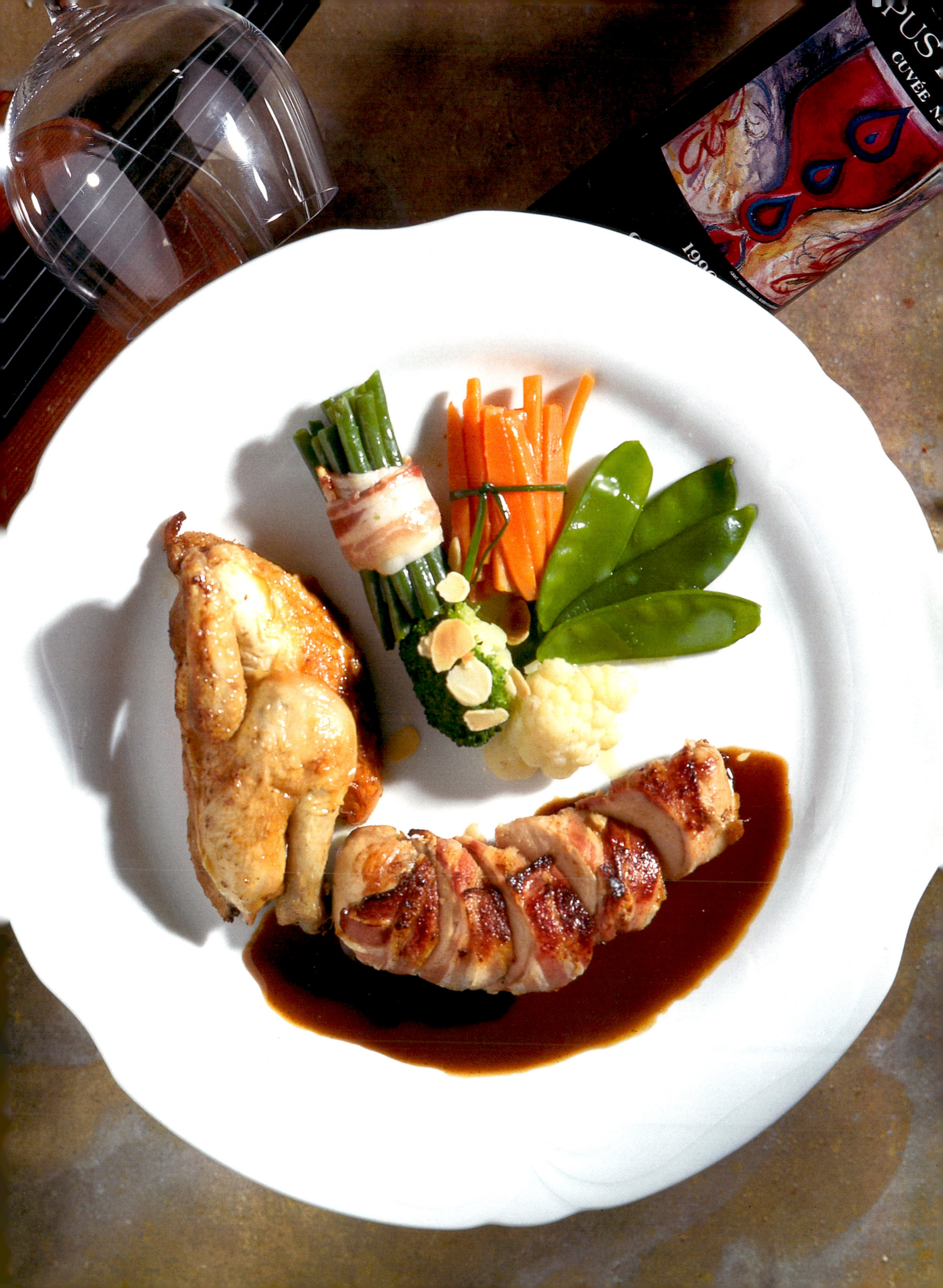
CUVÉE

Zeitgeister

(Opus 25)

Das Jahr 1877 begann für Strauss verheißungsvoll. Nach der Uraufführung seiner Operette »Prinz Methusalem«, die am 3. Januar im Carltheater in Wien stattfand, reiste er mit seiner Frau Henriette nach Paris. Dort gestaltete er mit dem Dirigenten von den Folies Bergères, Olivier Métra, die berühmten »Pariser Opernbälle«. Dabei dirigierte er acht eigene Kompositionen. Bereits zum ersten Ball wurden 10.000 Karten im Vorverkauf abgesetzt. Der französische Staatspräsident, Marschall Maurice Mac-Mahon, verlieh ihm am 28. März 1877 den Ritterorden der französischen Ehrenlegion.

Johann Strauss wurde der Mann des Tages und der Mode. Als er im Oktober des gleichen Jahres wieder nach Paris kam, entdeckte der Meister, daß es Strauss-Hüte, Strauss-Anzüge, Strauss-Krawatten und Strauss-Backhendl gab.

1890 wurde der Walzerkönig nach Königin Viktoria und Fürst Bismarck zum »Populärsten Menschen der Welt« gewählt.

Dieser berühmte Mann kam nun nach der Verleihung des Ritterordens in die Kleinstadt Meiningen. Er folgte damit einer Einladung des Herzogs Georg II.

Zu jener Zeit machte die Sächsisch-Meininger Metropole als Theater- und Musikstadt von sich reden, denn Georg II, den man den »Theaterherzog« nannte, war ein großer Förderer der Kunst. Er war aber auch ein »weiser Regent, ein kleiner Politiker und Reformer, ein liberal denkender, warmherziger Mensch, der zugleich unumstößlichen Prinzipien treu blieb ...« (Herta Müller in »Johann Strauss und Coburg«, Coburg 1990).

Seine Prinzipien setzte er unnachgiebig durch. Er war auch einer der ersten, der es verstand, auf professionelle Weise Reklame für Theater- und Konzertveranstaltungen zu machen. So gab er seinem Hofmarschall vor dem Strauss-Konzert den

Das Menü, nachgekocht von Christian Heumader
HOTEL »SÄCHSISCHER HOF«
98617 MEININGEN

Russische Gurkensuppe mit Kaviar

Gebackener Kalbskopf mit Gänseleber
auf Kartoffelsalat

Wildkraftbrühe mit Klößchen vom Fasan

Lachs mit Steinpilzen und
Sauce hollandaise

Wildhasenkeule in
Burgundersauce

Schokoladen-Walnuß-Flan

*Herzog Georg I
von Sachsen
Meiningen*

Prinzregentenpalais und Hotel Sächsischer Hof in Meinigen

Befehl: »Wenn das Programm feststeht, sind große Zettel vorzuschlagen und in die Nachbarstädte zu verschicken, überhaupt spektakulärste Werbung zu machen. Ich hoffe, daß es ein ausverkauftes Haus gibt mit Benutzung der Orchestersitze …«

Durch den hervorragenden organisatorischen und künstlerischen Ruf Meiningens gelang es dem Herzog, Gastdirigenten, wie beispielsweise Liszt, Bülow und Wagner, zu gewinnen. Nun sollte auch Strauss mit den Musikern der herzoglichen Hofkapelle arbeiten.

Am 9. April 1877 traf das Ehepaar in Meiningen ein. Im noch heute existierenden »Sächsischen Hof« wurden sie herzoglich empfangen und königlich untergebracht.

Der Herzog bat Strauss, beim Walzerspielen »Wiener Blut in die Kapelle zu bringen«. Strauss probte und war mit den Musikern sehr zufrieden, so daß er sogar den Wunsch äußerte, das Orchester zwei Jahre später nach London mitnehmen zu dürfen.

Am Freitag, dem 13. April 1877, kam der große Tag des Auftritts. Das Strauss-Konzert wurde im Herzoglichen Hoftheater enthusiastisch gefeiert. In den Tagebuchaufzeichnungen der Freifrau von Heldburg steht zu lesen: »… in's Theater zum Strauss-Konzert, das wundervoll war. Publikum sehr warm. 4-5 Nummern da capo verlangt. Der Intendant Strauss Lorbeerkranz beim Empfang geworfen, später Dicki (Kosename der Frau des Herzogs, Anm. d. Autors) auch einen … Dicki Strauss nachher kommen lassen, der ganz entzückt vom Orchester war.«

Einen Tag später lesen wir im gleichen Tagebuch: »Strauss seine ganzen Einnahmen, 859 Mark, dem Orchester geschenkt. Um 7 mit B's, Herrn und Frau Strauss und Spesshardt lange bei Tisch gesessen …«

Johann und Henriette Strauss tafelten nicht nur im Schloß, sondern auch im »Sächsischen Hof«. Der jetzige Besitzer des Hauses, Peter Henzel, ein »Gastro-Herzog« unter den Hoteliers, ist äußerst geschichtsbewußt und hält die Meininger Theatertradition hoch. Er wollte wissen, was damals die Straussens serviert bekamen und stöberte im Staatsarchiv des Schlosses Elisabethburg in den Menükarten und Einkaufslisten. Henzel fand eine Speisekarte aus dieser Zeit, dessen Menüfolge er nach dem Geschmack der »Zeitgeister« ein wenig veränderte.

Übrigens wohnte auch Johannes Brahms ab dem 20. November 1891 für eine Woche im »Sächsischen Hof«. In dieser Zeit faßte Johann Strauss den Entschluß, seinem Freund Brahms einen Walzer zu widmen. In einem Brief lesen wir: »Brahms muß mit einer Dedication, einem Walzer meiner Composition bedacht werden. Ich will diesen Walzer populär, aber dennoch gewürzt und gepfeffert ohne Einbuße des Zweckes eines Walzers, haltend auf einem Simrock'schen (sein Verleger, Anm. d. Autors) Präsentierteller seiner Zeit ihm unterbreiten.«

Strauss komponierte wenig später den Walzer »Seid umschlungen, Millionen«, der am 27. März 1892 im Wiener Musikverein erstmals gespielt wurde.

Weinempfehlung

Zum gebackenen Kalbskopf:
Ein Chardonnay aus Wien

Ein gehaltvoller im Barrique ausgebauter Chardonnay ergänzt die unterschiedlichen, intensiven Geschmackskomponenten und behauptet trotzdem seine Eigenart. Der Chardonnay ist eine weltweit verbreitete Sorte, die auch in Österreich zunehmend angebaut wird.

Zur Wildhasenkeule:
Ein Pinot noir classique vom Neusiedlersee

Zu Recht sind Weine aus der Sorte Blauburgunder weltberühmt. Sie ist anspruchsvoll im Weingarten, muß sorgfältig behandelt werden, fordert den Winzer bei der Weinbereitung und den Weinliebhaber beim Probieren heraus. Gute Blauburgunder krönen ein festliches Mahl, eignen sich aber genauso gut allein zum stillen Genuß.

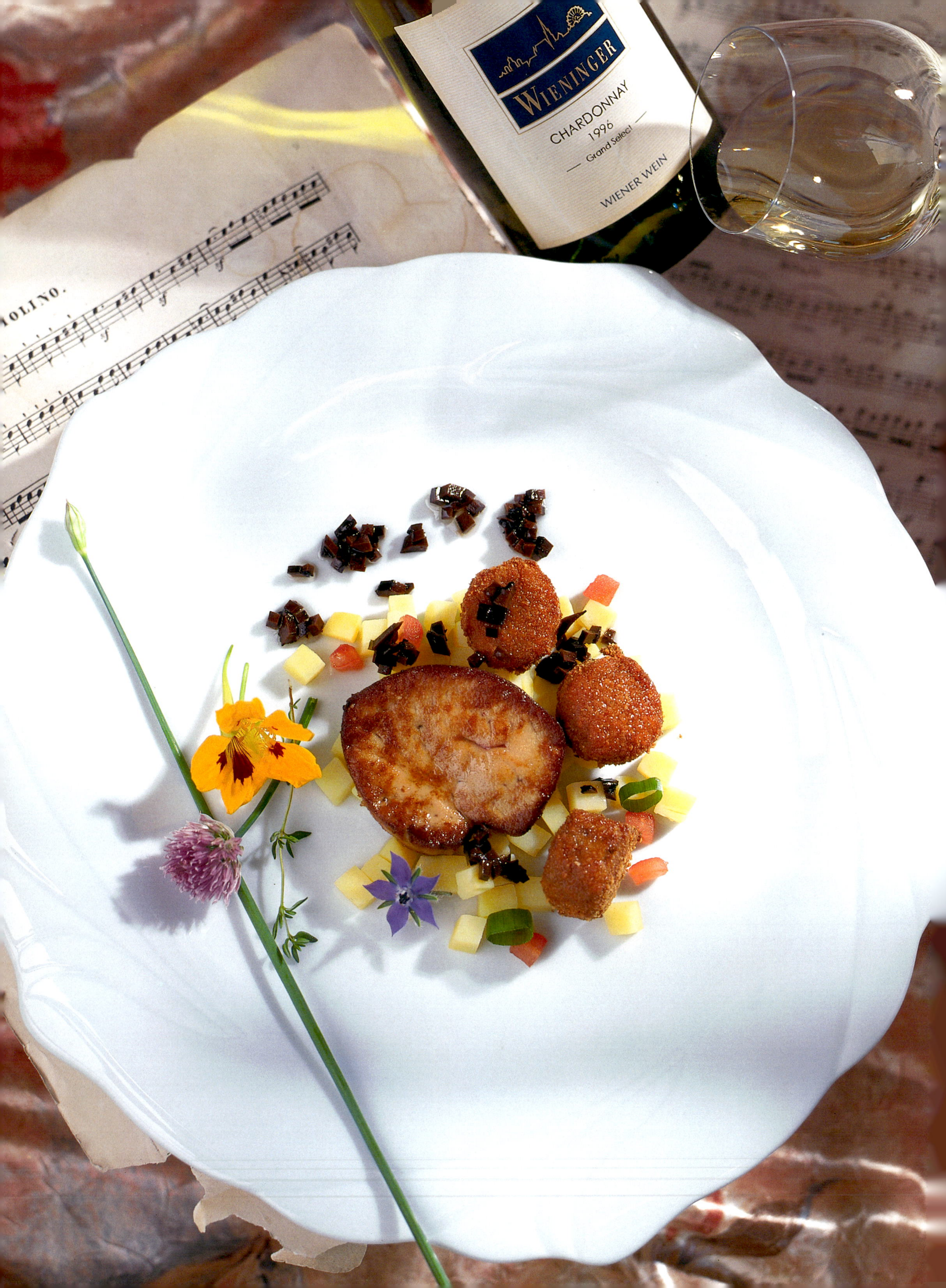
WIENINGER
CHARDONNAY
1996
Grand Select
WIENER WEIN

Russische Gurkensuppe mit Kaviar

Die Salatgurke schälen und in kleine Würfel schneiden. Die Gurkenwürfel zusammen mit der Buttermilch, dem Kefir sowie dem Sherryessig im Mixer pürieren. Den Dill unterrühren und alles mit Salz und Pfeffer würzen. Anschließend das Ganze für etwa 30 Minuten kalt stellen. In Mokkatassen gießen, jeweils mit Kaviar garnieren und servieren.

ZUTATEN FÜR 4 PERSONEN

1 kleine Salatgurke
4 EL Buttermilch
4 EL Kefir
1 TL Sherryessig
2 EL gehackter Dill
Salz, Pfeffer aus der Mühle
2 EL Beluga- oder Forellen-Kaviar

Programmzettel eines Strauss-Konzerts vom 13. April 1877 in Meiningen

Gebackener Kalbskopf mit Gänseleber auf Kartoffelsalat

Den Kalbskopf blanchieren und kalt abschrecken. Zusammen mit Zwiebel, Suppengrün, Kräutern, und Pfefferkörnern in einen großen Topf geben. Mit kaltem Wasser bedecken, salzen und bei mittlerer Hitze etwa 1 Stunde köcheln lassen. Dabei den aufsteigenden Schaum abschöpfen. Den Kalbskopf herausnehmen und das Fleisch von den Knochen lösen. In große Würfel schneiden, mit einem Gewicht beschweren und erkalten lassen.

Die Kartoffeln schälen und in etwa 1 cm große Würfel schneiden. In Salzwasser garen und anschließend kalt abschrecken. Die Schalotten schälen und sehr fein hacken. Die Trüffel fein wüfeln. Das Olivenöl erhitzen und die Trüffelwürfel darin kurz anbraten. Mit Sherry- und Trüffelessig ablöschen. Mit dem Kalbskopffond aufgießen, einmal aufkochen lassen und mit Salz und Pfeffer würzen. Die heiße Vinaigrette über die Kartoffelwürfel geben und den Salat mehr als 1 Stunde ziehen lassen.

Die Eier in einem tiefen Teller verquirlen. Mehl und Weißbrotbrösel je in einen Teller geben. Die Kalbskopfwürfel zuerst in Mehl wenden, dann durch die Eier ziehen und zuletzt mit den Weißbrotbröseln panieren. In einer Pfanne reichlich Butterschmalz erhitzen und die Würfel darin goldbraun ausbacken. Auf Küchenpapier abtropfen lassen.

Die Gänseleber von Häuten und groben Adern befreien und in Scheiben schneiden. In einer Pfanne etwas Butterschmalz erhitzen und die Leberscheiben darin anbraten. Mit Salz und Pfeffer würzen. Den Kartoffelsalat auf 4 vorgewärmten Tellern verteilen. Jeweils 1 Scheibe Leber und einige Kalbskopfwürfel darauf anrichten. Mit Kräutern und Blüten garnieren. *(auf dem Foto)*

ZUTATEN FÜR 4 PERSONEN

FÜR DEN KALBSKOPF
1 Kalbskopf
1 geviertelte Zwiebel
2 Bund gewürfeltes Suppengrün
1 Bund Kräuter (Liebstöckel, Majoran, Thymian, Rosmarin)
2 Gewürznelken
4 Lorbeerblätter
Pfefferkörner
Salz
2 Eier
Mehl
100 g Weißbrotbrösel (vom Bäcker)
Butterschmalz zum Braten

FÜR DEN KARTOFFELSALAT
4 festkochende Kartoffeln
2 Schalotten
2 mittelgroße Perigord Trüffel
4 EL Olivenöl
1 EL Sherryessig
2 EL Trüffelessig
125 ml Kalbskopffond

FÜR DIE GÄNSELEBER
1 Gänsestopfleber
Butterschmalz zum Braten

AUSSERDEM
verschiedene Kräuter und eßbare Blüten zur Dekoration

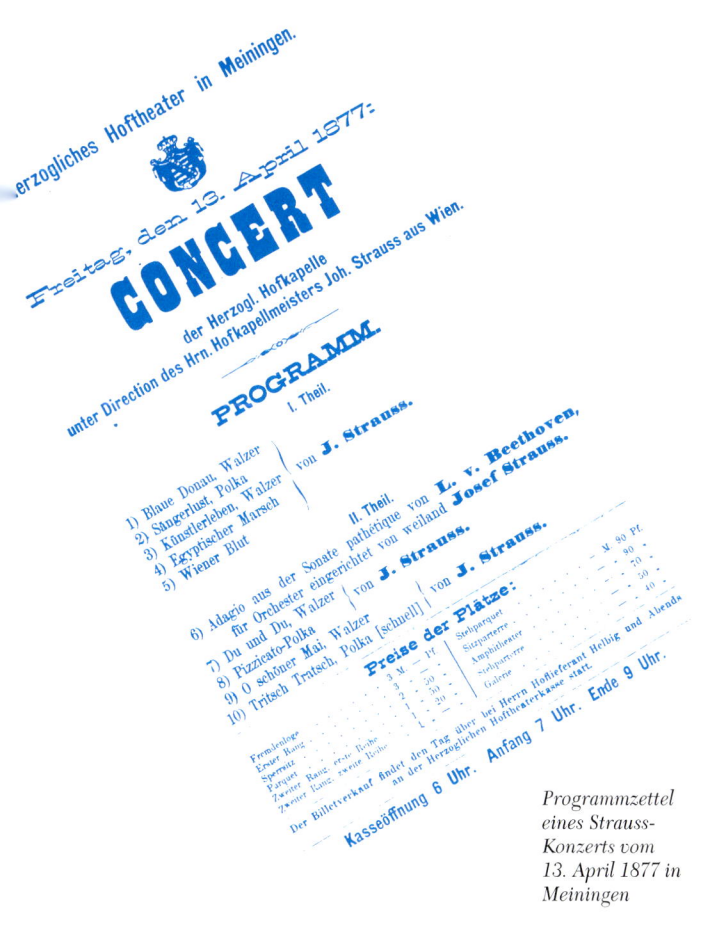

Wildkraftbrühe mit Klößchen vom Fasan

Zutaten für 4 Personen

Für die Wildkraftbrühe
1 kg Wildknochen und -abschnitte
2 EL Öl
2 grob gewürfelte Karotten
¼ gewürfelte Sellerieknolle
2 geviertelte Zwiebeln
50 g Champignons
je 1 Zweig Thymian, Rosmarin, Lavendel
2 Gewürznelken
1 Lorbeerblatt
5 schwarze Pfefferkörner
5 Wacholderbeeren
Salz, Pfeffer aus der Mühle
1 EL Tomatenmark
60 ml Madeira
60 ml Portwein

Zum Klären der Brühe
300 g Hirschfleisch aus der Wade
1 kleine Karotte
1 Stück Lauch
1 Stück Sellerie
½ Bund Petersilie
5 EL Madeira
5 EL Portwein
2 Eiweiß
einige Eiswürfel

Für die Klösschen
1 Fasanenbrust
125 ml Sahne
1–2 Eiweiß

Den Backofen auf 180 °C vorheizen. Die Wildknochen blanchieren, abgießen und kalt abspülen. Das Öl in einem Bräter erhitzen und die Wildknochen und -abschnitte darin anbraten. Gemüse, Kräuter und Gewürze dazugeben. Das Ganze in den Ofen geben und bei nicht zu starker Hitze anrösten. Das Tomatenmark hinzufügen, gut unterrrühren und alles mit Portwein und Madeira ablöschen. Die Flüssigkeit im Ofen reduzieren, dabei mehrmals umrühren. Alles in einen Topf geben und mit kaltem Wasser bedecken. Zum Kochen bringen, dabei mehrmals abschöpfen. Etwa 2 Stunden leicht köcheln lassen, dann durch ein Sieb passieren und erkalten lassen.

Das Hirschfleisch durch die grobe Scheibe des Fleischwolfs drehen. Das Gemüse grob würfeln. Fleisch, Gemüse, Petersilie, Madeira, Portwein, Eiweiße, Eiswürfel und etwas Salz gut vermengen. Die Masse mit der kalten Brühe vermischen und alles langsam unter ständigem Rühren aufkochen. Bei niedriger Temperatur etwa 1 Stunde ziehen lassen. Anschließend durch ein Sieb passieren und mit Salz abschmecken.

Die Fasanenbrust durch die feinste Scheibe eines Fleischwolfs drehen. Die Sahne und das Eiweiß steif schlagen. Die Sahne vorsichtig unter den Eischnee rühren. Dann das Fasanenhachée unter die Eischnee-Sahne-Mischung ziehen. Die Farce durch ein Sieb streichen. Mit einem Eßlöffel kleine Nocken abstechen und in Salzwasser pochieren. In der Kraftbrühe servieren.

»Johann Strauss auf der Geige spielend«, Aquarell von Anton II. Gareis

Lachs mit Steinpilzen und Sauce hollandaise

Den Backofen auf 180 °C vorheizen. Butter schaumig rühren und mit Petersilie, Eigelb sowie den Weißbrotbröseln vermischen. Mit Senf, Zitronensaft, Salz und Pfeffer würzen.

Das Lachsfilet in kleine Medaillons schneiden und mit Salz und Pfeffer würzen. In einer beschichteten Pfanne etwas Öl erhitzen und die Medaillons auf beiden Seiten kurz anbraten. Aus der Pfanne nehmen und auf einer Seite mit der Petersilienpaste bestreichen. Im Ofen etwa 5 Minuten garen, anschließend warm halten.

Den Weißwein zusammen mit Schalotte, Pfefferkörnern, Kräutern und Essig stark einkochen lassen. Daraufhin durch ein Sieb gießen. Die Reduktion in einem Kessel über dem Wasserbad mit den Eigelben aufschlagen. Dann die geklärte Butter unterrühren und alles mit Salz und Pfeffer abschmecken.

Die Steinpilze blättrig schneiden. In der Butter braten, bis sie weich und zart sind. Die Lachsmedaillons zusammen mit den Steinpilzen und der Sauce hollandaise auf vorgewärmten Tellern anrichten.

ZUTATEN
FÜR 4 PERSONEN

FÜR DEN LACHS
4 EL Butter
1 Bund krause, fein gehackte Petersilie
1 Eigelb
1–2 EL Weißbrotbrösel
½ TL französischer Senf
1 EL Zitronensaft
Salz, Pfeffer aus der Mühle
250 g Lachsfilet
Öl zum Braten

FÜR DIE SAUCE HOLLANDAISE
100 ml Weißwein
1 gehackte Schalotte
5 weiße Pfefferkörner
1 EL gehackter Estragon
1 EL gehackter Kerbel
1 EL Estragonessig
2 Eigelb
150 g geklärte Butter

FÜR DIE STEINPILZE
400 g geputzte Steinpilze
4 EL Butter zum Braten

57

Wildhasenkeule in Burgundersauce

Zutaten für 4 Personen

Für die Wildhasenkeulen
4 Wildhasenkeulen
Salz, Pfeffer aus der Mühle
Öl zum Braten
2 Karotten
½ Sellerieknolle
2 Zwiebeln
200 g Champignons
1 Kräuterbündel (Thymian, Rosmarin, Lavendel, Salbei)
4 Gewürznelken
4 Lorbeerblätter
5 Pfefferkörner
5 Wacholderbeeren
4 EL Tomatenmark
500 ml Madeira
250 ml Portwein
1 l Burgunder
150 g kalte Butter

Für die Kartoffelnudeln
500 g Kartoffeln
50 g Butter
50 g Hartweizengrieß
1 Ei
1 Eigelb
100 g Mehl
100 g Butterschmalz zum Braten

Für den Rosenkohl
500 g Rosenkohl
2 Schalotten
2 EL Butter

Für die Maronen
1 EL Butter
2 EL Honig
24 vorgegarte Maronen

Die Hasenkeulen mit Salz und Pfeffer einreiben. In einem Bräter in etwas Öl anbraten. Das Gemüse putzen bzw. schälen, in grobe Würfel schneiden und zusammen mit den Kräutern und den Gewürzen zum Fleisch geben. Das Tomatenmark einrühren und mitrösten. Das Ganze mit Madeira und Portwein ablöschen und stark einkochen lassen. Anschließend alles mit Wasser und Burgunder auffüllen, bis das Fleisch bedeckt ist. Die Hasenkeulen bei mittlerer Hitze etwa 1 Stunde garen. Dann das Fleisch herausnehmen und warm stellen.

Den Backofen auf 220 °C vorheizen. Die Kartoffeln waschen und im Ofen etwa 45 Minuten backen. Die heißen Kartoffeln aufbrechen, das Fruchtfleisch mit einem Löffel herauslösen und durch eine Presse drücken. Mit den übrigen Zutaten für die Kartoffelnudeln vermengen und zu einem geschmeidigen Teig verarbeiten. Das Ganze etwa 1 Stunde ruhen lassen. Dann kleine Kugeln formen und mit den Handflächen zu Nudeln rollen. In Salzwasser pochieren und trockentupfen. Das Butterschmalz erhitzen und die Kartoffelnudeln darin goldbraun braten.

Den Rosenkohl putzen und die Strünke über Kreuz einschneiden. In Salzwasser garen. Die Schalotten schälen und fein würfeln. Die Butter erhitzen und die Schalotten darin andünsten. Den Rosenkohl zufügen und in der Butter schwenken.

Den Hasenfond durch ein feines Sieb passieren und etwas einkochen lassen. Die Butter stückchenweise unter den Fond mixen. Für die Maronen die Butter erhitzen, den Honig hinzufügen und die Maronen in dieser Mischung glasieren. Alles zusammen servieren.
(auf dem Foto)

Schokoladen-Walnuß-Flan

Die Birnen schälen, dabei die Stiele aber nicht entfernen. Die Zitronen- und die Orangenhälfte vierteln. Weißwein, Zucker, Zitrone, Orange, Vanilleschote, Zimtstangen, Nelken, Sternanis, Lorbeerblatt und Cassis aufkochen lassen. Anschließend die Temperatur reduzieren und die Birnen im Sud etwa 10 Minuten ziehen lassen. Die Früchte im Sud an einem kühlen Ort mindestens 1 Tag durchziehen lassen.

Für die Trüffelganache Eier, Eigelbe und Zucker schaumig schlagen. Das Nougat und die Zartbitterschokolade im Wasserbad flüssig werden lassen und anschließend unter die Eischaummasse rühren. Die Sahne steif schlagen. Die Gelatine in kaltem Wasser einweichen, anschließend ausdrücken. Amaretto leicht erhitzen, Gelatine darin auflösen und unter die Sahne ziehen. Dann die Schokoladenmasse vorsichtig unter die Amarettosahne rühren. Die Ganache im Kühlschrank gut durchkühlen lassen.

Für den Flan die Butter schaumig rühren. Die Eier trennen. Den Butterschaum zusammen mit den Eigelben und der Hälfte des Puderzuckers aufschlagen. Inzwischen die Kuvertüre schmelzen, dann unter die Butter-Eier-Mischung rühren. Das Mehl darüber sieben und ebenfalls unterrühren. Eiweiße zusammen mit dem restlichen Puderzucker steif schlagen und unter die Butter-Schoko-Masse geben. Zum Schluß die gehackten Walnüsse unterziehen. In gebutterte Förmchen füllen und im Wasserbad bei 200 °C etwa 20 Minuten pochieren lassen. Dann kühl stellen und zusammen mit Gewürzbirnen und Trüffelganache servieren.

ZUTATEN FÜR 4 PERSONEN

FÜR DIE GEWÜRZBIRNEN
4 Williamsbirnen
½ unbehandelte Zitrone
½ unbehandelte Orange
500 ml Weißwein
200 g Zucker
1 Vanilleschote
2 Zimtstangen
4 Nelken
3 Sternanis
1 Lorbeerblatt
100 ml Cassis

FÜR DIE TRÜFFELGANACHE
2 Eier
3 frische Eigelbe
45 g Zucker
190 g Nougat
40 g Zartbitterschokolade
300 ml Sahne
6 Blatt Gelatine
2 EL Amaretto

FÜR DEN SCHOKOLADEN-NUSS-FLAN
70 g zimmerwarme Butter
4 Eier
70 g Puderzucker
70 g dunkle Kuvertüre
1 EL Mehl
70 g gehackte Walnüsse
Butter für die Förmchen

Nordseebilder

(Opus 390)

Im Jahre 1878 war es schon etwas außergewöhnlich, wenn ein Österreicher, noch dazu ein Wiener, seinen Urlaub an der Nordsee verbrachte und im darauffolgenden Jahr gleich wiederkam. Strauss wurde anscheinend von seiner frisch angetrauten zweiten Frau, Angelika Dittrich, die aus Köln stammte, animiert, in den Norden Deutschlands zu fahren, und zwar nach Wyk auf Föhr. Die Insel Föhr, die 1231 im Erdbuch des Dänenkönigs Waldemar II. erstmals erwähnt wurde und Wyk, das älteste Seebad Nordfrieslands (seit 1819) hatten schon damals einen bedeutenden Ruf, dem auch Strauss folgte. Er wohnte am Sandwall im »Hotel Schulz«, in dem sich heute das Umweltzentrum der Stadt befindet. Eine Gedenktafel erinnert an seinen Aufenthalt.

Strauss verbrachte hier die Flitterwochen, karikierte seine Frau als Seehund, den er mit einem Gewehr jagt, und komponierte seine »Nordseebilder«, einen Walzer, zu dem ihn Richard Wagner inspiriert haben könnte. Das gewaltige Rauschen des Meeres erinnert ein wenig an den »Fliegenden Holländer«. Strauss gelang damit eine musikalische Naturschilderung wie kaum zuvor in seinen Kompositionen. Als das Werk gedruckt erschien, waren die Deutschen und vor allem die Inselbewohner jedoch enttäuscht, denn das Titelbild zeigte kein Nordseemotiv, sondern eine Art holländischen Holzschuhtanz an einem idyllischen See in den bayrischen Bergen.

Strauss war in sein »Liliweiberl«, wie er seine um 25 Jahre jüngere Frau nannte, sehr verliebt. In einem Brief lesen wir: »... Bis drei Uhr warst Du an meiner Brust. Du warst himmlisch ... Nun Liliweiberl, lasse Dich recht abbusseln und abnudeln und sei überzeugt, daß Niemand in der Welt Dich ebenso zu lieben vermag wie Dein Hans.«

Die Nordseeluft tat bestimmt das Ihrige dazu – im kalten Norden entflammte eine heiße Liebe, die sich an ihrem Feuer aber schnell selbst verbrannte, denn bereits drei Jahre später war das Eheglück erloschen. Der alternde Strauss war anscheinend überfordert. Er ahnte es. Im Juli 1882 schrieb er seiner Frau nach Bad Franzensbad: »Geliebtes Drutscherl Lili, Dein Mann ist halt schrecklich nervös geworden – er hat viel, viel in

---

Das Menü, nachgekocht von Rolf Andresen

RESTAURANT »ALT WYK«
25938 WYK AUF FÖHR

Matjestatar auf Kartoffelreibekuchen mit Wachteleiern

Zuckerschotencremesuppe mit gebratenen Jakobsmuscheln

Frikadellen von Nordseekrabben auf Gurkengemüse

Deichlammrücken mit Kräuterkruste

Rote Grütze mit Vanilleeis und Sahne

»Auf der Seehundsjagd in Wyk auf Föhr« Zeichnung von Johann Strauss

Titelblatt zu »Nordseebilder«

seinem Leben geistig gearbeitet – die Nerven lassen halt immer mehr nach – sie sind zu viel durch Schaffen angespannt worden. Dein Jeany ist ja heute eigentlich ein sehr unglücklicher Mensch, weil er im Herzen zwar jung fühlt und arbeitet wie ein junger Bub, aber die physischen Kräfte lassen ihn schon im Stich – und das fühlt er und wird traurig. Gott ist mein Zeuge, daß dies wahr ist. Manchmal ist meine Stimmung eine recht betrübende, der angeborene Humor will sich aufraffen, aber er wird mit aller Gewalt von körperlichen Gefühlen niedergedrückt. Entferne Dich nicht so rasch von mir – ich werde mich an das, was Du über mich verhängen willst, ja gewöhnen müssen. Geh doch nicht fort … Sieh mein Kind! Nichts sollst Du mehr für mich opfern – als nur einige Zeit – damit ich mich allmählig mit Deinen Gedanken vertraut machen kann, die mir mein Liebstes auf Erden entführen machen. – Erhöre mich Lili! … Du hast ein gutes Herzl selbst für Deine Feinde, verdiene ich weniger, an dasselbe appellieren zu dürfen als ein so unglücklicher Mensch …«

Aber sein »Liliweiberl« suchte sich einen anderen. Fast gleichnishaft mutet daher seine im gleichen Jahr am »Theater an der Wien« uraufgeführte Operette »Blindekuh« an, die beim Publikum durchfiel. Der Intendant des Theaters war Franz Steiner, mit dem ihn seine Angelika betrog.

Eine nichtssagende Polka aus dieser Operette wurde Jahrzehnte später doch noch zu einem Welterfolg. Der in den fünfziger Jahren bekannte Komponist Peter Kreuder bearbeitete dieses Musikstück, und der damals ebenfalls renommierte Volksschauspieler Hans Moser interpretierte das Lied unter dem Titel »Sag zum Abschied leise Servus«.

Ein leiser Abschied von seiner Frau Angelika wurde es allerdings nicht. In ganz Wien war es Tagesgespräch, daß Strauss bereits drei Jahre nach seiner Hochzeit geschieden wurde. Glücklich wurde sie mit Steiner, der sie als Assistentin einstellte, auch nicht. 1884 wurde beiden gekündigt. Angelika ging daraufhin nach Berlin und eröffnete einen Fotosalon. Sie starb 1919 vereinsamt in Bad Tatzmannsdorf.

Strauss ehelichte 1887 als Bürger des Herzogtums Sachsen-Coburg-Gotha – und als Protestant – die ebenfalls konvertierte Jüdin Adele Strauss, geborene Deutsch.

Was der Walzerkönig damals in Wyk auf Föhr gegessen hat, wissen wir nicht genau, doch Rolf Andresen von dem renommierten Restaurant »Alt-Wyk« hat in alten Speisekarten nachgesehen und stellte eine nachempfundene Speisenfolge nach seinen Intentionen zusammen.

WEINEMPFEHLUNG

ZUM MATJESTATAR:
Ein Grüner Veltliner aus dem Kremstal

Daß es sich beim Grünen Veltliner um die wichtigste Rebsorte Österreichs handelt, wird durch seinen Anteil an der Gesamtrebfläche dokumentiert: Von rund 51.000 Hektar sind 18.700 Hektar, also mehr als ein Drittel, mit Grünem Veltliner bepflanzt.

ZUM DEICHLAMMRÜCKENFILET:
Ein Rotwein aus dem Südburgenland

Das Südburgenland wird auch als »Weinidylle« bezeichnet. Im südöstlichsten Teil Österreichs gelegen, entwickelte sich dieser ruhige, sanft hügelige Landstrich in den letzten Jahren mit hervorragenden Qualitäten zu einem Rotweinzentrum.

Matjestatar auf Kartoffelreibekuchen mit Wachteleiern

Die Matjesfilets waschen, trockentupfen und in kleine Würfel schneiden. Den Schnittlauch in Röllchen schneiden und die Hälfte davon mit den Matjeswürfeln und der Zwiebel vermengen. Das Ganze mit Pfeffer würzen.

Die Kartoffeln reiben und mit Salz und Pfeffer würzen. In einer Pfanne das Butterschmalz erhitzen. Aus den geriebenen Kartoffeln 4 Küchlein formen und anbraten. Den Sauerrahm mit dem restlichen Schnittlauch verrühren. Mit Salz und Pfeffer abschmecken. Die Wachteleier aufschlagen und zu Spiegeleiern braten.

Auf 4 vorgewärmten Tellern je 1 Kartoffelreibekuchen geben. Das Matjestartar jeweils darauf anrichten. Mit je 1 Wachtelei und den Salatblättern garnieren. Jeweils etwas Schnittlauchsauce dazugeben.
(auf dem Foto)

Zutaten für 4 Personen

Für das Matjestartar
8 Matjesfilets
1 Bund Schnittlauch
½ gehackte Zwiebel
Pfeffer

Für die Kartoffelreibekuchen
200 g geschälte Kartoffeln
Salz
Butterschmalz zum Braten

Ausserdem
150 g Sauerrahm
4 Wachteleier
verschiedene, gewaschene Salatblätter

Zuckerschotencremesuppe mit gebratenen Jakobsmuscheln

Die Hälfte der Butter in einem Topf erhitzen. Gehackte Zwiebeln darin andünsten. Die Zuckerschoten dazugeben und kurz mitdünsten. Das Ganze mit Geflügelbrühe auffüllen. Die Sahne sowie die Crème fraîche hinzufügen und die Zuckerschoten bei niedriger Temperatur weich kochen.

Mit einem Mixstab pürieren und durch ein feines Sieb streichen. Anschließend die Suppe nochmals vorsichtig erwärmen und mit Salz und Pfeffer abschmecken.

Die restliche Butter in einer Pfanne erhitzen und die Jakobsmuscheln darin kurz braten. Die heiße Suppe in 4 vorgewärmte, tiefe Teller geben und die Muscheln kurz vor dem Servieren hineingeben.

Zutaten
für 4 Personen

3–4 EL Butter
½ gehackte Zwiebel
1 kg geputzte Zuckerschoten
800 ml Geflügelbrühe
100 ml Sahne
100 ml Crème fraîche
Salz, Pfeffer aus der Mühle
4 Jakobsmuscheln

Frikadellen von Nordseekrabben auf Gurkengemüse

Das Weißbrot in etwas Milch einweichen. Dann leicht ausdrücken und zusammen mit 200 g Krabben und dem Speck durch die feinste Scheibe eines Fleischwolfs drehen. Einige Krabben für das Gurkengemüse beiseite legen.

Das Ei verquirlen. Zusammen mit den restlichen Krabben unter die Farce ziehen und alles mit Salz und Pfeffer würzen. Aus der Masse Frikadellen formen. Etwas Öl in einer Pfanne erhitzen, die Krabbenfrikadellen darin anbraten und bei schwacher Hitze in Butter fertig braten.

Für das Gurkengemüse die Gurken schälen, längs halbieren, entkernen und in Scheiben schneiden. Etwas Butter in einer Pfanne erhitzen und die Gurkenscheiben darin andünsten. Restliche Krabben, Sahne sowie Dill hinzufügen und mit Salz und Pfeffer würzen.

Das Gurkengemüse auf 4 vorgewärmten Teller verteilen und die Krabbenfrikadellen darauf anrichten.

Zutaten
für 4 Personen

Für die Frikadellen
50 g altbackenes Weißbrot
etwas Milch
300 g frische Nordseekrabben
40 g durchwachsener Speck
1 Ei
Salz, Pfeffer aus der Mühle
Pflanzenöl und Butter zum Braten

Für das Gurkengemüse
2 Gemüsegurken
etwas Butter
100 ml Sahne
2–3 EL gehackter Dill

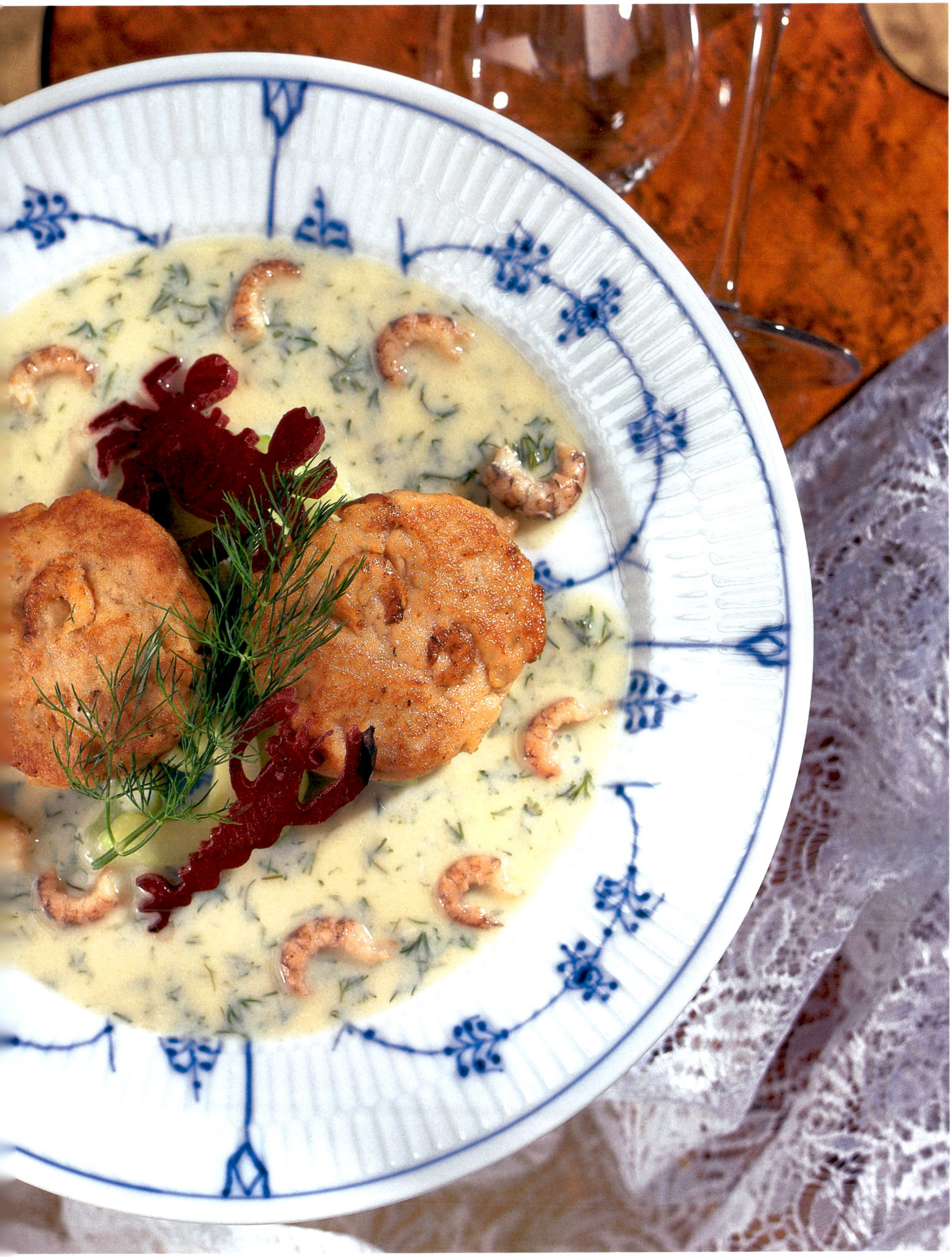

Deichlammrücken mit Kräuterkruste

Den Lammrücken auslösen und von Fett und Sehnen befreien. Das Filet beiseite legen. Die Knochen blanchieren, abspülen und anschließend zusammen mit den Zutaten für den Fond in einen Topf geben. Mit kaltem Wasser auffüllen, bis alles gut bedeckt ist. Mit Salz würzen. 2 bis 3 Stunden köcheln lassen, dabei mehrmals abschäumen. Den Fond durch ein mit einem Küchentuch ausgelegtes Sieb gießen und entfetten.

Die Bohnen in wenig, leicht gesalzenem Wasser gar kochen. Die Tomaten und etwas Olivenöl unterrühren. Alles mit Salz und Pfeffer abschmecken. Für die Kräuterkruste das Toastbrot hell toasten, fein reiben und mit der Butter, den Kräutern und dem Knoblauch verkneten. Die Masse mit Salz und Pfeffer würzen.

Das Lammrückenfilet in Öl rosa braten. Rundherum mit der Kräuter-Butter-Mischung bestreichen und im Ofen unter dem Grill gratinieren. Das Fleisch aus dem Ofen nehmen, kurz ruhen lassen und dann in Portionen schneiden. Den Lammfond nochmals erhitzen.

Auf 4 vorgewärmten Tellern den Fond jeweils zu einem Spiegel gießen. Die Lammrückenfiletstücke und die Bohnen darauf anrichten.
(auf dem Foto)

ZUTATEN
FÜR 4 PERSONEN

FÜR DEN FOND
1 kleiner Deichlammrücken
1 Zwiebel
1 Knoblauchzehe
1 Bund grob gewürfeltes Suppengrün
je 1 Zweig Rosmarin, Petersilie und Estragon
5 schwarze Pfefferkörner
Salz

FÜR DIE BOHNEN
400 g große, weiße Bohnen
100 g geschälte, entkernte Tomaten
etwas Olivenöl

FÜR DIE KRÄUTERKRUSTE
8 Scheiben Toastbrot
100 g Butter
1 EL gehacktes Basilikum
je ½ EL gehackter Thymian, Salbei, Rosmarin
½–1 EL gehackte Petersilie
1 kleine, gepreßte Knoblauchzehe
etwas Öl zum Braten

Rote Grütze mit Vanilleeis und Sahne

Sämtliche Früchte waschen und vorbereiten. 100 g Erdbeeren pürieren und zusammen mit dem Zucker erhitzen. Die restlichen Früchte dazugeben und alles kurz aufkochen lassen. Mit der Speisestärke leicht binden. Alles erkalten lassen.

Die Sahne zusammen mit dem Vanillezucker steif schlagen. Das Eis in Portionsschälchen verteilen und die rote Grütze dazugeben. Mit der Schlagsahne verzieren und servieren.

ZUTATEN
FÜR 4 PERSONEN

1 kg gemischte Früchte (Erdbeeren, Brombeeren, Himbeeren, Johannisbeeren, Pflaumen, Rhabarber)
100 g Zucker
2 EL Speisestärke

AUSSERDEM
¼ l Sahne
1 Päckchen Vanillezucker
4 Portionen Vanilleeis

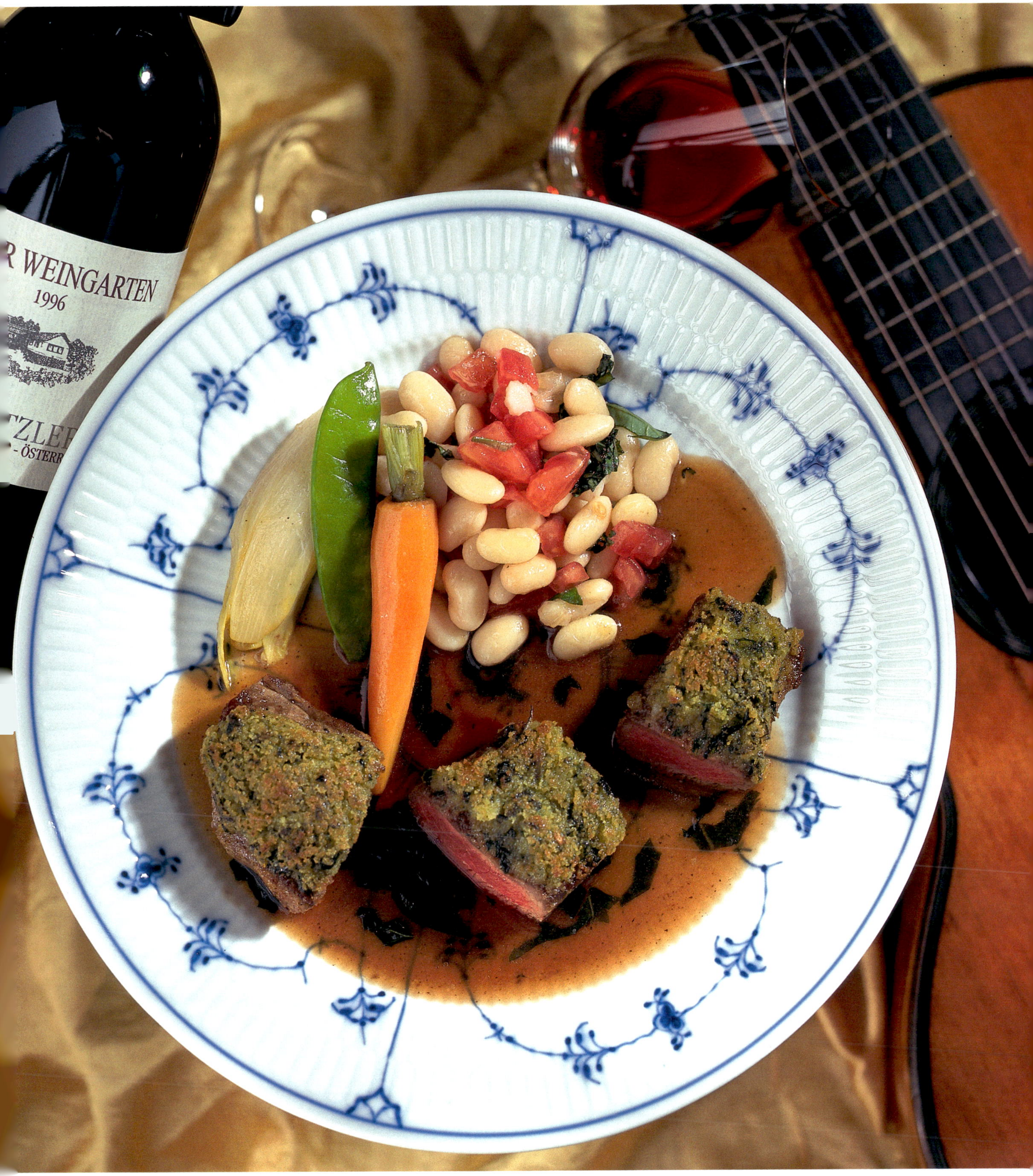
R WEINGARTEN
1996

Rosen aus dem Süden

(Opus 388)

Strauss hatte sich im Park von Schloß Schönau bei Leobersdorf, einst Besitz des Königs Jerome und später Jagdschloß von Erzherzog Otto, 1880 eine Sommervilla gekauft, die 1864 von Paul von Sacher errichtet worden war. Im Schloß selbst wohnte damals die Enkelin von Kaiser Franz Joseph, Fürstin Elisabeth Windisch-Graetz. Dort, unter dem Duft der »Rosen aus dem Süden«, schuf er die Musik zu unsterblichen Meisterwerken. In dieser Villa, die seit 1996 im Besitz von Georg Happack steht und die ihr Äußeres seit Strauss' Zeiten nicht verändert hat, schrieb er u.a. folgende Werke: »Der lustige Krieg«, »Eine Nacht in Venedig«, »Der Zigeunerbaron«, »Simplicius«, den »Kuß-Walzer« und »Rosen aus dem Süden«, einen Walzer nach Motiven der Operette »Das Spitzentuch der Königin«. Strauss verbrachte hier die Sommermonate, zunächst mit seiner zweiten Gattin und von 1883 bis 1894 mit seiner dritten Frau Adele.

Paul Althof schrieb im »Neuen Wiener Journal« am 29. März 1924 von einem Besuch bei dem Komponisten in Schönau: »Weiße Pfauen zogen in langen Schleppen über den wohlgepflegten Rasen und ein ebenfalls schneeweißer Neufundländer lagerte zu den Füßen des Meisters, der an schönen Vormittagen im Parkrondell seine musikalischen Inspirationen an einem Stehpult niederschrieb … Johann Strauss wurde von seiner schönen, geistreichen Frau und seiner anmutigen Tochter (aus der ersten Ehe seiner Frau) wie ein König ehrfürchtig angebetet, so etwa, wie Kinder den lieben Gott fürchten und ehren.«

Althof beschreibt eine sommerliche Gesellschaft bei Strauss, wo »die Champagnerkelche hell aneinander klingen« und ein üppiges Mahl genossen wurde, wo beim zweiten Gang – Spargel aus dem eigenen Gemüsegarten – des Meisters Stimmung schon freundlicher wurde, »und es erfüllte ihn mit Stolz, daß uns die schönen, weißen Stangen mundeten, obwohl ihm diese Gemüsezucht etwas teuer zu stehen kam und ihm ein Eigenanbau-Rettich ungefähr fünf Gulden kostete …«

Und Max Kalbeck stellte am 24. Juni 1888 im »Neuen Linzer Tagblatt« fest: »… daß im Gemüsegarten die dicksten und saftigsten Spargel wachsen, der frischeste Salat grünt, die würzigsten Erdbeeren reifen … Wir werden sogleich Gelegenheit haben, uns davon zu überzeugen, denn die Speiseglocke, welche Peter, des Hauses geschäftiger Diener, als mittäglicher Küster ertönen läßt, ruft

---

Das Menü, nachgekocht von Michael Heise

HOTEL »GOTHISCHES HAUS«,
38855 WERNIGERODE

Krebsterrine mit Spargel und
Sauce hollandaise

Paprizierte Hühnerbrühe mit Wasserspätzlein

Gebratene Ochsenlende mit
Kartoffelgratin

Erdbeeren mit grünem Pfeffer

WEINEMPFEHLUNG

Zur warmen Krebsterrine
Ein österreichischer Sekt

Die Schaumweinproduktion reicht in Österreich bis in die Mitte des letzten Jahrhunderts zurück. Heute stammen die Grundweine zum größten Teil aus dem Gebiet um Poysdorf im Weinviertel, wobei sich vor allem Welschriesling und Grüner Veltliner für die Erzeugung von Sekt eignen.

Zur gebratenen Ochsenlende
Ein Rotweincuvée aus dem Mittelburgenland

Im Mittelburgenland, einer Hochburg des Rotweinanbaus in Österreich, werden neben der Hauptsorte Blaufränkisch vor allem Blauer Zweigelt, Blauburgunder, Cabernet Sauvignon und Merlot kultiviert. In hochwertigen Cuvées spielt jede dieser Sorten ihre Stärke aus.

uns zu Tische. Die Tafel ist im Freien vor dem geräumigen Pavillon gedeckt, inmitten einer kühlen Runde dichtbelaubter Bäume, und kein zudringlicher Sonnenstrahl darf es wagen, sich dort breit zu machen. Frau Adele hält auf eine ausgezeichnete Küche … Die Krebse, welche in einer dampfenden Terrine aufgetragen werden, haben keineswegs im Schönauer Bache das Licht der Welt erblickt, sondern sind nach Laibach zuständig. Aber die eingeborenen Spargel rechtfertigen das Lob des Hausherrn und das selbstgebackene Brot unterscheidet sich von himmlischer Ambrosia nur durch die Farbe. Von der Poesie, welche einem ›Wasserspätzlein‹ innewohnt, falls dieses aus Mehl, Butter und Salz zubereitete Artefakt eine chemische Verbindung mit paprizierter Hühnerbrühe eingeht, will ich hier nichts weiter sagen, da ich sonst meine Prosa mit einem sentimentalen Sonett oder einer schwungvollen Ode unterbrechen müßte. Während wir einem gebratenen Ochsen die letzte Ehre erweisen, hat Peter einen bedeutenden Wink vom Hausherrn erhalten, den er mit verständnisinnigem Grinsen beantwortet. Der Pfropfen knallt und in den Spitzengläsern schäumt der prickelnde Rebensaft der Champagne, der König der Weine, welcher den Weisen töricht, den Griesgram froh, den Stummen gesprächig, den Heiteren aber zum Gotte macht … ›die Majestät wird anerkannt rings im Land‹. Dazu duftet in bläulichen Rauchwolken die braune Blume der Havanna; denn obwohl Strauss für seine Person sich selten über die harmlosen Trabuco versteigt, weiß er doch, daß einer guten Mahlzeit eine gute Zigarre folgen muß, wie das Amen der Predigt. Beim Essen darf nicht viel geredet werden, das wäre eine Beleidigung für die Köchin und eine Versündigung an ihren sämtlichen Werken. Nun aber, nachdem die Tagesordnung des schmackhaften Menüs erledigt ist, rühren die Geister des Symposions ihre Zungen.«

Johann Strauss 1896, Reproduktion der Kreidezeichnung von Leopold Horovitz

Sommervilla von Strauss in Schönau

Krebsterrine mit Spargel und Sauce hollandaise

Die lebenden Krebse unter fließendem, kalten Wasser mit einer weichen Bürste reinigen. 1 Liter Wasser zusammen mit Weißwein, Kräutern, Gewürzen, etwas Salz und den Zitronenscheiben zum Kochen bringen. Knoblauch, Zwiebel und Karotte schälen, in feine Scheiben schneiden, mit in den Weinsud geben und diesen aufkochen lassen. Die Krebse portionsweise in den stark sprudelnden Sud geben. Etwa 5 Minuten offen kochen, anschließend zugedeckt 15 Minuten ziehen lassen. Aus dem Sud nehmen, abkühlen lassen und das Fleisch aus den Schalen lösen. Das Lachsfilet fein würfeln und mit Salz und Pfeffer würzen. Krebs- und Lachsfleisch sowie Eiweiß und Sahne im Tiefkühlfach stark kühlen.

Das Krebs- und das Lachsfleisch in einem Mixer sehr fein pürieren. Dabei nach und nach die kalte Sahne zufließen lassen. Mit Salz, Pfeffer und Muskatnuß würzen und die Masse durch ein feines Sieb streichen. Die Eiweiße steif schlagen und unter das Krebspüree ziehen.

Den Backofen auf 150 °C vorheizen. In einem Topf die Hälfte der Butter zerlassen. Das Mehl unter ständigem Rühren dazugeben, mit der Milch ablöschen und aufkochen lassen. Die restliche Butter, die gekühlte Krebsmasse und die Eigelbe nach und nach unterrühren. Eine Terrinenform mit etwas Butter ausfetten und die Masse hineinfüllen. Die Form dicht verschließen das Ganze im Ofen im Wasserbad etwa 1 Stunde garen. Anschließend erkalten lassen.

Inzwischen den Spargel schälen. In einen großen Topf mit reichlich kaltem Wasser legen. Salz, Zucker und Weinessig zugeben. Den Spargel bißfest kochen. Kurz mit kaltem Wasser abschrecken und naß in einer Serviette beiseite legen.

Die Estragonblätter zusammen mit dem Weißwein, 4 Eßlöffeln Wasser und den Pfefferkörnern so lange kochen lassen, bis alles bis auf 2 Eßlöffel reduziert ist. Das Ganze durch ein Sieb gießen und erkalten lassen.

Die Eigelbe mit der kalten Flüssigkeit verquirlen und im heißen, aber nicht kochenden Wasserbad, so lange schlagen, bis eine cremige Masse entsteht. Inzwischen die Butter flüssig werden lassen. Die Eigelbmischung aus dem Wasserbad nehmen und die flüssige Butter nach und nach unterrühren. Die Sauce mit Salz, Zitronensaft, Muskat und Cayennepfeffer würzen. Die Frühlingszwiebeln putzen, waschen, in feine Röllchen schneiden und auf die Sauce streuen.

Die Terrine stürzen, in Scheiben schneiden und zusammen mit dem Spargel servieren. Die Sauce hollandaise dazu reichen.

ZUTATEN
FÜR 4 PERSONEN

FÜR DIE TERRINE
20 große, lebende Krebse
½ l Weißwein
½ Bund Petersilie
½ Zweig Thymian
½ Lorbeerblatt
2 Nelken
2 Pfefferkörner
Salz
½ Zitrone in Scheiben
½ kleine Knoblauchzehe
½ Zwiebel
½ Karotte
250 g Lachsfilet
Pfeffer aus der Mühle
2 Eiweiß
60 ml Sahne
etwas geriebene Muskatnuß
75 g Butter
50 g Mehl
60 ml Milch
2 Eigelb
Butter für die Form

FÜR DEN SPARGEL
2 kg weißer Spargel
1 Prise Salz
1 Prise Zucker
½ EL Weinessig

FÜR DIE SAUCE HOLLANDAISE
2 Estragonblätter
4 EL Weißwein
4 Pfefferkörner
2 Eigelb
160 g Butter
1 TL Zitronensaft
etwas geriebene Muskatnuß
etwas Cayennepfeffer
4 kleine Frühlingszwiebeln mit Grün

Das Küchenmädchen Rosa, Zeichnung von Johann Strauss

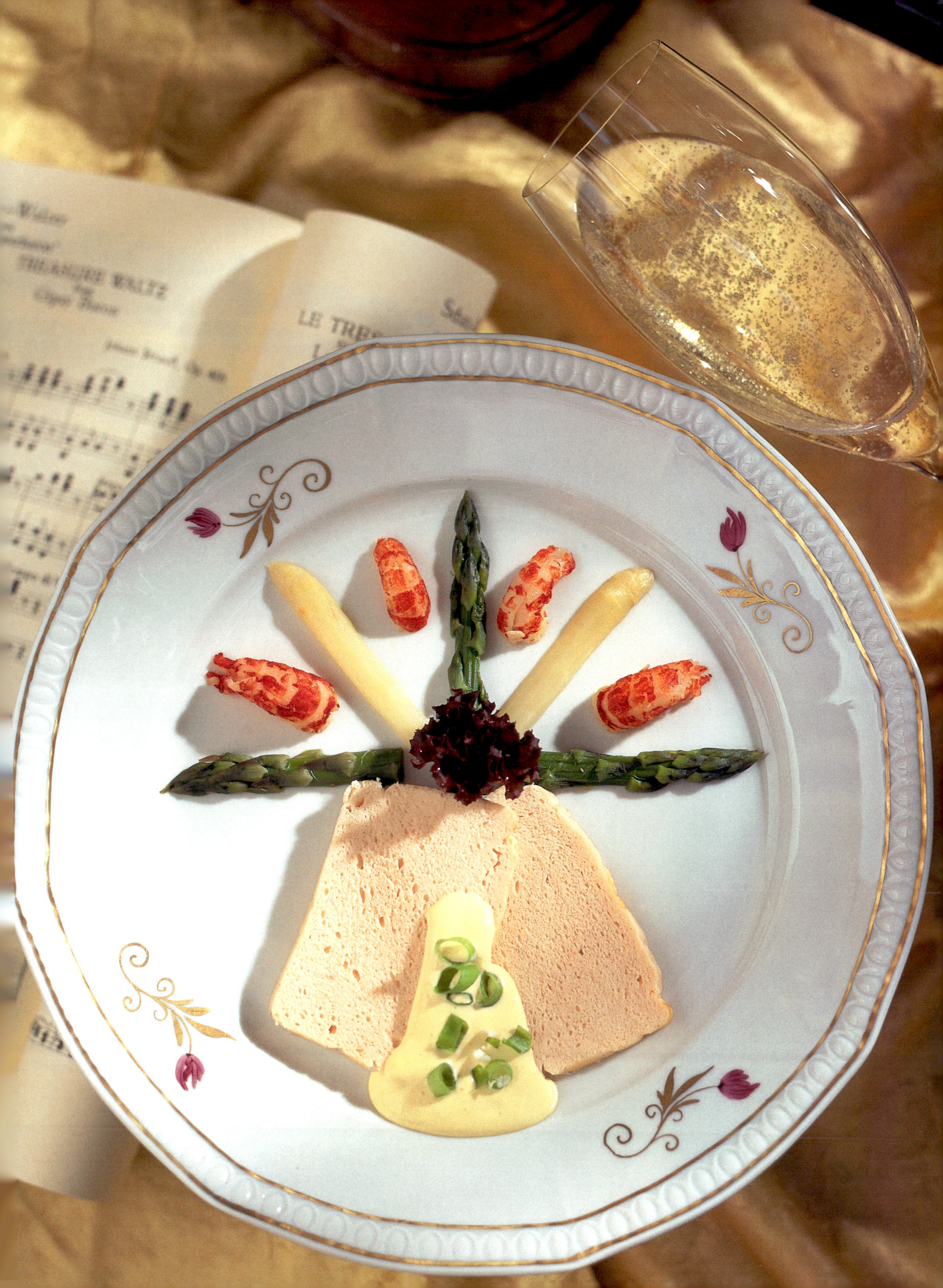

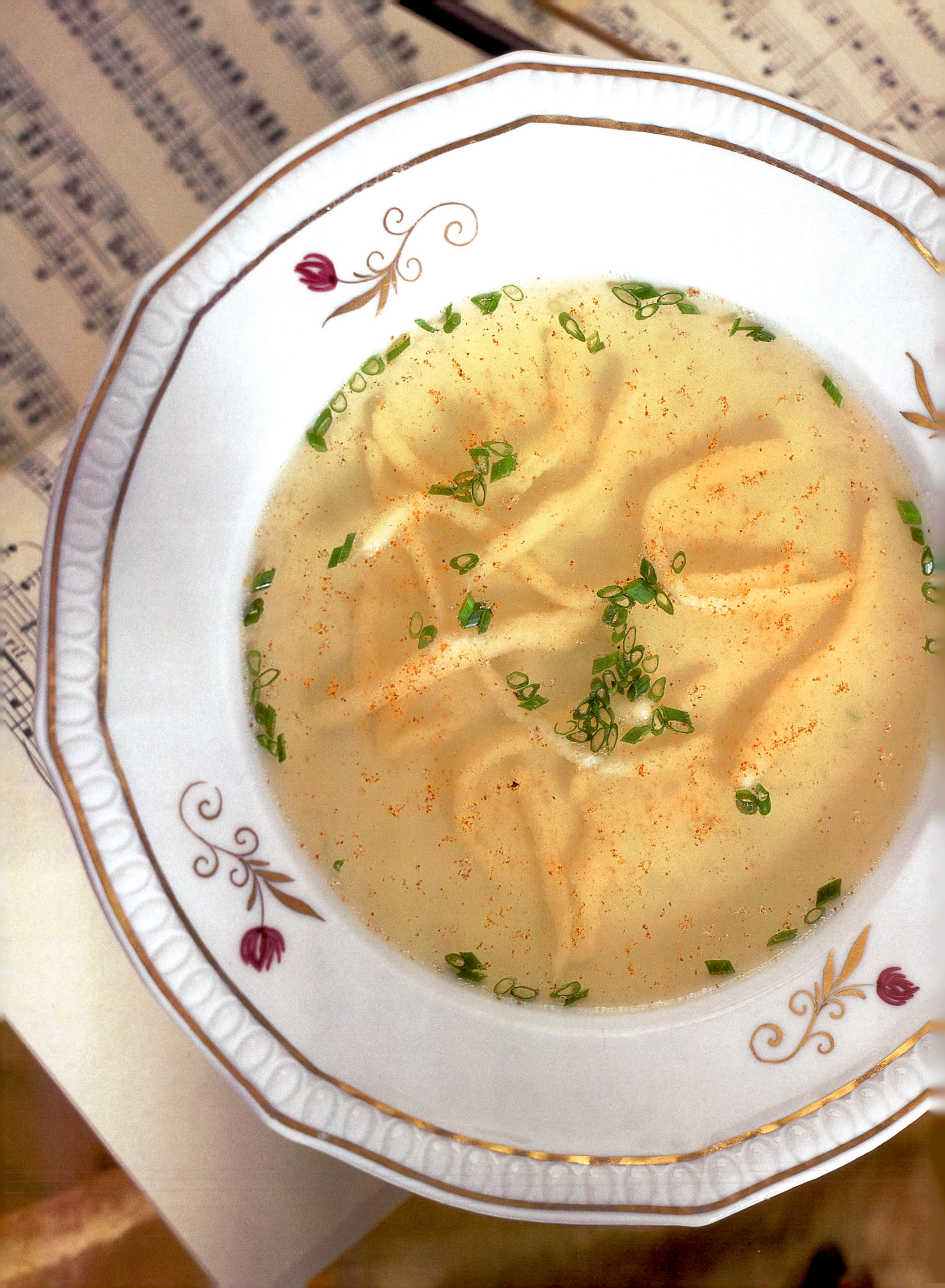

Paprizierte Hühnerbrühe mit Wasserspätzlein

Das Suppenhuhn gründlich waschen, zusammen mit 2 Liter Wasser in einen Topf geben und alles zum Kochen bringen. Dabei entstehenden Schaum abnehmen. Sämtliches Gemüse putzen, grob zerkleinern und mit in den Topf geben. Kräuter und Gewürze hinzufügen und das Ganze 2 bis 3 Stunden bei schwacher Hitze köcheln lassen. Dabei immer wieder abschäumen. Die Brühe durch ein mit einem Küchentuch ausgelegtes Sieb gießen und abschmecken.

Für die Wasserspätzlein das Ei mit 1 Messerspitze Salz, etwas Muskatnuß und 1 Eßlöffel lauwarmem Wasser verquirlen. Nach und nach das Mehl zugeben und einen zähflüssigen Teig zubereiten. So lange schlagen, bis er Blasen wirft. Etwa 1 Stunde ruhen lassen. In einem großen Topf reichlich Salzwasser zum Kochen bringen. Den Teig nochmals kräftig durchschlagen und mit Hilfe einer Spätzlepresse in das siedende Wasser treiben. Etwa 5 Minuten gar ziehen lassen, bis die Spatzen an der Oberfläche schwimmen. Mit einem Schaumlöffel herausnehmen, sofort mit kaltem Wasser abschrecken und abtropfen lassen.

Die Hühnerbrühe nochmals erhitzen und die Spatzen hineingeben. Die Suppe vor dem Servieren mit Schnittlauchröllchen, Paprikapulver und Muskatnuß bestreuen.

Zutaten für 4 Personen

Für die Hühnerbrühe
1 küchenfertiges Suppenhuhn
1 Stange Lauch
2 Karotten
2 Stangen Bleichsellerie
5 rote Paprikaschoten
1 Zwiebel
1 Chilischote
je 1 Zweig Liebstöckel, Thymian und Beifuß
1 Bund Petersilie
3 Lorbeerblätter
3 Nelken
etwas Macis (Muskatblüte)
6 Pfefferkörner
Salz

Für die Wasserspätzlein
1 Ei
geriebene Muskatnuß
150 g Mehl

Außerdem
1–2 EL Schnittlauchröllchen
etwas Paprikapulver

Gebratene Ochsenlende mit Kartoffelgratin

Den Backofen auf 175 °C vorheizen. Die Kartoffeln und die Schalotten schälen. Die Kartoffeln in dünne Scheiben und die Schalotten in feine Würfel schneiden. Eine Gratinform mit etwas Butter ausfetten. Die Kartoffelscheiben und die Schalottenwürfel schuppenartig in die Form schichten. Mit Salz, weißem Pfeffer und Muskatnuß würzen. Die Sahne über das Gratin gießen. Die Semmelbrösel darüberstreuen und die Butterflöckchen darauf verteilen. Etwa 30 Minuten im Ofen backen.

Den Backofen auf 180 °C vorheizen. Die Ochsenmarkscheiben wässern. Die Lendenscheiben kräftig mit schwarzem und weißem Pfeffer würzen und nur leicht salzen. In einer schweren Pfanne das Öl erhitzen. Das Fleisch darin kurz von beiden Seiten anbraten. Im Backofen 20 bis 30 Minuten braten, dabei immer wieder mit dem entstehenden Bratensaft übergießen. Gegen Ende der Garzeit die Ochsenmarkscheiben auf die Lende legen und kurz mitbraten. Die Lendenstücke herausnehmen und warm halten. Den Bratensatz mit Rotwein loskochen und auf 4 vorgewärmten Tellern jeweils zu einem Spiegel gießen. Die Lenden darauf anrichten und zusammen mit dem Kartoffelgratin servieren.
(auf dem Foto)

ZUTATEN FÜR 4 PERSONEN

FÜR DAS KARTOFFELGRATIN
8 Kartoffeln
2 Schalotten
etwas Butter für die Form
Salz, weißer Pfeffer aus der Mühle
etwas geriebene Muskatnuß
¼ l Sahne
2 EL Semmelbrösel
100 g Butterflöckchen

FÜR DIE LENDE
12 Scheiben Ochsenmark
4 Scheiben Rinderlende
schwarzer und weißer Pfeffer, grob gemahlen
2 EL Öl
¼ l trockener Rotwein

Erdbeeren mit grünem Pfeffer

Die Erdbeeren putzen, waschen, von den Stielansätzen befreien und auf Küchenpapier abtropfen lassen. Die Früchte auf 4 Glasschalen verteilen, mit je 1 Eßlöffel Cointreau übergießen und mit grünem Pfeffer bestreuen.

ZUTATEN FÜR 4 PERSONEN

500 g frische Erdbeeren
40 ml Cointreau
1–2 EL eingelegter, grüner Pfeffer

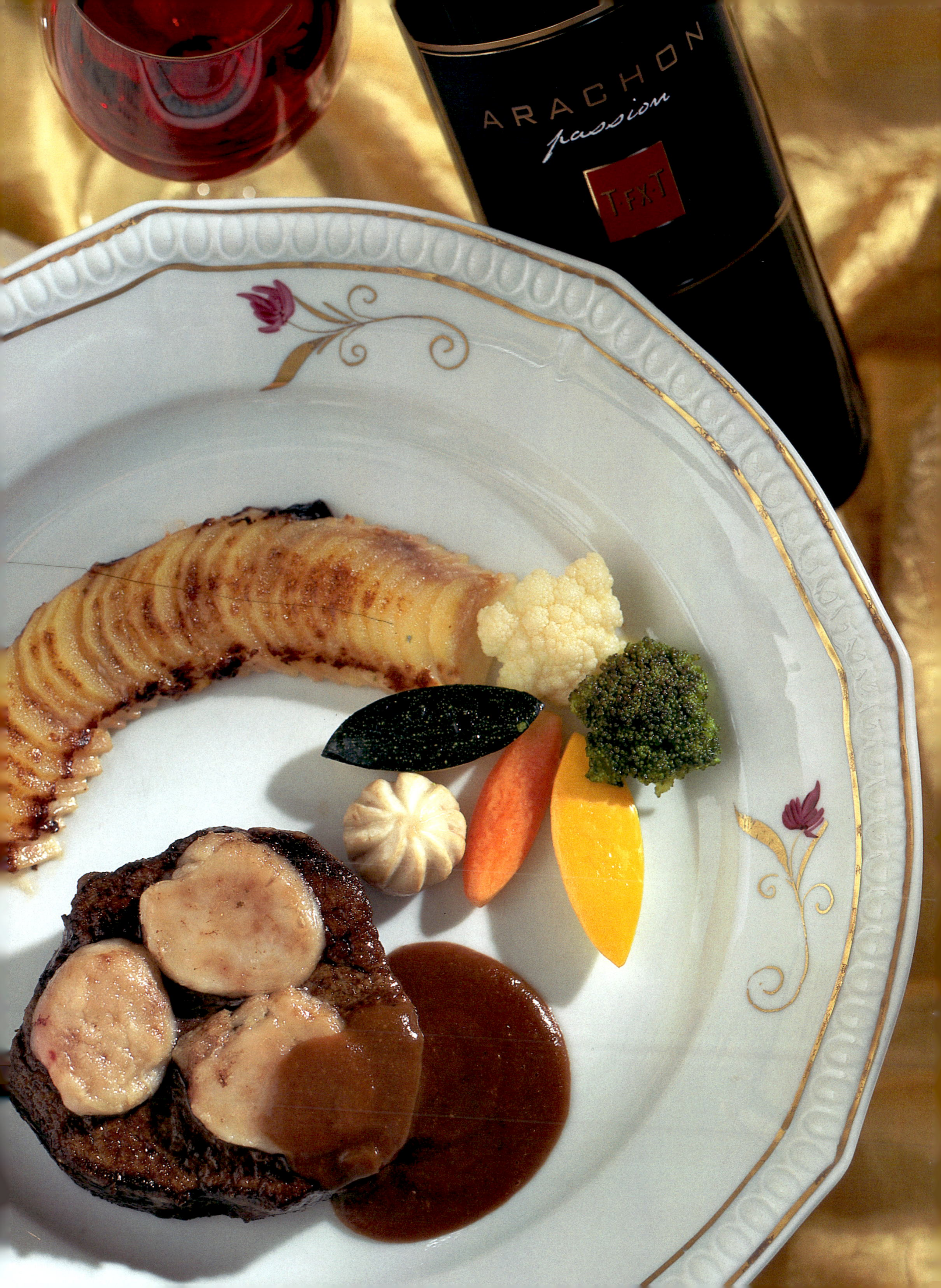
ARACHON
passion
T·FX·T

Künstler-Leben

(Opus 316)

Im Jahre 1926 veröffentlichte Adele Strauss bisher unbekannte Briefe ihres Mannes, unter anderem ein undatiertes Schreiben an seine Frau. Darin schildert er ein nächtliches Gespräch mit seiner Köchin Anna, in dem es um einen Menüvorschlag für das am nächsten Tag stattfindende Mittagsmahl geht:

> Das Menü, nachgekocht von Steffen Roedel
>
> HOTEL »PALATIN«
> 69168 WIESLOCH
>
> Lungenstrudel
> Sardellen
> Gekochtes Rindfleisch mit Erdäpfeln
> Bratäpfel mit Zimt

»Sie begann mit dem Vorschlag, das Diner ihres Renommées halber recht fein zu halten. Ich machte ihr begreiflich, daß von einem Diner keine Rede sein kann – es soll nur ein Mittagsmahl gewöhnlicher Art sein. Sie sieht mich etwas verblüfft an, und bat mich, wenn drei Personen an einem Sonntag bei mir zu Tisch geladen sind, ihr Gelegenheit, ihre Fähigkeiten an den Tag zu legen, geneigtest zu verschaffen. Sie wußte nicht – daß ich seit heute ökonomischen Prinzipien zu huldigen im Herze trage, und so schlug sie mir vor: ›Ragoutsuppe‹ – ›nein‹, schrie ich: ›höchstens Lungenstrudel‹.

Anna: ›Doch aber Forellen nach der Suppe?‹
Ich: ›Nein, höchstens Sardellen.‹
Anna: ›Doch einen der bescheidensten Braten: Einen Lungenbraten?‹
Ich: ›Da wir schon Lungenstrudel in der Suppe haben, ist der Lungenbraten ganz überflüssig; – wir wollen Rindfleisch wählen, und zwar das, was zur Suppe notwendig war, wenn's nicht zu viel ausgesotten wird – schmeckt's ja recht gut.‹
Anna: ›Bitte, was denn dazu?‹
Ich: ›Nichts – ich finde, daß jede Sauce den Geschmack des Fleisches beeinträchtigt.‹
Anna: ›Entschuldigen vielmals – aber etwas müssen wir dazu geben, ich habe Salzgurken, die zwar nicht gut sind, aber ich will sie nicht verderben lassen.‹
Ich: ›Haben Sie genug für fünf Personen?‹
Anna: ›Ja!‹
Ich: ›Dann geben Sie sie.‹
Anna: ›Da sie nicht gut sind, werde ich doch eine Sauce dazu machen?‹
Ich: ›Was fällt Ihnen ein, zu Salzgurken schmeckt nie eine Sauce! Nichts kommt dazu.‹
Anna: ›Aber ich bitte, wir können uns doch nicht ausrichten lassen?‹
Ich: ›Trachten Sie nur, daß alles zur rechten Zeit auf den Tisch kommt, um das andere haben Sie sich nicht zu kümmern …‹«

Einige Strauss-Biographen sind der Meinung, daß der Millionär Strauss einfach geizig war.

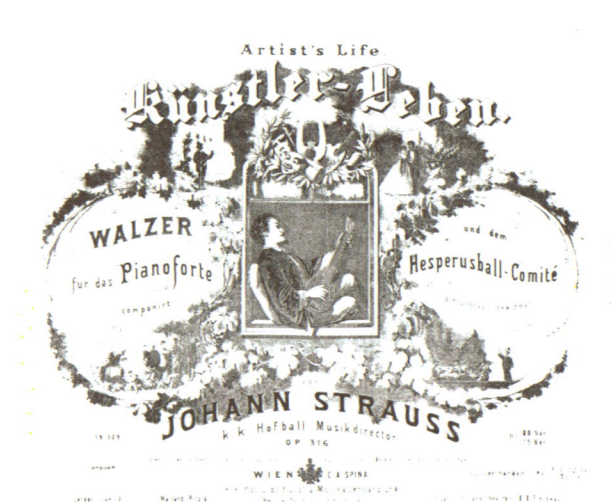

Titelblatt zu »Künstler-Leben« 1867

»Er lädt den ›Zigeunerbaron‹-Textdichter zum Essen in sein Haus ein, rechnet ihm aber dann bei jedem Bissen vor, welche Ausgaben er dadurch erleidet …«

Als er schon der Millionär unter den Wiener Komponisten ist, beklagt er sich in New York: ›O du lieber Herrgott! 50 Cents für Rasieren!‹, und das, obwohl er selbst 100.000 Dollar für seine Amerika-Auftritte bekommen hat«, meint Robert Dachs.

Johann Strauss hatte sich des öfteren vorgenommen, sparsam zu wirtschaften, vor allem dann, wenn die Tantiemen nicht so reichlich flossen wie erwartet. Am 20. August 1886 schrieb er beispielsweise an Ignaz Schnitzer, Librettist des »Zigeunerbaron«:

»Die Tantiemen werden immer geringer und ohne dieselben bin ich pfutsch, weil ich meine Häuser selbst bewohne, und statt Zins einzunehmen, tüchtig zahlen muß, um ungestört arbeiten zu können. Du hast's besser – Du kannst Dich sorglos auf die Meereswelle legen, aber ich schwimme im trockenen Schönau, moralisch und finanziell ohne Schwimmgürtel, da die grausamen Librettisten mir keinen zuzuwerfen bestrebt sind!«

Strauss benötigte die »Librettisten wie einen Bissen Brot«, wie er 1888 aus Franzensbad an Priester schreibt. Wenn sie ihn im Stich ließen – was häufig der Fall war – verzögerten sich seine Arbeiten und somit auch sein Geldfluß. Adele Strauss: »Wenn es überhaupt einen düsteren Punkt in dem Schaffen dieser Sommernatur (Johann Strauss) gab, so rührte er von seinen Librettoerfahrungen her. Schmerzlich sah er, wie auch andere Komponisten kurz entschlossen sich selbst den Rahmen schufen für ihre musikalischen Einfälle …«

Ungern sparte er am eigenen Essen, doch »ham' ma nix, fress' ma Erdäpfel« schrieb er an seinen Bruder Eduard.

WEINEMPFEHLUNG

ZUM GEKOCHTEN RINDFLEISCH:
Einen Rosé aus Carnuntum

Roséweine können als Universalgenies unter den Speisebegleitern bezeichnet werden. Ob zu Gerichten aus der kalten Küche, zu Gemüse oder milden Fleischgerichten – ein fruchtiger Rosé paßt immer.

»Geschichten aus dem Wienerwald«, Tuschsilhouette, Agenda v. Böhler

Lungenstrudel

Für den Teig das Mehl zusammen mit etwas Salz in eine Schüssel sieben. In die Mitte eine Mulde drücken, die übrigen Zutaten hineingeben und miteinander verrühren. Nach und nach mit dem Mehl vermengen. Mit bemehlten Händen in etwa 10 bis 15 Minuten zu einem geschmeidigen Teig verarbeiten. Zu einer Kugel formen, mit Öl bestreichen und bedeckt an einem warmen Ort etwa 1 Stunde ruhen lassen.

Inzwischen Kalbslunge und -herz gründlich unter fließendem, kalten Wasser spülen. Die Leber in Milch legen. In einem Topf Lunge und Herz mit kaltem Wasser bedecken und das Ganze zum Kochen bringen. Das Gemüse putzen, grob zerkleinern und zusammen mit den Lorbeerblättern, den Pfefferkörnern und etwas Salz mit in den Topf geben. Alles bißfest garen. Lunge und Herz herausnehmen und beiseite stellen. Den Sud aufbewahren.

In der Zwischenzeit die Zwiebeln schälen und fein schneiden. In einer Pfanne das Butterschmalz erhitzen und die Zwiebeln darin rösten. Die Petersilie hinzufügen. Herz, Lunge und die rohe Leber in mundgerechte Streifen schneiden, zu den Zwiebeln geben und mitbraten. Den Thymian- und den Majoranzweig dazugeben. Den Knoblauch abziehen, mit in die Pfanne pressen und alles mit Pfeffer würzen. Das Ganze mit Mehl bestäuben, etwas anbräunen lassen und mit Wein ablöschen. Zum Schluß die Füllung mit wenig Salz abschmecken.

Den Backofen auf 200 °C vorheizen. Den Teig auf ein gut bemehltes, großes Küchentuch legen, mit Öl bestreichen und zu einem dicken, breiten Streifen ausrollen. Die Finger mit Öl bestreichen. Mit beiden Händen unter den Teig fassen und von der Mitte aus über den Handrücken fortlaufend ringsherum vorsichtig nach außen ziehen. Der Teig sollte hauchdünn, durchsichtig, glatt und ohne Löcher sein. Die dicken Ränder abschneiden und die Teigfläche dünn mit Butter oder Öl bestreichen.

Die Füllung auf der Teigfläche verteilen, dabei längs einen breiteren Streifen frei lassen. Mit Hilfe des Tuches das Ganze aufrollen und die Enden etwas einschlagen. Ein Backblech fetten und den Strudel mit der Nahtstelle nach unten darauf legen. Mit Milch oder zerlassener Butter bestreichen. Im Backofen auf der mittleren Schiene etwa 50 Minuten backen.

Für die Sauce den Sud zusammen mit dem Kalbsfond aufkochen und etwas reduzieren. Den Essig hinzufügen und mit Salz und Pfeffer würzen. Nach und nach die kalte Butter zum Binden untermixen. Den Strudel in nicht zu dünne Scheiben schneiden und zusammen mit der Sauce servieren.

ZUTATEN
FÜR 4 PERSONEN

FÜR DIE FÜLLUNG
500 g Kalbsbeuschel (Kalbslunge)
100 g Kalbsherz
100 g Kalbsleber
¼ l Milch
1 Karotte
1 kleine Lauchstange
1 kleine Zwiebel
2 Lorbeerblätter
6 weiße Pfefferkörner
200 g Zwiebeln
3 EL Butterschmalz
1–2 EL gehackte Petersilie
1 Zweig Thymian
1 Zweig Majoran
1 kleine Knoblauchzehe
weißer Pfeffer aus der Mühle
etwas Mehl
2 EL Weißwein

FÜR DIE SAUCE
200 ml Kalbsfond
1 EL Essig
4 EL kalte Butter

FÜR DEN TEIG
250 g Mehl
Salz
½–1 Ei
⅛ l lauwarmes Wasser
2 EL Öl
1 TL Essig
Öl zum Bestreichen und Fetten der Form
Mehl zum Ausrollen und Formen
Milch oder Butter zum Bestreichen

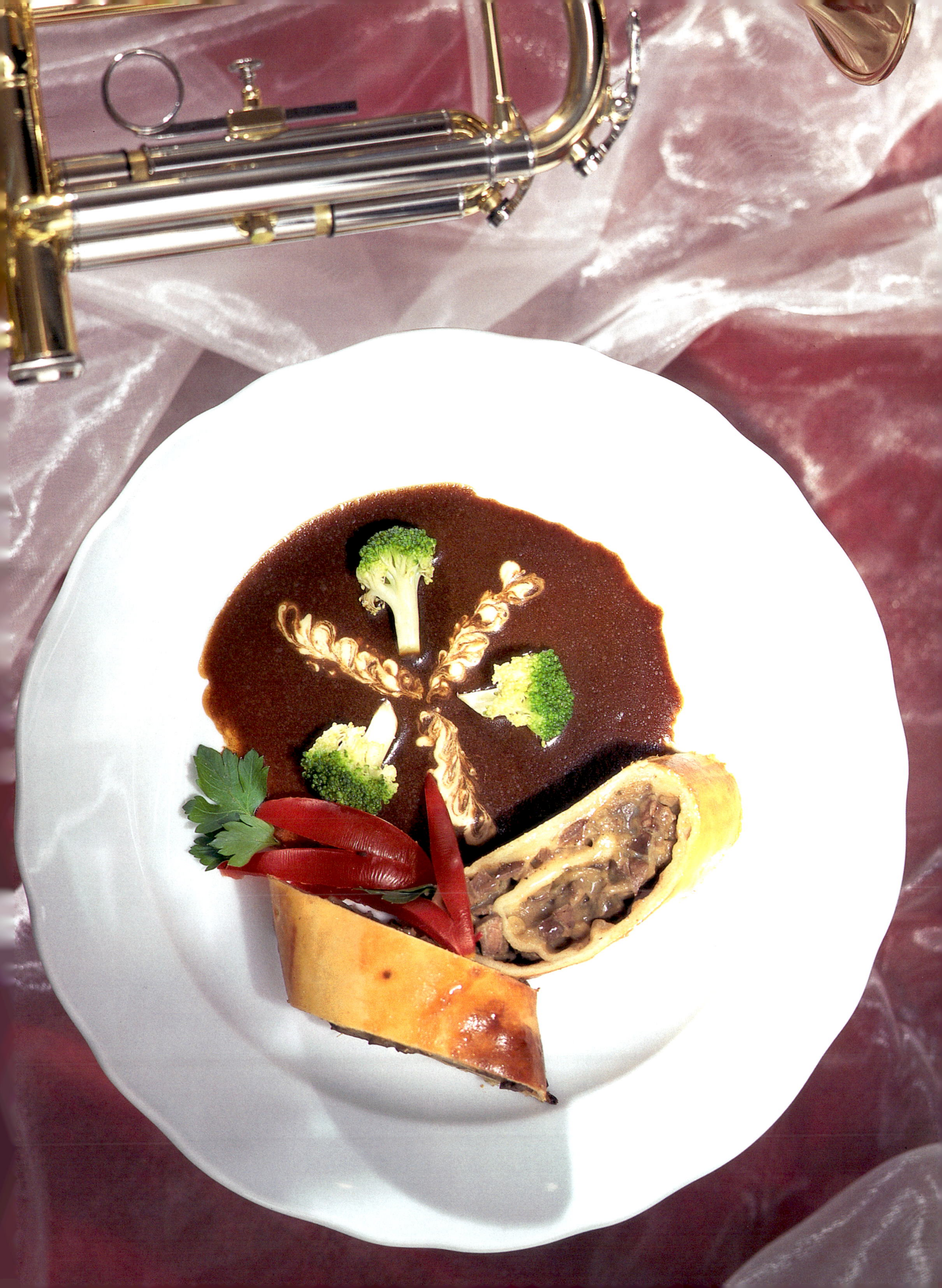

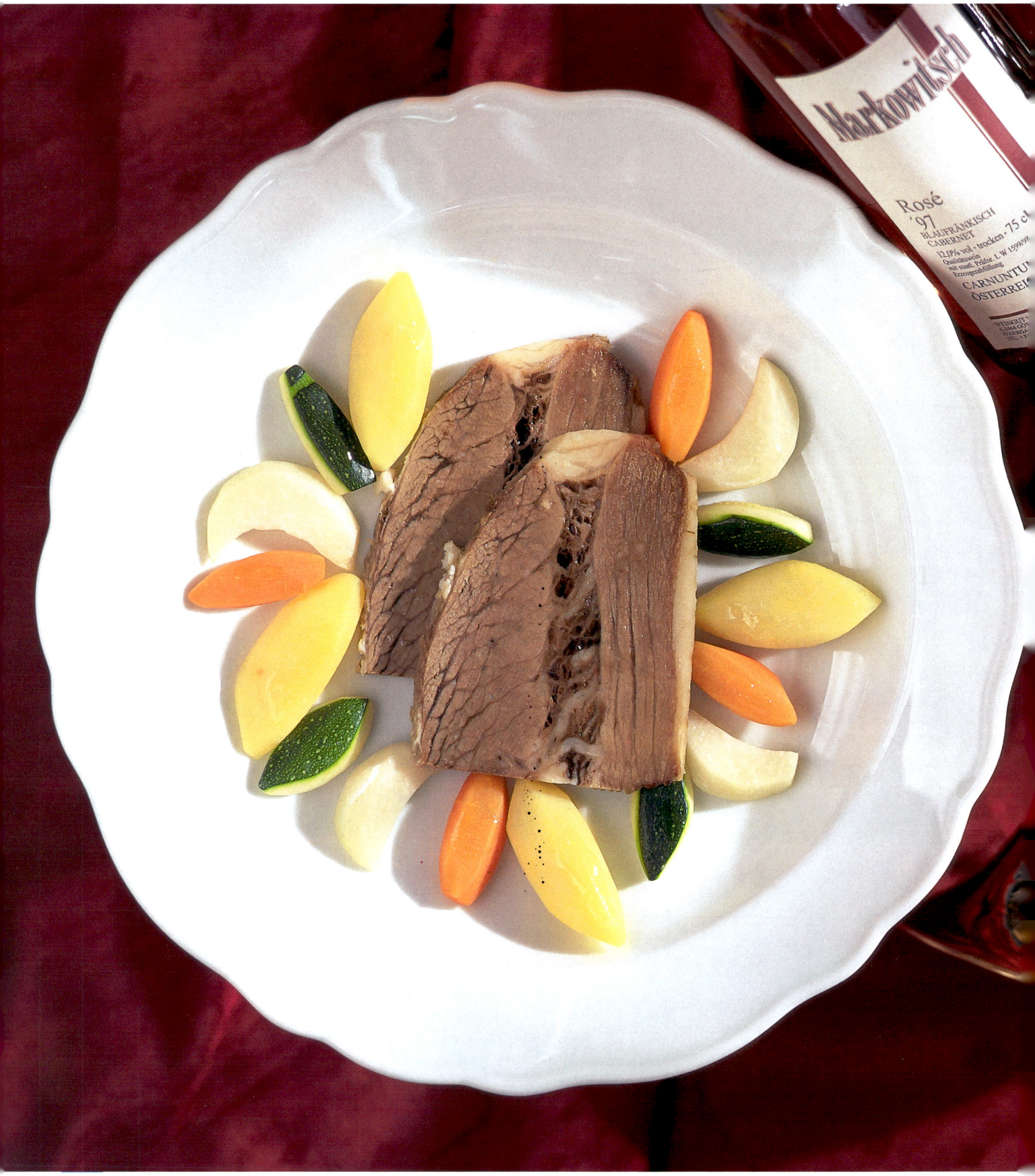
Markowitsch
Rosé
'97
BLAUFRÄNKISCH
CABERNET

Sardellen

Die Sardellen im Ganzen auf einer Servierplatte anrichten. Etwas Öl aus der Dose darüber träufeln. Die Zwiebel schälen und in Ringe schneiden und auf den Sardellen dekorieren. Das Ganze mit buntem Pfeffer würzen.

ZUTATEN FÜR 4 PERSONEN

100 g Sardellen aus der Dose
1 Zwiebel
bunte Pfefferkörner aus der Mühle

Gekochtes Rindfleisch mit Erdäpfeln

Das Fleisch waschen. 1,5 Liter Wasser zusammen mit Lorbeerblättern, Pfefferkörnern, Brühwürfel und etwas Salz erhitzen. Das Fleisch hineingeben und das Ganze zugedeckt bei milder Hitze köcheln lassen. Dabei entstehenden Schaum immer wieder abschöpfen. Karotten, Sellerie und Petersilienwurzel putzen, schälen und in Stücke schneiden. Den Lauch längs halbieren, waschen und in breite Streifen schneiden. Nach 90 Minuten Garzeit das Gemüse zum Fleisch geben und alles weitere 30 Minuten kochen. Anschließend das Fleisch aus der Brühe nehmen, in etwa 1 cm dicke Scheiben schneiden und auf vorgewärmten Teller anrichten. Dazu passen Salzkartoffeln, gedünstete Zucchini und Karotten.
(auf dem Foto)

ZUTATEN FÜR 4 PERSONEN

500 g Rinderbrust
2 Lorbeerblätter
6 Pfefferkörner
½ Fleischbrühwürfel
Salz
2 Karotten
1 Stück Sellerie
1 Petersilienwurzel
1 kleine Stange Lauch

Bratäpfel mit Zimt

Den Backofen auf 200 °C vorheizen. Die Äpfel waschen und von den Stielen befreien. Die Früchte abtrocknen, in eine Auflaufform setzen und mit etwa ½ Liter Wasser übergießen. 25 bis 30 Minuten im Ofen braten. Dann mit Zucker bestreuen und noch etwas im Ofen lassen, bis die Oberfläche kandiert. Herausnehmen, mit Zimt bestreuen und noch heiß servieren. Nach Belieben mit frischen Früchten, wie zum Beispiel roten Johannisbeeren, garnieren.

ZUTATEN
FÜR 4 PERSONEN

4 große Äpfel
4 TL Zucker
2 TL Zimt

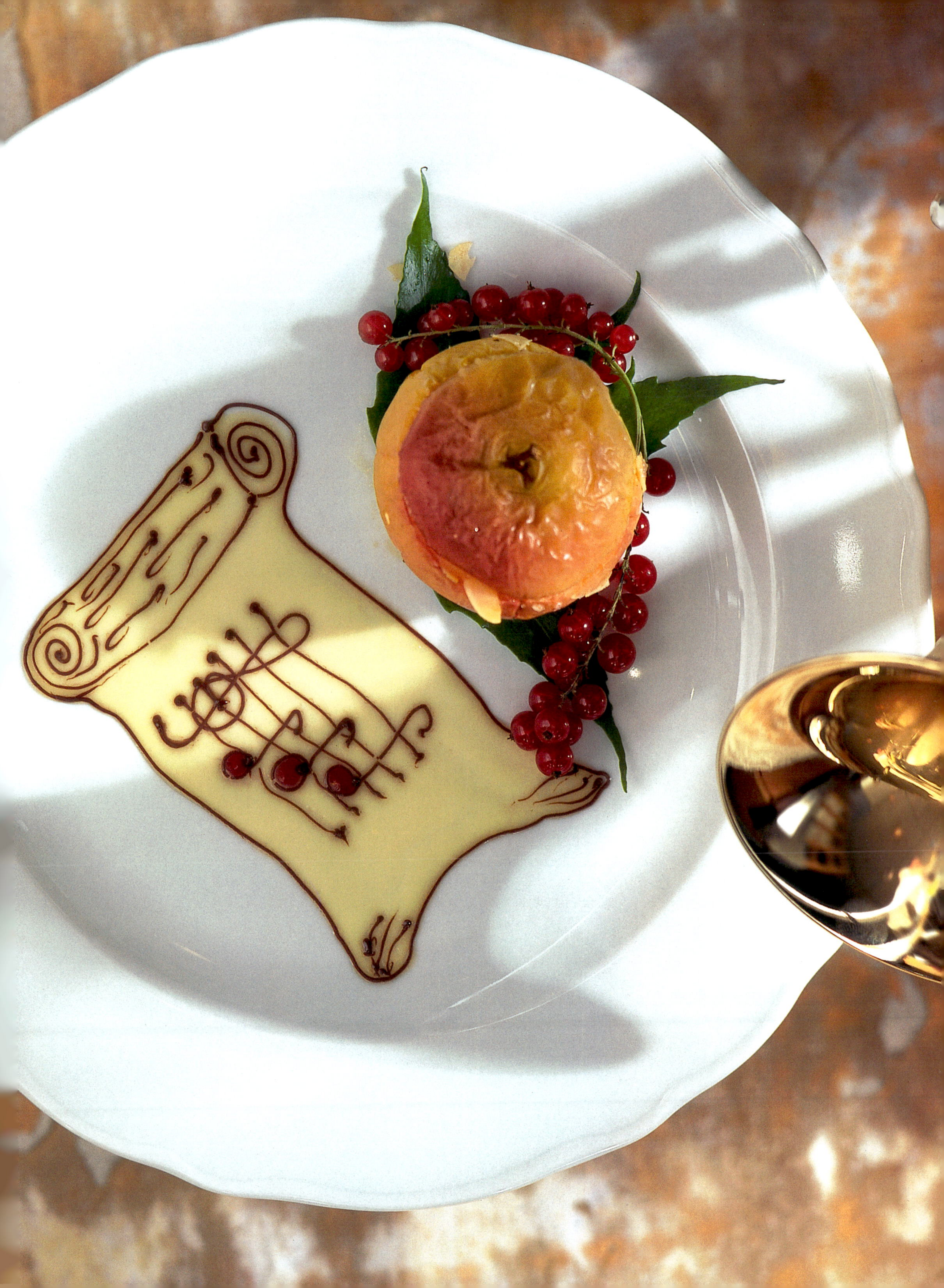

Auf zum Tanze!

(Opus 436)

Aus Anlaß der 25. Wiederkehr der Ernennung von Johann Strauss zum Hofball-Musikdirektor lud Adele für den 3. März 1888 in das »Igelheim« zu einem repräsentativen Hausball ein.

Max Kalbeck schrieb am 6. März 1888 im »Neuen Wiener Tagblatt« über den Verlauf des Balls: »…Millionenmal hat Meister Johann auf der ganzen bewohnten Erde, soweit der Strauss'sche Walzerton klingt, zum Tanz geladen – in der Igelgasse aber am letzten Samstagabend zum allerersten Mal … Johann Strauss versteht ganz meisterhaft die Kunst, sich seinen Gästen gegenüber vollkommen »unberührmt« zu benehmen und die Gesellschaft vollständig auf den Ton lustig-harmloser Gemütlichkeit zu stimmen … Ja, bis Sonntag, 8 Uhr früh – ich glaube gar, halb 9 war es schon, als die allerletzten Gäste das Haus Nr. 4 in der Igelgasse verließen. Was die Gesellschaft in diesen 11 Stunden alles angestellt? Du lieber Himmel: ein bißchen musiziert, ein bißchen gegessen und getrunken, ein bißchen viel getanzt und dann wieder ein bißchen gegessen und getrunken. Aber gar so lakonisch darf die Tages-, Pardon, die Nacht-Ordnung doch nicht erledigt werden … Und dann ging's gleich zum Souper, in dem Sacher sich auf der vollen Höhe seines Ruhmes zeigte und bei dem es schon von Anbeginn herzlich lustig und lebhaft zuging. Man speiste an kleinen Tischchen, entschieden die behaglichste Form der Plazierung … Zum Schlusse des Soupers erhielten die Gäste als reizendes musikalisch-poetisches Souvenir einen zierlich ausgeführten Doppelkarton, der auf der Außenseite das blumenumgebene Balldatum, auf den Innenseiten das Facsimile einer vom Hausherrn der Hausfrau speziell für den Ballabend gewidmeten neuen Schnellpolka und folgende reizende Verse aus der Feder eines poetischen Hausfreundes zeigte, welche die Gäste zum Tanz aufriefen:

> Auf zum Tanze!
> Nun habt Ihr geschmauset – wohl bekomm's! –
> Geplaudert bei blinkendem Weine!
> Nun werft die Servietten beiseit'
> Nun rühret die Tanzgebeine …
> Ihr seid beim Strauss,
> Beim Walzer zuhaus!
> Hopsa hei! Bis in den Tag
> Sollen die Saiten klingen,
> Bis in den Morgen sollen im Tanz
> Lustig die Paar sich schwingen …
> Tour um Tour.
> Polka Mazur!
>
> Blitzende Augen, lachender Mund,
> Heiße, brennende Wangen,
> Silbernes Lachen allüberall,
> Fröhliches Haschen und Fangen …
> Er und sie!
> Ein Vis-à-vis!
> Hört Ihr ihn klingen, den lockenden Laut!
> Wie sich die Takte sputen!
> Wie sie sich drängen in wirbelnder Hast,
> Wie sie rauschen und fluten,
> Welle an Well' …
> Polka schnell!«

Der »poetische Hausfreund« war Ludwig Ganghofer. »Auf zum Tanze!« – Strauss selbst kam dieser Aufforderung allerdings nicht nach – der Walzerkönig konnte nicht tanzen.

Das Menü, nachgekocht von Dieter Schäfer

HOTEL DORINT,
68161 MANNHEIM

Karpfensulz
Grammel-Pogatscherl
Salonbeuscherl
Palatschinken

Weinempfehlung

Zum Karpfensulz:
*Ein »Weißburgunder Kabinett«
aus dem Weinviertel*

Im nördlich von Wien gelegenen
Weinviertel gedeihen weiße
Burgunder-Sorten besonders gut.
Die vielseitig einsetzbaren Weine
bestechen durch ihren klaren Charakter,
dezenten Fruchtcharme und Fülle.

Zum Salonbeuscherl:
*Ein Spitzer 1000-Eimer-Berg Riesling
Federspiel*

Klassische Lagen wie der »Spitzer
1000-Eimer-Berg« oder das »Rote Tor«
bringen nicht nur Weine von überragender Qualität hervor. Ihre Namen
zeugen auch von Geschichten aus
der Vergangenheit.

*Johann Strauss
und seine dritte
Gattin Adele*

85

Karpfensulz

Sellerie, rote Bete und Karotten putzen, schälen und kleinschneiden. Zwiebeln und Knoblauch schälen und hacken. Das Gemüse zusammen mit den Karpfenfilets, Lorbeerblättern, Gewürznelken und Thymian in einen Topf geben und mit kaltem Wasser bedecken. Essig hinzufügen und alles mit Salz und Pfeffer würzen. Das Ganze aufkochen, dann 30 Minuten ziehen lassen.

Die Filets herausnehmen, den Sud abseihen und die Flüssigkeit bis auf etwa ½ Liter einkochen. Inzwischen die Gelatine in etwas kaltem Wasser einweichen. Ausdrücken und in dem eingekochten Sud auflösen. Die Eier hacken und mit dem Gemüse sowie der Petersilie vermischen. Eine Kastenform mit kaltem Wasser ausspülen.

Eine Schicht Sud in die Form gießen. Mit etwa der Hälfte der Gemüse-Ei-Mischung belegen. Das Ganze mit Sud begießen und dann mit den Karpfenfilets belegen. Wieder mit Sud begießen. Das restliche Gemüse darauf verteilen und den verbleibenden Sud darüber gießen. Die Sülze für einen halben Tag in den Kühlschrank stellen. Zum Servieren auf eine geeignete Platte stürzen und in Scheiben schneiden.

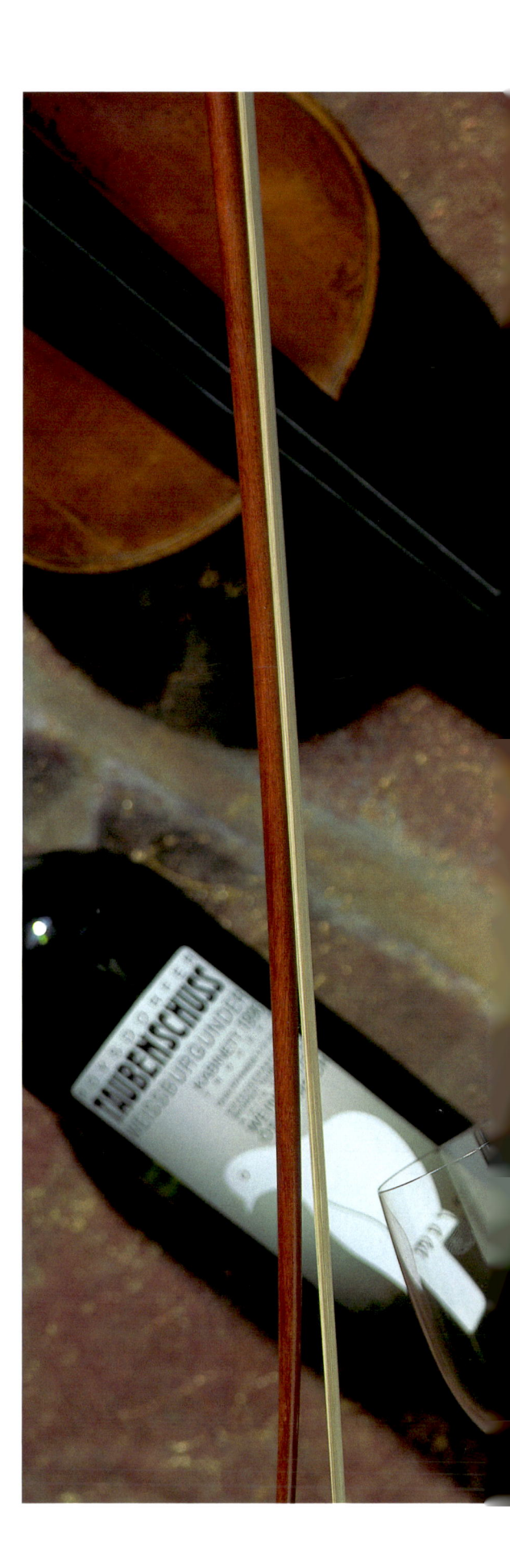

ZUTATEN FÜR 4 PERSONEN

½ Knolle Sellerie
1 rote Bete
2 Karotten
2 kleine Zwiebeln
2 Knoblauchzehen
4 Karpfenfilets
2 Lorbeerblätter
2 Gewürznelken
1 Zweig Thymian
2 EL Weinessig
Salz, bunter Pfeffer aus der Mühle
6 Blatt Gelatine
2 hartgekochte Eier
1 EL gehackte Petersilie

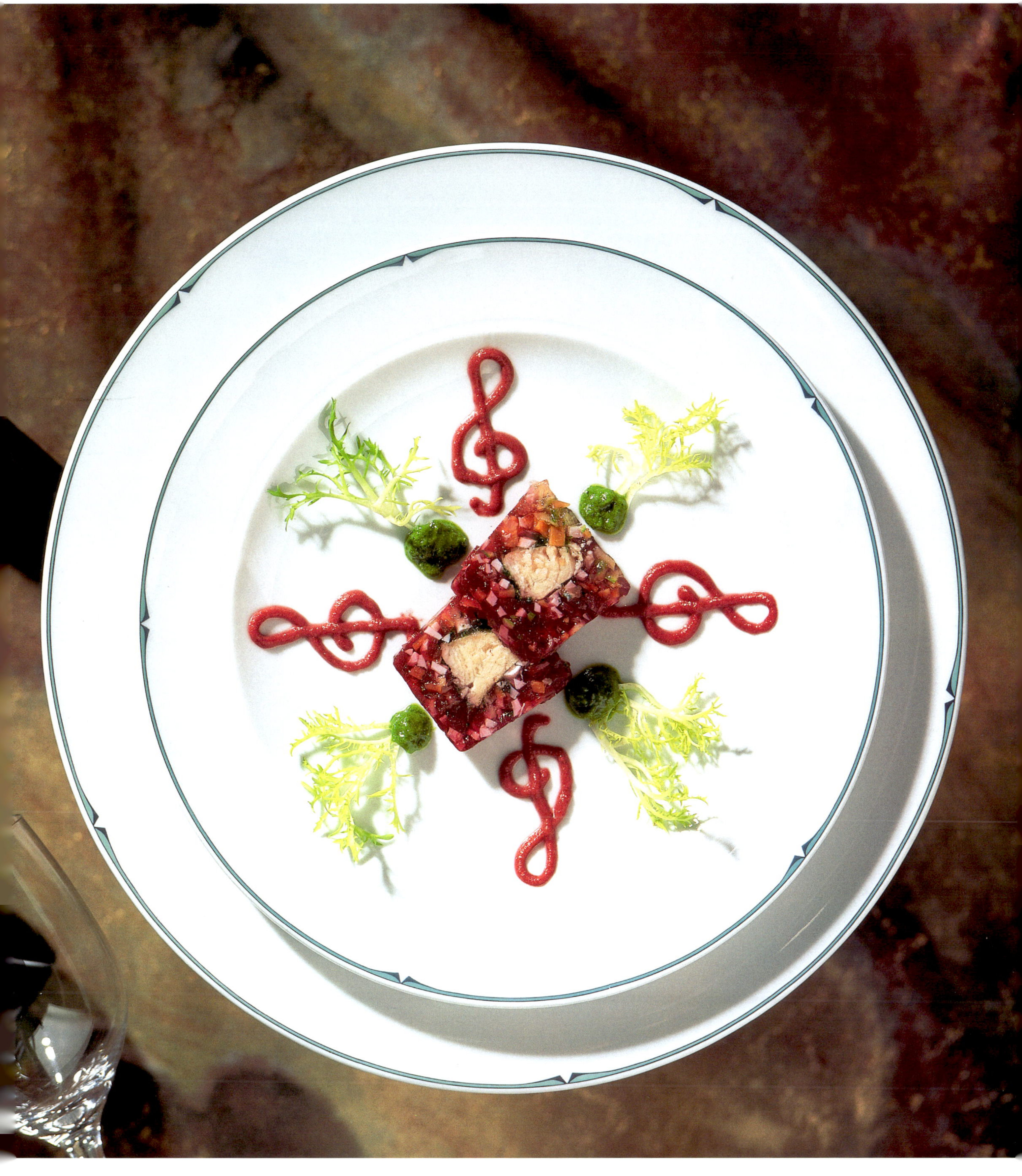

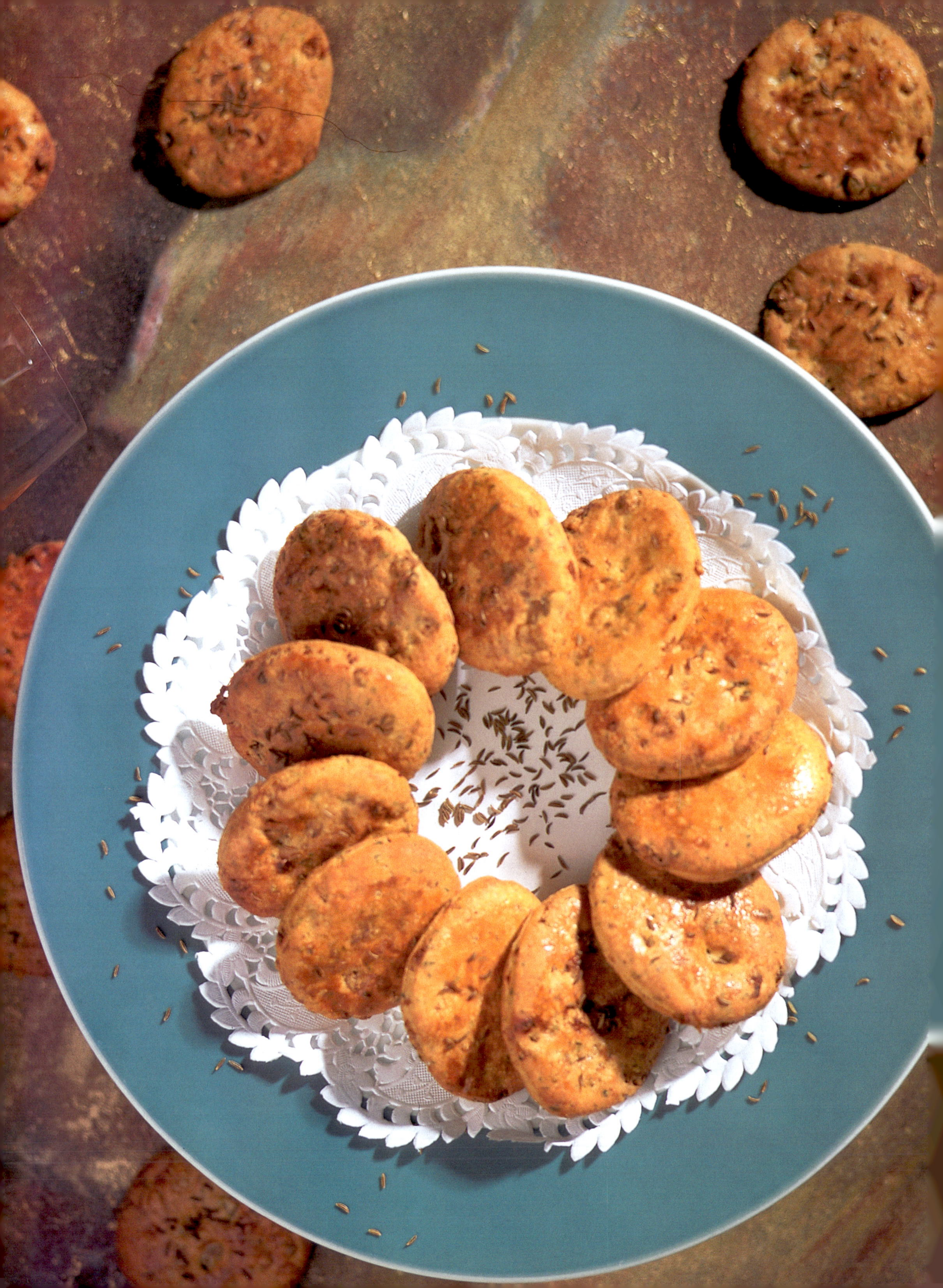

Grammel-Pogatscherl

Die Hefe in kleine Stücke brechen und in der Milch auflösen. Das Mehl in eine Schüssel sieben und eine Mulde in die Mitte drücken. Milch mit Hefe, Ei, Sauerrahm sowie Weißwein hineingeben und nach und nach mit dem Mehl verrühren. Die Grieben und das Paprikapulver hinzufügen und das Ganze etwa 10 Minuten kneten.

Den Teig dünn ausrollen und dann wieder zusammenschlagen. Mit einem Küchentuch bedeckt an einem warmen Ort gehen lassen. Diesen Vorgang dreimal wiederholen.

Den Backofen auf 200 °C vorheizen. Den Teig nochmals dünn ausrollen. Mit einer runden Ausstechform Kreise mit etwa 7 cm Durchmesser ausstechen. Ein Backblech dünn mit Butter bestreichen und mit Salz und Kümmel bestreuen. Die Teigkreise auf das Blech legen und an einem warmen Ort 15 Minuten gehen lassen. Mit Ei bestreichen und etwa 12 Minuten backen.

ZUTATEN FÜR 4 PERSONEN

15 g Hefe
¼ l lauwarme Milch
250 g Mehl
1 Ei
2 EL Sauerrahm
2 EL Weißwein
200 g Grammeln (Grieben)
1 TL Paprikapulver

AUSSERDEM
Butter für das Backblech
Salz
Kümmel
1 verquirltes Ei

Salonbeuscherl

Das Gemüse schälen und kleinschneiden. Zusammen mit Thymian und Gewürzen in 1,5 Liter kaltem Wasser zum Kochen bringen. Die Lunge und das Herz gründlich waschen, von allen Blutgerinnseln befreien und in den kochenden Sud legen. Nach dem Wiederaufkochen alles bei milder Hitze etwa 1 Stunde kochen lassen. Lunge und Herz herausnehmen, erkalten lassen und in schmale Streifen schneiden. Den Sud durch ein mit einem Küchentuch ausgelegtes Sieb gießen und ½ Liter der Flüssigkeit aufbewahren.

Das Mehl in einem Topf unter ständigem Rühren hellgelb anrösten. Den Topf vom Herd nehmen, das Mehl abkühlen lassen und mit ⅛ Liter Wasser verrühren. Den Kochsud erhitzen und mit dem angerührten Mehl binden. Bei milder Hitze unter Rühren einige Minuten kochen lassen. Zitronenschale und -saft sowie Weißwein und Brühwürfel in die Sauce rühren. Lungen- und Herzstreifen in die Sauce geben und etwa 10 Minuten ziehen lassen. Zuletzt mit Sahne und Butter verfeinern und servieren. Dazu passen Semmelknödel.
(auf dem Foto)

> **ZUTATEN**
> FÜR 4 PERSONEN
>
> 1–2 Zwiebeln
> 1–2 Karotten
> 1–2 Petersilienwurzeln
> ¼ Sellerieknolle
> 1 Zweig Thymian
> 6 Pfefferkörner
> 2 Gewürznelken
> 2 Lorbeerblätter
> Salz
> 300 g Kalbslunge
> 200 g Kalbsherz
> 3 EL Mehl
> abgeriebene Schale
> von 1 unbehandelten
> Zitrone
> Saft von 1 Zitrone
> 1 TL Zucker
> 2–3 EL Weißwein
> ½ Fleischbrühwürfel
> 3 EL Sahne
> ½ EL Butter

Palatschinken

Die Eier mit der Milch, dem Mineralwasser und Salz verquirlen. Löffelweise das Mehl unterrühren. Den Teig 30 Minuten ruhen lassen. Etwas Butter in einer Pfanne erhitzen, so daß der Boden gerade mit einer dünnen Schicht des Fetts überzogen ist. Mit einer kleinen Schöpfkelle Teig in die Pfanne geben und durch Schwenken auf dem Pfannenboden verteilen. Bei mittlerer Hitze schnell ausbacken. Sobald die Unterseite knusprig ist und die Oberseite zu stocken beginnt, den Palatschinken mit Hilfe eines Palettenmessers wenden und von der anderen Seite knusprig backen. Den Vorgang wiederholen, bis der gesamte Teig aufgebraucht ist. Die Palatschinken heiß servieren und dazu nach Belieben Eis, Marmelade oder gesüßten Quark reichen.

> **ZUTATEN**
> FÜR 4 PERSONEN
>
> 4 Eier
> ⅛ l Milch
> ⅛ l Mineralwasser
> 1 Prise Salz
> 150 g Mehl
> 2 EL Butter

*»Im Billardsalon bei Johann Strauss, VI, Igelgasse 4«
Druck nach Theodor Zasche*

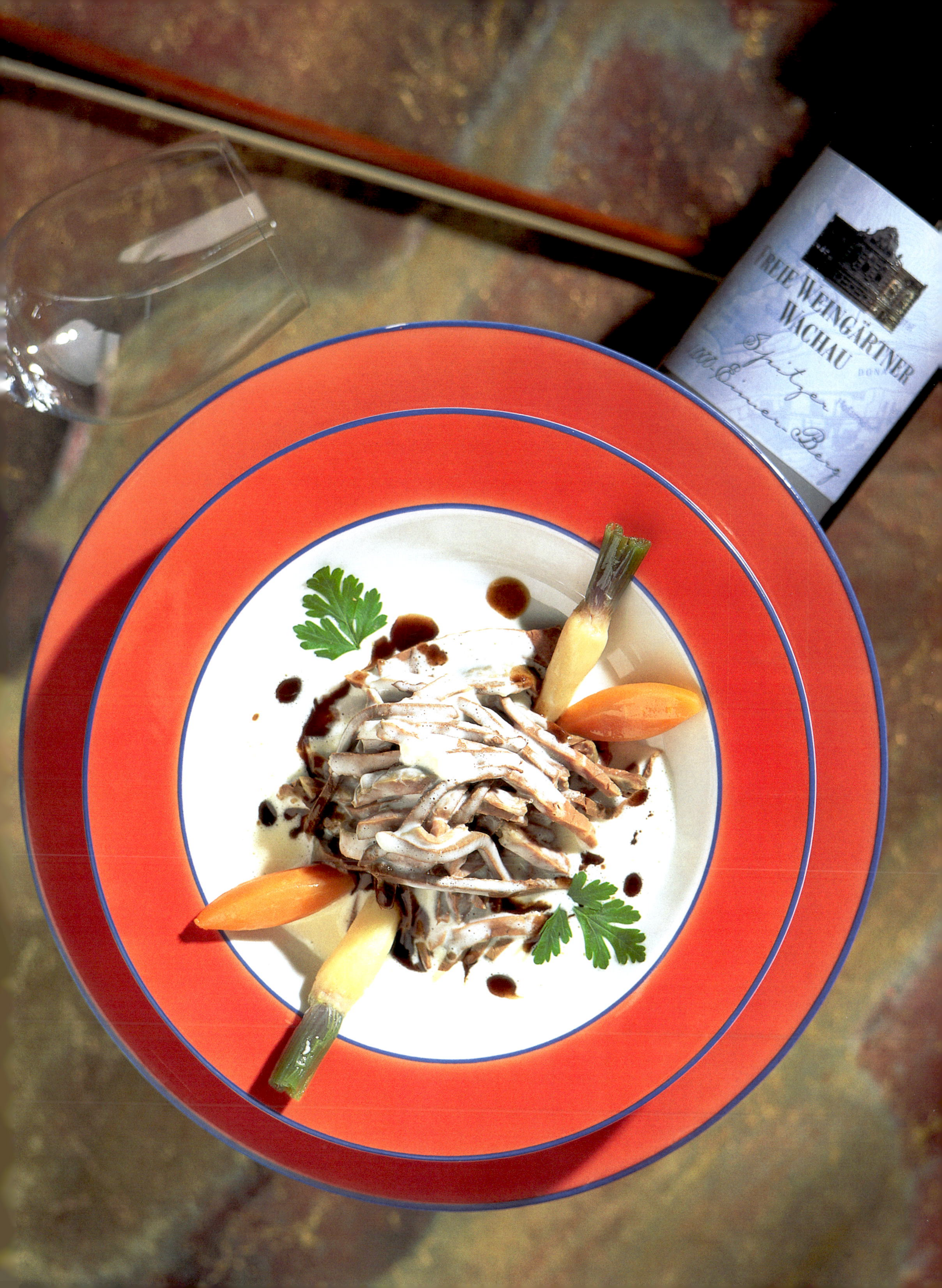
WEINGÄRTNER
WACHAU

Kaiser-Walzer

(Opus 437)

Obwohl die Preußen und die Österreicher damals ein ganz besonderes Verhältnis zueinander pflegten – und heute noch pflegen – kam die Familie Strauss um Berlin nicht herum.

Schon Johann Strauss Vater wurde die Ehre zuteil, 1834 vor dem preußischen König aufspielen zu dürfen! Keine deutsche Stadt besuchte Johann Strauss Sohn so oft wie Berlin.

Seine Operette »Eine Nacht in Venedig«, die ursprünglich im »Theater an der Wien« uraufgeführt werden sollte, vergab er kurzerhand an das Friedrich-Wilhelm-Städtische Theater nach Berlin.

Bei der Premiere am 3. Oktober 1883 fiel das Stück durch. Die Berliner waren weniger mit der Musik als mit dem Text unzufrieden, der als schlechter, dilettantischer Scherz gewertet wurde. Da hieß es zum Beispiel: »… Nachts sind die Katzen ja grau, nachts tönt es zärtlich miau …« Das Publikum schrie schließlich auch: »Miau!« Wenige Tage später wurde die Premiere der Wiener Aufführung »Nacht in Venedig« stürmisch gefeiert. Den Katzentext des Lagunenwalzers hatte man allerdings geändert in: »Ach wie so herrlich zu schau'n, sind all die reizenden Frau'n.« Noch dazu wurde die Passage von dem Wiener Publikumsliebling Alexander Girardi gesungen.

Hugo Wittmann schrieb: »Vom Anfang an dieses mit Spannung erwarteten Premierenabends zog fühlbare Demonstrationsluft durch den Saal; es schien, als ob ein Großteil des Publikums in kriegerischer Stimmung ins Haus gekommen sei, entschlossen, für den Wiener Meister zu sterben oder zu siegen. Einige Leute machten so feierliche Mienen, als ob sie sich in eine Schlacht gegen das Berliner Galeriepublikum stürzen müßten, und als Strauss am Dirigentenpult erschien, klang ihm ein langatmiger Donnerapplaus entgegen …«

Sieben Jahre zuvor, im Jahre 1876, hatte Strauss jedoch einen durchschlagenden Erfolg in Berlin gehabt. Er dirigierte am Friedrich-Wilhelm-Städtischen Theater die 200. Aufführung seiner »Fledermaus«, der auch Kaiser Wilhelm I. beiwohnte.

Einen weiteren Erfolg in Berlin konnte Johann Strauss dann im Jahre 1889 erzielen.

Die deutsche Hauptstadt stand noch ganz unter dem Eindruck des Besuches, den der österreichische Kaiser Franz Joseph dem deutschen Kaiser Wilhelm abgestattet hatte. Das damalige Galadiner, das man am 13. August 1889 im weißen Saal des Schlosses Sanssouci gab, war das Tagesgespräch. Kaiser Franz Joseph hatte in einem Trinkspruch auf die »untrennbare Verbindung« zwischen Deutschland und Österreich hingewiesen.

Dies war auch Strauss zu Ohren gekommen. Als man ihn wenig später zu einem Promenadenkon-

Kaiser Franz Joseph I.

Das Menü, nachgekocht von Christoph Fischer

RESTAURANT »BAMBERGER REITER«
10777 BERLIN

Grießnockerlsuppe

Tafelspitz

Sisis Veilchen Sorbet

Enten- und Gänsebrust an Madeirasauce

Mohnnudelverschmelzung mit Schnee-Nockerln

zert in den Berliner Königsbau einlud, komponierte er für dieses Konzert und zur Würdigung des deutsch-österreichischen Bündnisses den Walzer »Hand in Hand«.

Kurz zuvor hatte er auf Empfehlung von Johannes Brahms einen neuen Vertrag mit dem Musikverlag Friedrich August Simrock in Berlin abgeschlossen. An diesen schickte er nun seine Komposition, aber Simrock schlug aufgrund der staatlichen Verhältnisse vor, sein Opus in »Kaiser-Walzer« umzubenennen. Damit sich aber kein Kaiser benachteiligt fühlen konnte, sollte der Walzer keinem der beiden namentlich gewidmet werden. So könnte sich jeder angesprochen fühlen. Strauss war damit einverstanden und dirigierte im Berliner Königsbau an fünf Tagen ein 100 Mann starkes Orchester, das am 21. Oktober 1889 u.a. den »Kaiser-Walzer« vorstellte. Die Zuhörer waren begeistert – und der neue Verleger hocherfreut, denn die Arrangements für Salonorchester verkauften sich in der ganzen Welt.

»Kaiser-Walzer«, nach 1890, Zeichnung von Anton Kapeller

»Der Walzerkönig als Berliner Vergnügungszügler«, Karikatur aus der Wiener Zeitschrift »Der Floh«, 14.10.1894

Eine Aufführung ganz im stillen erfuhr der »Kaiser-Walzer« am 27. Juni 1975. Der Operettenkomponist Robert Stolz, der Johann Strauss kennenlernte, als er neunzehn Jahre alt war, bat fünfundneunzigjährig auf dem Totenbett im Berliner Franziskus-Krankenhaus um eine Tonbandkassette mit einer Aufnahme des »Kaiser-Walzers« und um seinen Dirigentenstab. Einzi, seine Frau, erfüllte ihm den Wunsch. Im Bett liegend dirigierte er den Walzer – dann starb er.

Johann Strauss' Unterbringung in Berlin bereitete damals große Schwierigkeiten. An seine Schwägerin Louise Simon schrieb er am 17. Oktober:

»… Das Unglaublichste hat sich doch ereignet – daß wir nach vergeblichem Herumsuchen erst um 1 Uhr Nachts in Berlin ein Heim gefunden – ein Heim ohne Beleuchtung und Bedienung 65 Mark pr. Tag! Der Hotelier im Hotel du Nord wies uns eine Schlafstube mit 2 Betten an, die ich allenfalls meinem Kutscher mit seiner Frau den Muth gehabt hätte als acceptable vorzuschlagen. Er ließ uns gleichgiltig von dannen ziehen … Um 2 Uhr legte ich mich im Kaiserhof zur Ruhe in einer Temperatur die nicht zu beschreiben ist – es dampfte im Zimmer …«

Im allgemeinen aber war man um Johann Strauss sehr bemüht. Bei offiziellen Anlässen stellte man stets ein Menü nach seinem »Gusto« zusammen, genauso wie das berühmte Berliner Restaurant »Bamberger Reiter«, das auch heute noch auf die speziellen Wünsche seiner Gäste Rücksicht nimmt.

WEINEMPFEHLUNG

ZUR ENTEN- UND GÄNSBRUST:
Ein Rotwein-Cuvée aus dem Weinviertel

Kräftige Rotweine passen zu Enten- und Gänsefleisch besonders gut. Sie verleihen dem Geflügel sozusagen Schwingen. Ein opulenter Genuß für kalte Tage, wenn das Feuer im Kamin den Raum und der Rotwein die Seele wärmt.

ZUR MOHNNUDEL-VERSCHMELZUNG:
Eine Grüner Veltliner Auslese aus der Wachau

Die perfekte Abrundung im Duft und sein rieslingartiges Pfirsicharoma machen den Grünen Veltliner Auslese zu einem idealen Begleiter der Mohnnudelverschmelzung. Die Kombination verspricht Gourmets höchste Gaumenfreuden.

Grießnockerlsuppe

Die Butter schaumig rühren, nach und nach den Grieß und das Ei unterrühren. Die Masse mit Salz und Muskat würzen. Das Ganze etwa 30 Minuten quellen lassen.

Die Fleischbrühe zum Kochen bringen. Von der Grießmasse mit 2 nassen Teelöffeln ein Probeklößchen abstechen und 10 Minuten in der Brühe ziehen lassen. Zerfällt oder verformt es sich währenddessen, noch etwas Grieß unter die Masse rühren und weitere 15 Minuten quellen lassen.

Nach und nach Klößchen abstechen, formen und in die leicht kochende Brühe geben. Bei schwacher Hitze in etwa 15 Minuten gar ziehen lassen.

Den Schnittlauch waschen, auf Küchenpapier abtropfen lassen und in Röllchen schneiden. Die Grießnockerln mitsamt der Brühe auf 4 vorgewärmten, tiefen Tellern verteilen. Mit Schnittlauch bestreuen und servieren.

ZUTATEN FÜR 4 PERSONEN

30 g weiche Butter
70 g grober Grieß
1 Ei
Salz
etwas geriebene Muskatnuß
1 l Fleischbrühe
½ Bund Schnittlauch

Tafelspitz

Die Rinderknochen blanchieren und anschließend gut abspülen. Tafelspitz waschen. 1,5 Liter Wasser zusammen mit etwas Salz zum Kochen bringen. Die Rinderknochen, den Tafelspitz und die Pfefferkörner in den Topf geben und etwa 30 Minuten sprudelnd kochen lassen. Die Hitze reduzieren und alles 1 Stunde weiter köcheln lassen.

Die Zwiebel in der Schale halbieren. Die Zwiebelhälften mit den Schnittflächen nach unten in eine Pfanne legen und sehr dunkel anrösten. Das Wurzelgemüse putzen und schälen, den Lauch putzen und waschen. Zwiebel, Gemüse und Liebstöckel zum Tafelspitz geben. Das Ganze nochmals 1 Stunde köcheln lassen und den dabei entstehenden Schaum immer wieder abschöpfen.

Etwa 20 Minuten vor Ende der Garzeit für die Krensauce die Butter erhitzen und das Mehl darin anschwitzen. Etwa 200 Milliliter Brühe vom Tafelspitz abnehmen und durch ein Sieb gießen. Die Mehlschwitze unter ständigem Rühren damit aufgießen. Die Milch hinzufügen, dabei ständig weiterrühren und alles etwas einkochen lassen. Den Meerrettich in die Sauce geben, das Ganze einmal aufkochen lassen und mit etwas Salz abschmecken.

Das Fleisch aus der Brühe nehmen und warm halten. Die Brühe abschmecken und durch ein mit einem Küchentuch ausgelegtes Sieb gießen. Den Tafelspitz in fingerdicke Tranchen schneiden, auf Tellern anrichten und mit etwas Brühe übergießen. Mit Meersalz und Schnittlauch bestreuen. Zusammen mit der Krensauce servieren. Dazu passen in Butter angeröstete Pellkartoffeln.
(auf dem Foto)

> **ZUTATEN FÜR 4 PERSONEN**
>
> **FÜR DEN TAFELSPITZ**
> 500 g Rinderknochen
> 500 g Tafelspitz
> Salz
> 5 Pfefferkörner
> 1 Zwiebel
> 1 Stück Sellerie
> 1 gelbe Rübe
> 1 Karotte
> 1 Petersilienwurzel
> 1 Stück Lauch
> 1 Zweig Liebstöckel
> Meersalz aus der Mühle
> 1–2 EL Schnittlauchröllchen
>
> **FÜR DIE KRENSAUCE**
> 2 EL Butter
> 2 EL Mehl
> 100 ml Milch
> 3–4 EL frisch geriebener Meerrettich

Sisis Veilchen Sorbet

Die Milch zusammen mit 160 Veilchenblüten und dem Zucker unter ständigem Rühren aufkochen. Ziehen lassen, bis der Zucker völlig aufgelöst ist. Das Ganze durch ein feines Haarsieb passieren und abkühlen lassen. Den Champagner unterrühren.

Die Flüssigkeit in eine Aluminiumschale füllen, mit Folie bedecken, für etwa 3 Stunden in das Gefrierfach geben und dabei alle 30 Minuten einmal durchrühren. Oder das Ganze erst im Kühlschrank gut kühlen und anschließend etwa 25 Minuten in einer Eismaschine rühren.

> **ZUTATEN FÜR 4 PERSONEN**
>
> 1 l Milch
> 240 Veilchenblüten (ersatzweise 5 Tropfen Veilchenessenz)
> 200 g feiner Kristallzucker
> 2 EL Champagner

Vor dem Servieren das Sorbet noch einmal kurz mit dem Schneebesen durchrühren. In eine Glasschale füllen, mit den restlichen Veilchenblüten dekorieren und servieren.

Enten- und Gänsebrust an Madeirasauce

Den Backofen auf 225 °C vorheizen. Enten- und Gänsefleisch waschen, trockentupfen und leicht salzen. Mit Pfeffer, Majoran und Beifuß einreiben. Öl und Butter erhitzen und die Brüste darin anbraten. Mit der Hautseite nach oben auf einen Bratrost legen. Mit einer Fettfangschale darunter in den Ofen geben und braten lassen, bis Fett aus dem Geflügel tropft.

Das Gemüse putzen, schälen und in kleine Würfel schneiden. Die Gemüsewürfel in die Fettpfanne geben. Den Madeira mit ¼ Liter Wasser mischen und das Geflügel damit begießen. Die Temperatur auf 180 °C reduzieren und das Ganze etwa 45 Minuten garen. Dabei die Brüste immer wieder mit der Flüssigkeit aus der Fettpfanne übergießen. Den Bratenfond durch ein Sieb gießen und beiseite stellen.

Für die Sauce die Zwiebel schälen und fein hacken. Die Butter erhitzen und die Zwiebel darin anschwitzen. Das Mehl über die Zwiebeln sieben und unter ständigem Rühren dünsten, bis es Farbe annimmt. Mit ½ Liter Fond ablöschen und das Ganze aufkochen lassen. Die Flüssigkeit durch ein Sieb streichen. Die Pfefferkörner und den Madeira hinzufügen und alles nochmals aufkochen lassen. Die kalte Butter unter die Sauce schlagen. Die Enten- und Gänsebrüste zusammen mit der Sauce servieren und etwas Sahne auf die Sauce geben.

ZUTATEN
FÜR 4 PERSONEN

2 Entenbrüste
1 Gänsebrust
Salz, Pfeffer aus der Mühle
1 TL getrockneter Majoran
1 EL getrockneter Beifuß
1 EL Öl
1 EL Butter
1 Stück Sellerie
1 Karotte
1 Petersilienwurzel
1 Zwiebel
¼ l Madeira

FÜR DIE SAUCE
1 Zwiebel
3 EL Butter
4 EL Mehl
½ l Bratenfond
weiße, schwarze und grüne Pfefferkörner
¼ l Madeira
1 TL kalte Butter
1 EL Sahne zum Garnieren

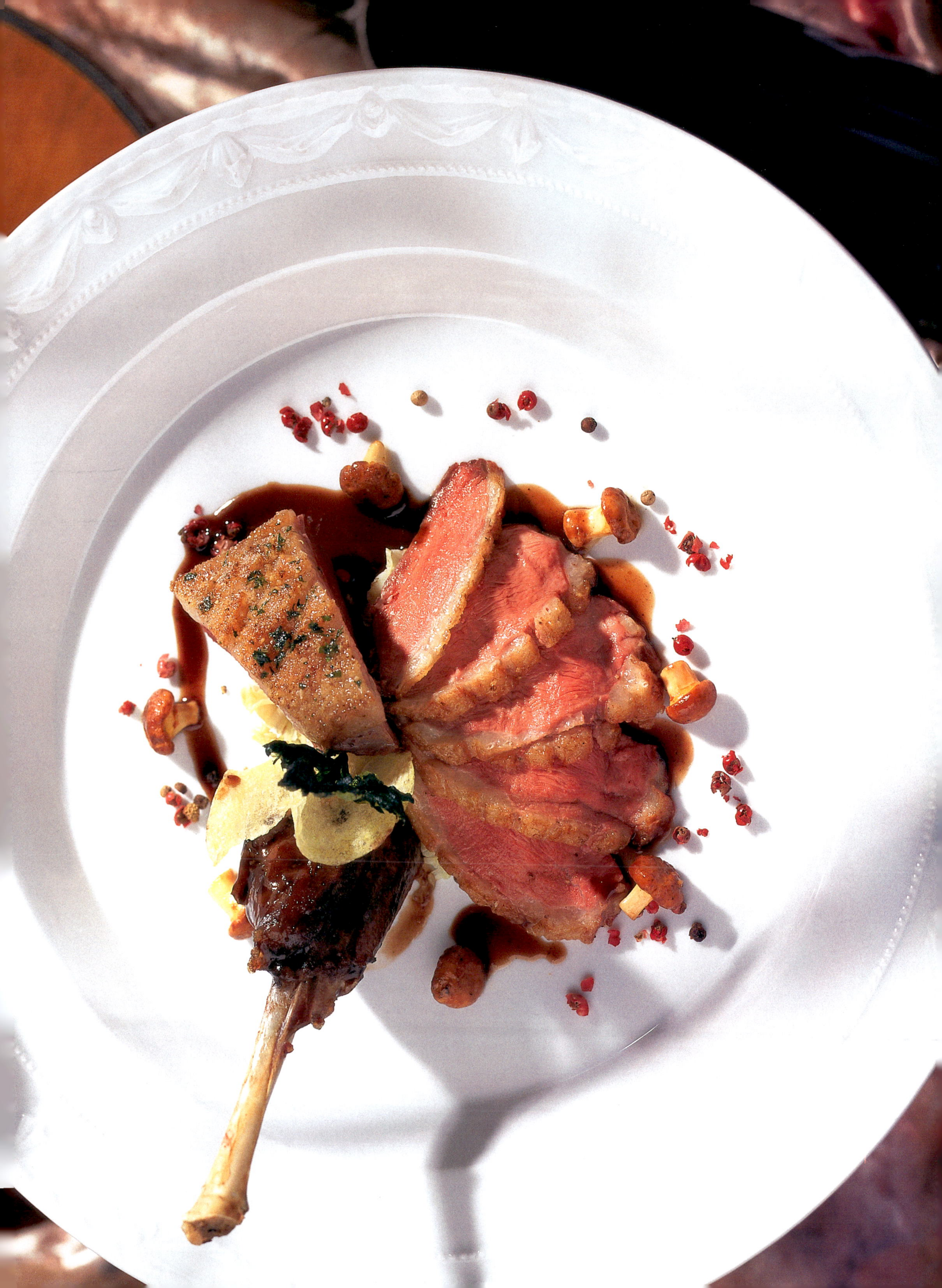

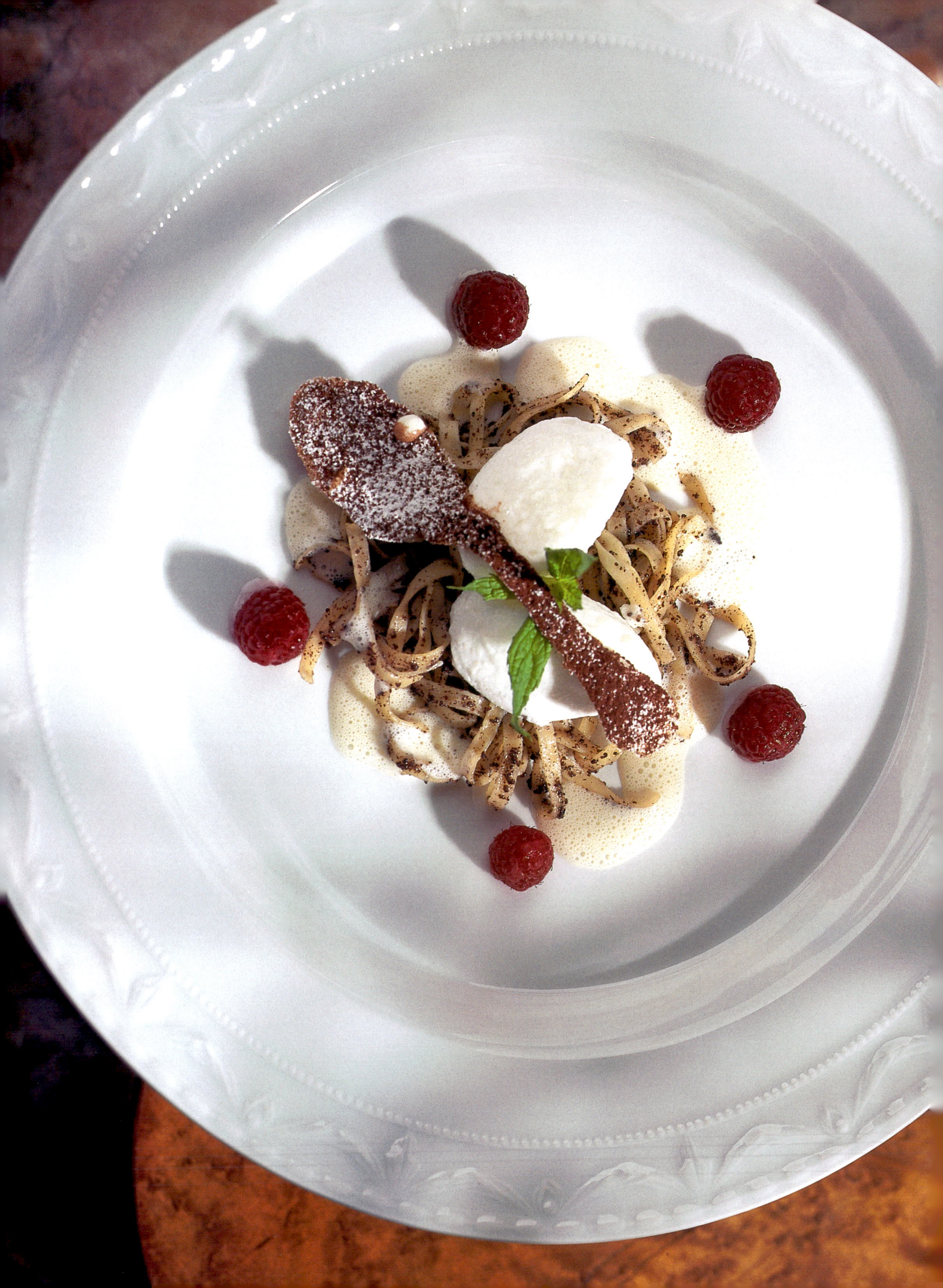

Mohnnudelverschmelzung mit Schnee-Nockerln

Die Milch zum Kochen bringen und die Nudeln darin nach Packungsanleitung garen. Anschließend in einem Küchensieb abtropfen lassen. Die Butter erhitzen und die Bandnudeln darin schwenken. Den Mohn zerstoßen und darüber streuen. Honig oder Zucker sowie Zitronenschale unterrühren. und warm halten.

Eiweiß mit Salz und Zitronensaft sehr steif schlagen. 2 Eßlöffel Zucker unter ständigem Rühren einrieseln lassen. Die Vanilleschote der Länge nach halbieren, das Mark herausschaben und unter den Eischnee rühren.

Die Milch zusammen mit dem restlichen Zucker und der Vanilleschote in einem großen Topf aufkochen. Mit einem Eßlöffel nach und nach von der Eischneemasse große Nockerln abstechen und in die Milch geben. Während die letzten Nockerln kochen, die ersten umdrehen und auf der zweiten Seite auch kurz kochen lassen. Anschließend die Nockerln herausschöpfen, in einem Sieb abtropfen lassen und warm halten.

Die verbleibende Milch durch ein Sieb gießen und mit kalter Milch auf ¾ Liter auffüllen. Die Eigelbe mit der Milch verquirlen. Stärkemehl und Zucker nach Geschmack unterrühren. Die Mischung erhitzen und einkochen, bis eine cremige Masse entsteht. Beiseite stellen und etwas abkühlen lassen.

Die Vanille-Crème auf 4 Tellern jeweils zu einem Spiegel gießen. Die Mohnnudeln darauf anrichten. Die Nockerln obenauf setzen, das Ganze mit Himbeeren dekorieren und servieren.

ZUTATEN FÜR 4 PERSONEN

FÜR DIE MOHNNUDELN
½ l Milch
200 g Bandnudeln
1–2 EL Butter
4 EL Mohn
2–3 EL Honig oder Zucker
abgeriebene Schale von 1 unbehandelten Zitrone

FÜR DIE SCHNEE-NOCKERL
4 Eiweiß
1 Prise Salz
1 TL Zitronensaft
3–4 EL Zucker
1 Vanilleschote
1½ l Milch

FÜR DIE VANILLE-CRÈME
Milch nach Bedarf
4 frische Eigelbe
2–3 EL Stärkemehl
etwas Zucker

Kaiser-Franz-Joseph-Marsch

(Opus 67)

Johann Strauss weilte in Marienbad, als am 18. August 1891 der Geburtstag von Kaiser Franz Joseph gefeiert wurde. Das Fest fand im Hotel »New York« statt, dessen Direktor Zimmermann sich sehr um den Walzerkönig bemühte. Bestens gelaunt schrieb Strauss auf die Rückseite der noch erhaltenen Speisekarte: »Hoch unserem verehrten Direktor Zimmermann! ... Um uns zu entlasten vom sündigen Tisch, geziemt uns das Fasten bei Krebsen und Fisch. « (Zitat aus seiner einzigen Oper »Ritter Pasman«)

Das Menü, nachgekocht von Michael Lacher

HOTEL »ALTE SONNE«
71634 LUDWIGSBURG:

Gemüsesuppe
Forelle in Buttersauce
Roastbeef mit gemischtem Gemüse
Rebhuhn à la Steiermark
Gemischtes Kompott
Kuchen à la Strauss

Obwohl sich Strauss mit seinem Kaiser an sich gut verstand, hatte bisher keine offizielle Aussöhnung stattgefunden. Sein Verhalten 1848 und seine Wahlbürgerschaft in Sachsen-Coburg-Gotha machten dies fast unmöglich. Doch immer wieder bezeugte Strauss dem Kaiser mit verschiedenen Kompositionen seine Sympathie. Genau ein Jahr nach seinem »Revolutionsmarsch« (Opus 54) wurde am 31. Mai 1849 sein »Kaiser-Franz-Joseph-Marsch« (Opus 67) uraufgeführt. Kaisertreu schrieb er den »Wiener Garnisons-Marsch« (Opus 77), den »Kaiser-Jäger-Marsch« (Opus 93), zum 21. Geburtstag des Kaisers den »Viribus-unitis-Marsch« (Opus 96), den »Wiener Jubel-Gruß-Marsch« (Opus 115) zum Empfang des Kaisers am 16. August 1852, den »Kaiser-Franz-Joseph-I.-Rettungs-Jubel-Marsch« (Opus 126) usw. usw. ...

Trotzdem mußte er sich den Titel »Hofball-Musikdirektor«, den schon sein Vater getragen hatte, hart erkämpfen. Ein Gesuch im Jahre 1856 wurde unter der Begründung abgelehnt, daß er ein »leichtsinniger, unsittlicher und verschwenderischer Mensch« sei. Erst 1863 erhielt er den begehrten Titel mit der Auflage, seine »persönliche Musikleistungs-Wirksamkeit« auf die »Allerhöchsten Hofbälle und die Hoflokale«, zu denen auch der »Volksgarten« zählte, zu beschränken. Jetzt durften er und seine Musiker bei ihren Konzerten endlich den berühmten roten Frack und die weiße Hose tragen.

Kaiserliche Ehrungen und Orden blieben ihm allerdings versagt. Selbst zu seinem 50. Künstlerjubiläum wurden ihm nicht, wie erhofft, die Ehrenbürgerrechte Wiens verliehen. Das einzige Zugeständnis des Kaisers bestand später in einem Ehrengrab auf dem Zentralfriedhof.

Der Hofball-Musikdirektor spielte nun im Großen Festsaal der Wiener Hofburg auf der Empore des Orchesters und durfte auch mehrmals den Kaiser erfreuen. Am 27. April 1854 wurde im Zeremoniensaal sein Walzer »Myrthenkränze« (Opus 154) uraufgeführt, den Strauss »zur Allerhöchsten Vermählungsfeier seiner k.k. Majestät des Kaisers Franz Joseph I. mit Ihrer königlichen

WEINEMPFEHLUNG

ZUR FORELLE IN BUTTERSAUCE:
Ein Welschriesling Steirische Klassik aus der Südsteiermark

Fast ein Alt-Österreicher, dieser Welschriesling, ist er doch vorwiegend in den Ländern der ehemaligen k.u.k. Monarchie anzutreffen. Seine tatsächliche Herkunft wird allerdings in Frankreich vermutet. Durchaus säurebetont, eignet er sich hervorragend als Begleiter zu Fischgerichten.

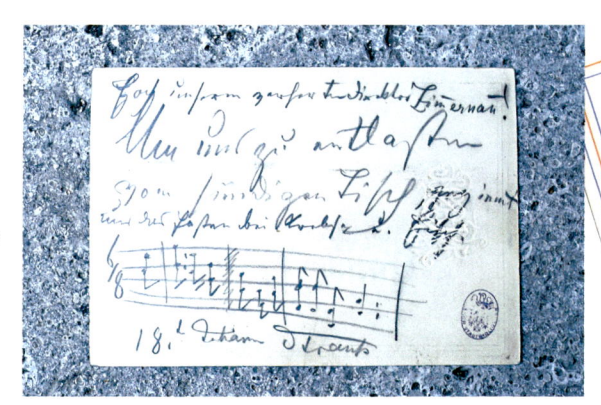

Von Strauss handbeschriebene Rückseite der Speisekarte

Speisekarte des Hotels New York zum Geburtstag von Kaiser Franz Joseph am 18. August 1891

Hoheit der Herzogin Elisabeth von Bayern« geschrieben hatte.

Bei den Hofbällen, zu denen oftmals 2000 Personen geladen waren, wurde »Ogliosuppe« serviert, eine Spezialität der Wiener Hofküche. In vier großen Kesseln wurde aus Rind- und Kalbfleisch, Innereien, Wildbret, Enten, Gänsen, Wildgänsen, Rebhühnern, Tauben, Hühnern, Suppengemüse und Edelkastanien eine Suppe zubereitet, die auch Johann Strauss mundete. Da der Aufwand für die Zubereitung die Möglichkeiten eines normalen Haushaltes bei weitem übersteigt, habe ich die Suppe in meinen Rezepten nicht erwähnt.

Ebenfalls kein Rezept werden Sie für die auf der vorliegenden Speisekarte vom 18. August 1891 erwähnten »Eisfiguren« finden. Heutzutage wird wohl kaum jemand die Zeit für diese aufwendige künstlerische Arbeit haben. Zu Strauss' Zeit war es Mode, die Stars des Theaters aus Eis geformt und prächtig angemalt in den Konditoreien zu verkaufen. Sollten die Theaterlieblinge länger halten, nahm man für die Herstellung »Traganth«, eine Art Gummi, der aus verschiedenen Pflanzen Persiens und Kleinasiens gewonnen wurde. Die Wiener Konditorei Höfelmeyer (auch Betreiber des berühmten »Apollosaales«) und die Konditorei Prandl waren führend in der Produktion dieser Figuren, die teilweise sogar in Lebensgröße hergestellt wurden.

Johann Strauss beim Hofball in Wien, Farbdruck

Gemüsesuppe

Das Gemüse waschen und schälen, bzw. putzen. Mit einem Bundmesser in gleichmäßige Stücke schneiden. Die Zwiebeln schälen und würfeln. Die Petersilie fein hacken. In einem Suppentopf das Butterschmalz erhitzen. Die Zwiebeln darin goldgelb rösten. Die Petersilie zugeben. Die vorbereiteten Gemüsesorten, ihrer Garzeit entsprechend, nach und nach hinzufügen und alles immer wieder vorsichtig wenden. Liebstöckel, Thymian, Lorbeerblätter, Nelken, Muskatblüte und Pfefferkörner in ein Mullsäckchen geben und mit in den Topf legen. Das Ganze mit Brühe aufgießen und langsam zum Kochen bringen. Mit Salz und Muskatnuß würzen. Alles bei geringer Hitze etwa 20 Minuten köcheln lassen und dabei immer wieder abschäumen.

Am Ende der Garzeit das Gewürzsäckchen entfernen. Die Suppe in vorgewärmte, tiefe Teller geben, mit Schnittlauchröllchen und Estragonblättchen garnieren und servieren.

Zutaten
für 4 Personen

Für die Suppe
- 4 Karotten
- 1 Sellerieknolle
- 1 Kohlrabi
- 1 Petersilienwurzel
- 1 Stange Bleichsellerie
- 1 Stange Lauch
- 1 kleiner Blumenkohl
- 150 g grüne Bohnen
- 100 g Erbsen
- 3 Weißkraut- oder Wirsingblätter
- 2 Zwiebeln
- 1 Bund Petersilie
- 3–4 EL Butterschmalz
- 1 großer Zweig Liebstöckel
- 1 Zweig Thymian
- 2 Lorbeerblätter
- 3 Nelken
- 1 Muskatblüte (Macis)
- 5 weiße Pfefferkörner
- 2 l Gemüse-, Hühner- oder Fleischbrühe
- Salz
- etwas geriebene Muskatnuß

Außerdem
- 3–4 EL Schnittlauchröllchen
- 8 Estragonblättchen

Forelle in Buttersauce

Die Forellen waschen und trockentupfen. Mit Zitronensaft beträufeln und mit Salz und Pfeffer würzen. Den Ingwer schälen, in feine Scheiben schneiden und zusammen mit je 1 Scheibe Speck in die Bauchhöhlen der Fische legen. Die Forellen mit Dillspitzen und Petersilie bestreuen und in Mehl wenden. Die Butter erhitzen und die Forellen darin von beiden Seiten 4 bis 6 Minuten braten.

Den Bratensatz mit Weißwein loskochen, Lorbeer und Nelke zufügen. Die Zwiebel schälen und sehr fein hacken. Die Butter erhitzen und die Zwiebel darin glasig dünsten. Mehl hinzugeben und vorsichtig anschwitzen. Unter ständigem Rühren mit dem Weißweinfond ablöschen. Die Eigelbe mit der Milch verquirlen und unter den Fond rühren. Tropfenweise Zitronensaft zugeben. Mit Cayennepfeffer, Muskat und Salz würzen. Lorbeer und

Zutaten
für 4 Personen

Für die Forellen
- 4 küchenfertige Forellen
- Saft von 1 Zitrone
- Salz, weißer Pfeffer aus der Mühle
- 1 Stück frischer Ingwer
- 4 dünne Scheiben geräucherter Bauchspeck
- 2 EL Dillspitzen
- 2 EL gehackte Petersilie
- 2 EL Mehl
- 2–3 EL Butter

Für die Sauce
- ¼ l Weißwein
- 1 Lorbeerblatt
- 1 Nelke
- 1 Zwiebel
- 50 g Butter
- 50 g Mehl
- 2 Eigelb
- ⅛ l Milch
- 1 EL Zitronensaft
- Cayennepfeffer
- etwas Muskatnuß
- ¼ l Sahne

Nelke entfernen. Die Sahne steif schlagen und unter die Sauce ziehen. Die Forellen zusammen mit der Sauce servieren.

Roastbeef mit gemischtem Gemüse

Den Backofen auf 180 °C vorheizen. Das Roastbeef von Häuten und Sehnen befreien, kurz kalt waschen und trockentupfen. Die leichte Fettschicht mehrmals über Kreuz einschneiden. Das Fleisch mit Salz und Pfeffer einreiben. Zwiebel schälen und würfeln, Suppengrün putzen und kleinschneiden.
In einem Bräter das Butterschmalz erhitzen und das Roastbeef darin bei starker Hitze von allen Seite anbraten. Das Gemüse hinzufügen und kurz mitbraten. Das Roastbeef mit der Fettseite nach oben etwa 20 Minuten im Ofen braten. Dabei immer wieder mit dem entstehenden Bratensaft und etwas Öl übergießen. Anschließend das Fleisch herausnehmen und im abgeschalteten Ofen bei geöffneter Türe ruhen lassen.

Den Bratensatz mit der Fleischbrühe loskochen. Dann das Ganze durch ein Sieb gießen. Stärkemehl in etwas Rotwein verquirlen und in die Sauce einrühren. Alles aufkochen lassen, dann vom Herd nehmen und mit Rotwein und Sahne verfeinern.

Für das Gemüse die Brühe erhitzen und auf die Hälfte reduzieren. Vom Weißwein etwa 6 Eßlöffel zurückbehalten, den Rest zur Brühe gießen und alles auf etwa ein Drittel einkochen lassen. Den Speck in Würfel schneiden und in einer Pfanne erhitzen. Die Schalotte schälen, fein hacken und im Speckfett anbraten. Petersilie hinzufügen und mitrösten. Die Pilze putzen und mit in die Pfanne geben. Rosmarin dazugeben und alles garen, bis die Pilze Saft ziehen. Mit Salz und Pfeffer würzen. Leicht mit Mehl bestäuben und mit dem restlichen Wein ablöschen.

Die Tomate heiß überbrühen, schälen, entkernen und in Würfel schneiden. Das restliche Gemüse vorbereiten und sortenweise jeweils etwa 3 Minuten in sprudelndem Salzwasser kochen. Unter kaltem Wasser kurz abschrecken und in einem Sieb abtropfen lassen. Anschließend in der Rinderbrühe erhitzen. Nach und nach das Ganze mit kalten Butterflöckchen binden. Den Rosmarin aus der Pilzpfanne nehmen und Pilze sowie Tomatenwürfel in den Gemüsetopf geben. Mit den Kräutern, Cayennepfeffer, etwas Muskat und Salz würzen.

Das Roastbeef in Scheiben schneiden und zusammen mit der Sauce und dem gemischten Gemüse servieren.
(auf dem Foto)

ZUTATEN FÜR 4 PERSONEN

FÜR DAS FLEISCH
500 g Rind- oder Ochsenfleisch
Salz, Pfeffer aus der Mühle
1 Zwiebel
1 Bund Suppengrün
40 g Butterschmalz
2 EL Öl

FÜR DIE SAUCE
¼ l Fleischbrühe
1 EL Stärkemehl
⅛ l Rotwein
⅛ l Sahne

FÜR DAS GEMÜSE
½ l kräftige Rinderbrühe
¼ l lieblicher Weißwein
50 g Speck
1 Schalotte
1 EL gehackte Petersilie
50 g Pfifferlinge
50 g Herbsttrompeten
50 g Champignons
½ Zweig Rosmarin
etwas Mehl
1 Tomate
8 Zuckerschoten
1 Zucchini
1 Karotte
1 Kohlrabi
100 g Perlzwiebeln
1 kleiner Brokkoli
100 g kalte Butterflöckchen
1 EL gehackter Kerbel
1 EL gehackter Schnittlauch
1 TL gehackter Salbei
4 gehackte Estragonblättchen
Cayennepfeffer
etwas Muskatnuß

Rebhuhn à la Steiermark

Die Rebhühner innen und außen kurz waschen, trockentupfen und rundherum mit Zitronensaft, Salz und Pfeffer einreiben. Petersilie waschen und abtropfen lassen. In jeden Geflügelkörper 1 Zweig Beifuß, 2 Zweige Petersilie und etwas Speck stecken, die Bauchöffnung mit Küchengarn zunähen und die Hühner dressieren.

Anschließend das Geflügel jeweils mit Speckscheiben und Weinblättern umwickeln, beides mit Küchengarn fixieren, Den Backofen auf 200 °C vorheizen. Die Zwiebel schälen und grob würfeln. Das Butterschmalz in einem Bräter, in dem alle 4 Vögel Platz haben, erhitzen. Die Rebhühner darin zusammen mit der Zwiebel rundherum anbraten, dann etwas Fleischbrühe angießen. Das Ganze in den Ofen geben und die Rebhühner unter häufigem Begießen mit Fleischbrühe und Bratenfond 25 bis 30 Minuten braten.

15 Minuten vor Ende der Garzeit Speckscheiben und Weinblätter entfernen. Die Speckscheiben in kleine Dreiecke schneiden und das angerichtete Geflügel damit belegen. Mit frischen Kräutern garnieren.

ZUTATEN
FÜR 4 PERSONEN

4 junge, küchenfertige Rebhühner
Saft von 1 Zitrone
Salz, weißer Pfeffer aus der Mühle
1 Bund Petersilie
4 Zweige Beifuß
200 g Speck in Scheiben
4 große Weinblätter
1 Zwiebel
100 g Butterschmalz
¼ l Fleischbrühe
frische Kräuter zum Garnieren

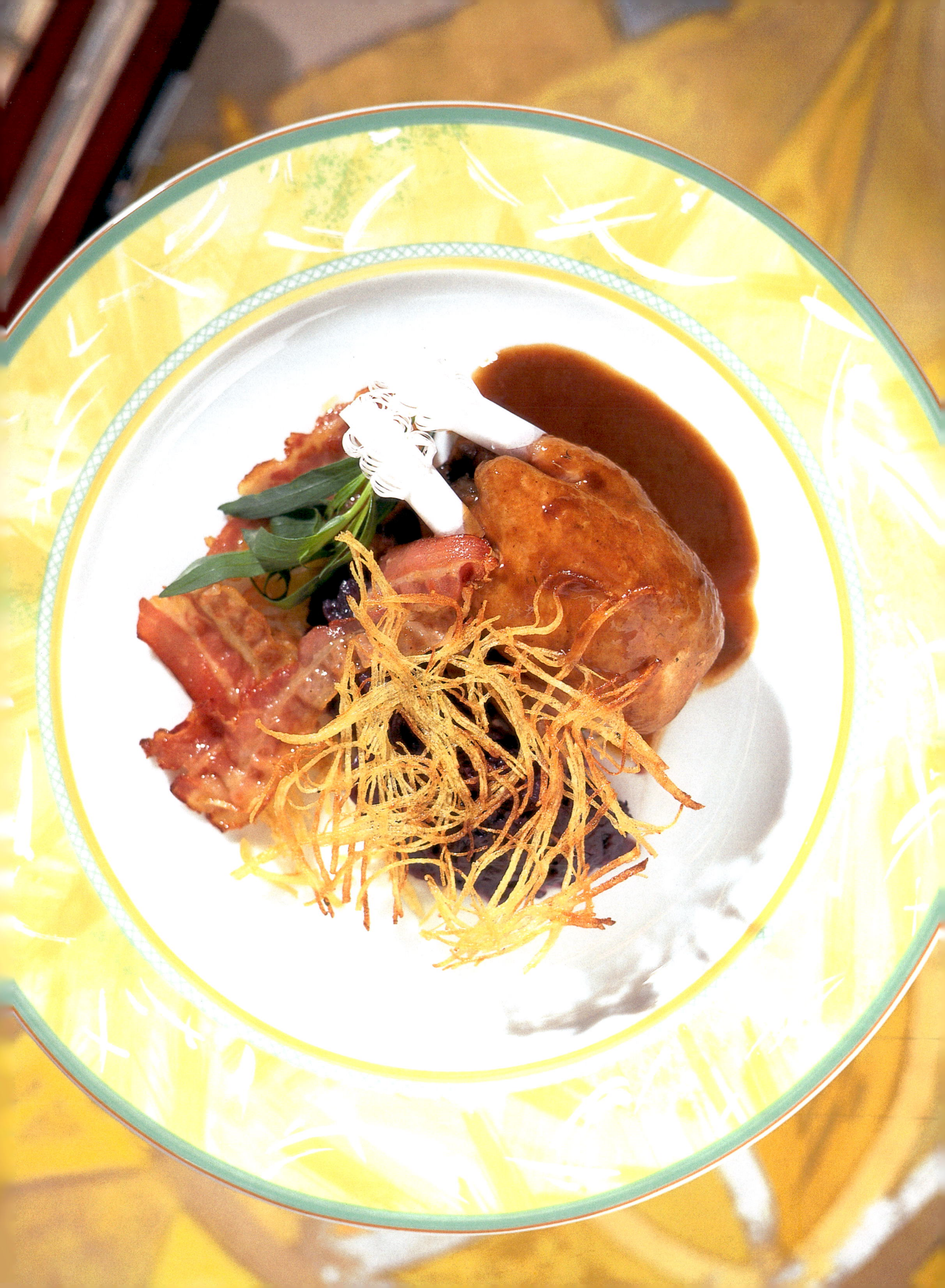

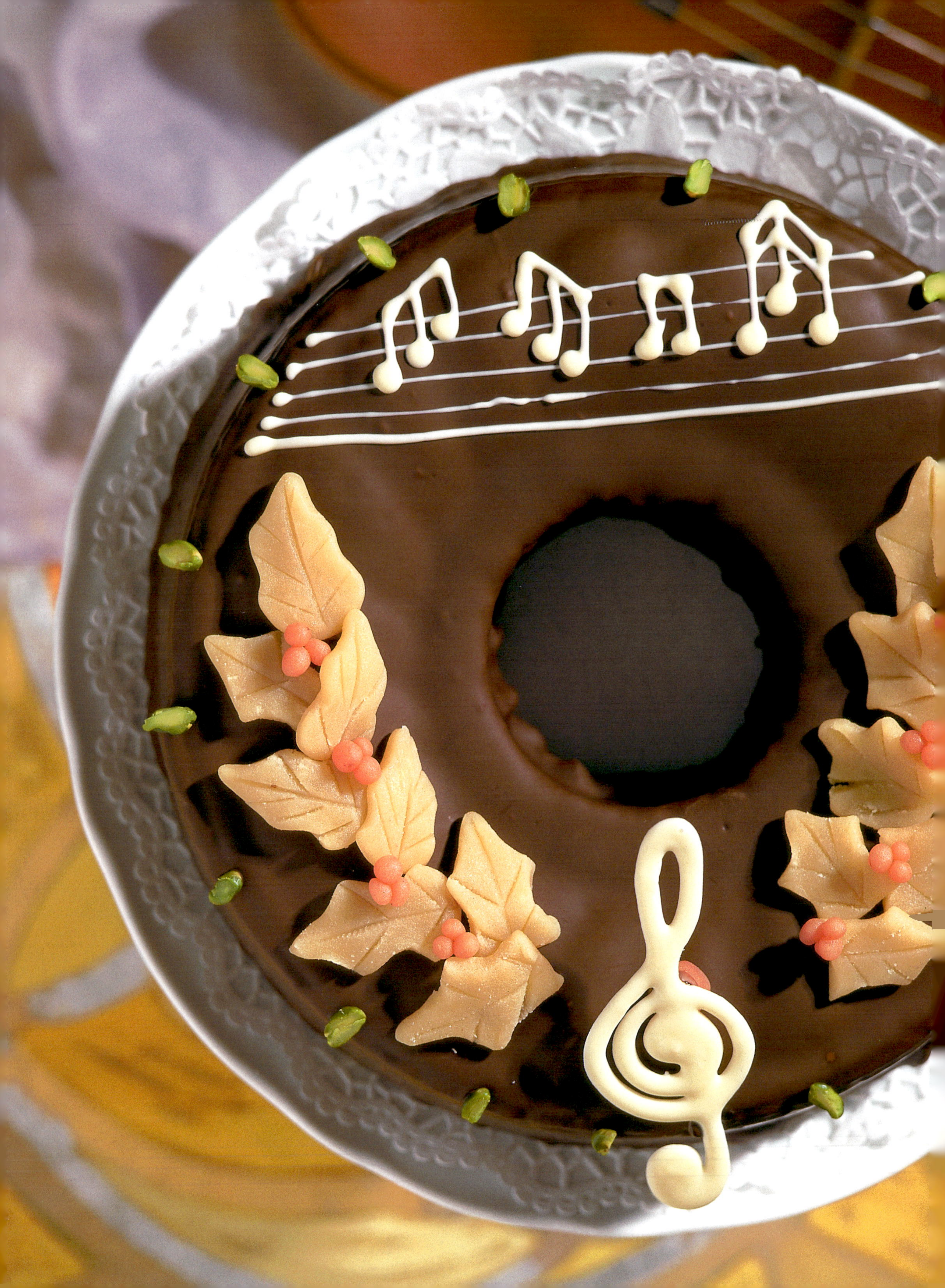

Gemischtes Kompott

Das Obst schälen, vierteln, vom Kerngehäuse befreien und in Stücke schneiden. ¼ Liter Wasser zusammen mit den restlichen Zutaten zum Kochen bringen.

Die Obststücke in den kochenden Sud legen und bei mittlerer Hitze bißfest garen. Das Kompott vom Herd nehmen und Zitronenschale sowie Zimtstange oder Nelken entfernen. Nach Belieben 1 Schuß Obstwasser untermischen und alles vor dem Servieren abkühlen lassen.

> **ZUTATEN FÜR 4 PERSONEN**
>
> 250 g Äpfel und Birnen
> 2–3 EL Zucker
> 1 Stück Schale einer unbehandelten Zitrone
> Saft von ½ Zitrone
> ¼ Zimtstange oder 2 Gewürznelken
> evtl. 1 Schuß Obstwasser

Kuchen à la Strauss

Den Backofen auf 190 °C vorheizen. Eine Kranzform mit Butter ausstreichen. Die Eier zusammen mit Zucker, Zitronenschale und Salz im heißen Wasserbad schlagen, bis die Masse etwa 36 °C erreicht hat. Die Schaummasse aus dem Wasserbad nehmen und kalt schlagen. Die Speisestärke mit dem Mehl vermischen, über die Schaummasse sieben und unterrühren. Die Butter zerlassen und warm, aber keinesfalls heiß, mit der Mischung vermengen. Den Teig in die Form füllen und im Ofen 30 bis 40 Minuten backen. Während der ersten 20 Minuten den Backofen keinesfalls öffnen, da der Kuchen sonst zusammenfällt. Nach etwa 30 Minuten Backzeit eine Stäbchenprobe machen. Den Kuchen herausnehmen und abkühlen lassen. Die Kuvertüre im Wasserbad schmelzen und den Kuchen rundherum damit gleichmäßig überziehen. Die Glasur fest werden lassen. Den Kuchen mit Marzipan-Lorbeerblättern dekorieren.
(auf dem Foto)

> **ZUTATEN FÜR 4 PERSONEN**
>
> Butter für die Form
> 5 Eier
> 250 g Zucker
> 1 TL abgeriebene Schale von 1 unbehandelten Zitrone
> 1 Prise Salz
> 150 g Mehl
> 150 g Speisestärke
> 170 g Butter
> 200 g Kuvertüre
> Lorbeerblätter aus Marzipan

Fantasie-Bilder

(Opus 64)

Unbestritten hatte Johann Strauss ausschweifende sexuelle Phantasien, die er oft auf provozierende, scherzhafte, manchmal schockierende Art in Briefen und sogar auf Briefumschlägen preisgab.

Das Menü, nachgekocht von Wolfgang Frese

SCHLOSSHOTEL WILHELMSHÖHE
34131 KASSEL

Ordinäre Erdäpfelnudeln

Frittaten-Suppe

Backfisch

Székely-Gulyás

Kipfelbröselstrudel mit
Zwetschgenröster

Auf dem Kuvert eines Briefes an Caroline Strauss, die Frau seines Bruders Josef, den er von seinem Konzertaufenthalt aus Pawlowsk schrieb, lesen wir: »Madame Lina Strauss, die sich gerne täglich begatten möchte lassen, da sie doch ein kalter Bauer liebt, aber wo nichts ist, da hat die Caroline das Recht verloren.«

Eine Briefanschrift an Josef trägt folgenden Beisatz: »Herrn Josef Strauss Kapellmusiker par excellence … Versteht Blasinstrumente, wie Fagott nach dem Diner, Piccolo bei dem Beischlafe, Bombardon beim Scheißen ausgezeichnet.«

Johann Strauss schreibt seiner Schwägerin auch begehrliche Liebesbriefe. In einer Mitteilung vom 16. August 1863, ebenfalls aus Pawlowsk, finden wir von ihm folgenden Nachsatz: »Grüße mein kleines Saumenscherl und pappe ihr ein rechtes Schnotzerl ins Gefriesel. Wir frieren hier unbändig. Der Winter stellte seine Vorboten. Vögelt Dich Dein Mann fleißig? Mir hängt etwas heraus, aber nur die Zunge vor lauter Vögeln. Es steht nichts über das Pudern, wenn man´s kann. Vögelst Du auch so gerne! In inbrünstiger Liebe, Dein Schwager Hansl.«

Der Buchautor Robert Dachs nimmt in seinem 1999 erschienenem Werk »Was geh' ich mich an?!« derartige Äußerungen Johann Strauss' zum Anlaß, ihn als pathologischen Fall hinzustellen, der ganz offensichtlich den »boshaften Versuch« unternimmt »jemanden herabzusetzen«.

Das Gegenteil ist jedoch der Fall. Strauss schrieb solche Briefe meistens nur an Personen, die sein Vertrauen hatten und die mit seinem »Witz« umzugehen verstanden. Beispielsweise an seinen Theateragenten Gustav Lewy: »…braver Gatte, ob er wohl noch dienstbeflissen als Gatte, wer weiß? Nur Lotti kann's wissen. Sie wird vielleicht schadenhalber sagen: Ja: Aber wie!!!«

Als er einmal auf seine Frau und seine Stieftochter Alice, die gemeinsam einen Ball besuchten, bis in den Morgen wartete, schrieb er die Qualen des nächtlichen Wartens auf das Kuvert zu einem Brief, der an seinen Sekretär gerichtet war.

Hinzu kommt noch, daß er diese Briefe und die Texte auf den Umschlägen meistens in etwas angeheiterter Stimmung nach Mitternacht schrieb – viele tragen die

---

WEINEMPFEHLUNG

ZUM BACKFISCH
Grüner Veltliner Federspiel aus der Wachau

Mit dem »Federspiel« – in der Wachau die Bezeichnung für Weine im Kabinett-Bereich – wurde früher bei der Falkenjagd der Beizvogel auf den Handschuh des Falkners zurückgelockt. Rasse und Eleganz des Weins sollen durch diese Bezeichnung ihren Ausdruck finden.

ZUM KIPFELBRÖSELSTRUDEL
Scheurebe Trockenbeerenauslese vom Neusiedlersee

In edelsüßen Weinen gipfelt die Kunst des Winzers. Äußerst geringe Erträge und der hohe Anspruch an die Qualität machen diese Weine zu einem kostbaren Kulturgut. Konzentration und Harmonie hauchen dieser Kreszenz ein langes Leben ein.

Eintragung von Johann Strauss in ein Stammbuch vom 23. Januar 1891

exakte Uhrzeit – und daß diese familiären Plänkeleien oftmals von ihm und seiner Frau stammen, wie der oben zitierte Ausschnitt aus einem Briefwechsel zwischen Johann und Lina beweist.

Wäre zwischen Johann Strauss und seiner Schwägerin etwas Ernsthaftes vorgefallen, hätte sie die Briefe bestimmt nicht aufgehoben.

Robert Dachs aber bezichtigt Strauss der Impotenz, der Geschlechtskrankheit und unterstellt ihm, daß er ein unterentwickeltes Muttersöhnchen war, das keinerlei Beziehung zu Frauen hatte. Dagegen schreibt Franz Endler in seinem Beitrag zum Ausstellungskatalog des Historischen Museums Wien »Johann Strauss – unter Donner und Blitz«, der zum Strauss-Jahr 1999 herauskam: »Es ist müßig, sich über die Tratschgeschichten zu ereifern, die den Liebhaber und nachmaligen Ehemann Johann Strauss durch die Biographien begleiten.«

Aus einer weinseligen, humorvollen Stimmung heraus beantwortete Strauss die scherzhaften Fragen zu seiner Person auf einem vorgefertigten Formular, das ihm und seiner Adele bei einer Einladung am 23. Januar 1891 vorgelegt wurde. Unter anderem erfahren wir daraus die Lieblingsgerichte von ihm und seiner Frau:

Stellung – Walzerfabrikant
Leitspruch – Wärst net aufig´stiegen; wärst net abig´fallen.
Kleine Liebhabereien – Entweder Noten, auch Frankfurter fressen
Die größte Abscheu – Solidität
Der brennendste Wunsch – Gute Verdauung
Lieblingsdichter – Ignatz Schnitzer
Lieblingskomponist – Mademoiselle Nachtigale
Lieblingsschriftsteller – Postbüchelverfasser
Lieblingsgedicht – Gutes Kochbuch
Lieblingsmusikstück – Ei du lieber Augustin
Lieblingsbuch – Cassabuch mit viel Haben
Lieblingsgericht – Ordinäre Erdäpfelnudeln
Lieblingsgetränk – Backfisch mit viel Kohlensäure, auch Kindermeth
Lieblingsbeschäftigung – Aufsitzen lassen
Lieblingsblume – Lilie, wenn sie stark riecht
Lieblingsfarbe – Aschgrau

Einige Autoren glaubten daraus pornographische Anspielungen herauslesen zu können:
Backfisch mit viel Kohlensäure: – »Frisches, junges Mädchen«
Kindermeth – »Sperma«
Aufsitzen lassen – »Stellung beim Geschlechtsakt«
Lilie, wenn sie stark riecht – »Vagina«

Eintragung von Adele Strauss in ein Stammbuch vom 23. Januar 1891

109

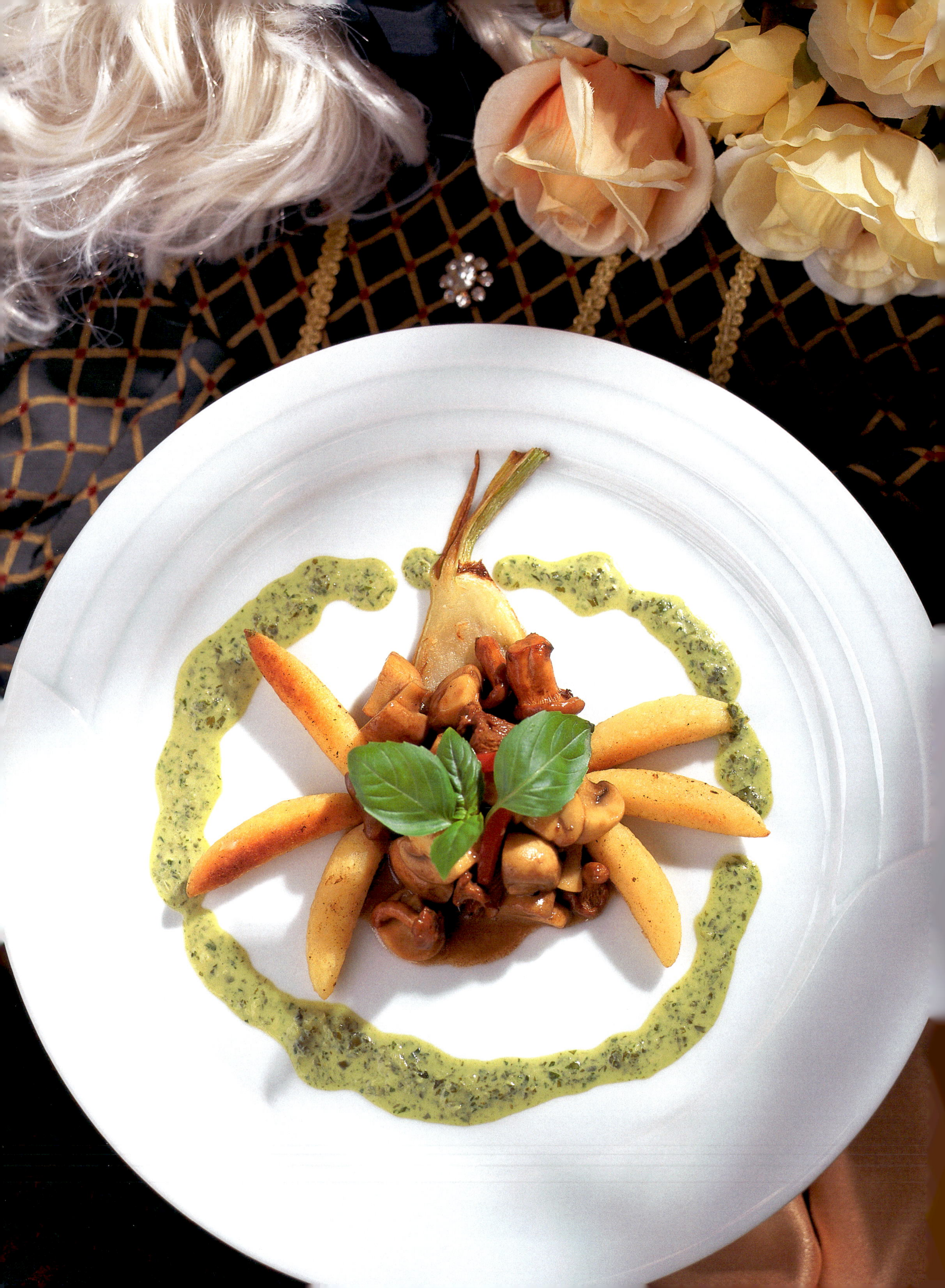

Ordinäre Erdäpfelnudeln

Die Kartoffeln kochen, abgießen und schälen. Noch warm durchpressen und sehr locker auf ein Backbrett oder eine Arbeitsfläche streuen. Zwei Drittel des Mehls darüberstäuben, die Eier mit Salz und Muskat verquirlen und dazugeben. Die Kartoffelmasse zusammendrücken und zu einem lockeren Teig kneten. Dabei rasch arbeiten, weil der Teig sonst leicht klebrig wird. Restliches Mehl unterarbeiten (Menge richtet sich nach der Bindekraft der Kartoffeln, der Teig sollte nicht zu feucht sein).

Aus der Masse mit bemehlten Händen eine Rolle formen. Dünne Scheiben abschneiden und diese zu etwa 5 cm langen fingerdicken Nudeln mit spitzen Enden formen. Die Nudeln in Semmelbröseln wälzen und in heißem Schweineschmalz portionsweise goldgelb ausbacken. Dazu paßt ein Pilzragout, das in Williamsbirnenhälften serviert wird.
(auf dem Foto)

ZUTATEN FÜR 4 PERSONEN

1 kg mehlige oder vorwiegend festkochende Kartoffeln (Erdäpfel)
80–150 g Mehl
2 Eier
½ TL Salz
1 Msp. geriebene Muskatnuß
Semmelbrösel
Schweineschmalz

Frittaten-Suppe

Das Ei mit der Milch und dem Salz verquirlen, löffelweise das Mehl unterrühren und das Ganze zu einem dünnflüssigen Pfannkuchenteig verrühren. Etwa 30 Minuten ruhen lassen.

In einer Pfanne etwas Butter erhitzen. Den Teig noch einmal gut durchrühren, nacheinander kleine, sehr dünne Pfannkuchen backen. Dabei immer wieder etwas Butter in die Pfanne geben. Die Pfannkuchen abkühlen lassen.

Die Fleisch- oder Gemüsebrühe erhitzen. Den Schnittlauch kalt abbrausen, abtropfen lassen und kleinschneiden. Die Pfannkuchen einzeln aufrollen, in sehr dünne Streifen schneiden und auf Suppenteller verteilen. Jeweils heiße Brühe darüber gießen und jede Portion mit Schnittlauch bestreuen.

ZUTATEN FÜR 4 PERSONEN

1 Ei
¼ l Milch
1 Msp. Salz
125 g Mehl
Butter zum Ausbacken
1 l Fleisch- oder Gemüsebrühe
½ Bund Schnittlauch

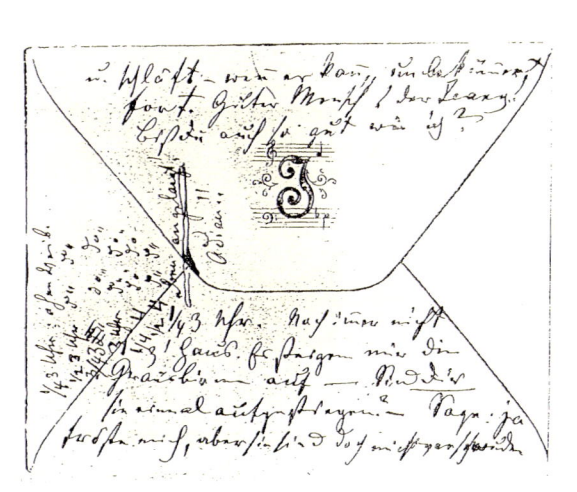

»Warten auf Adele ...« Briefumschlag

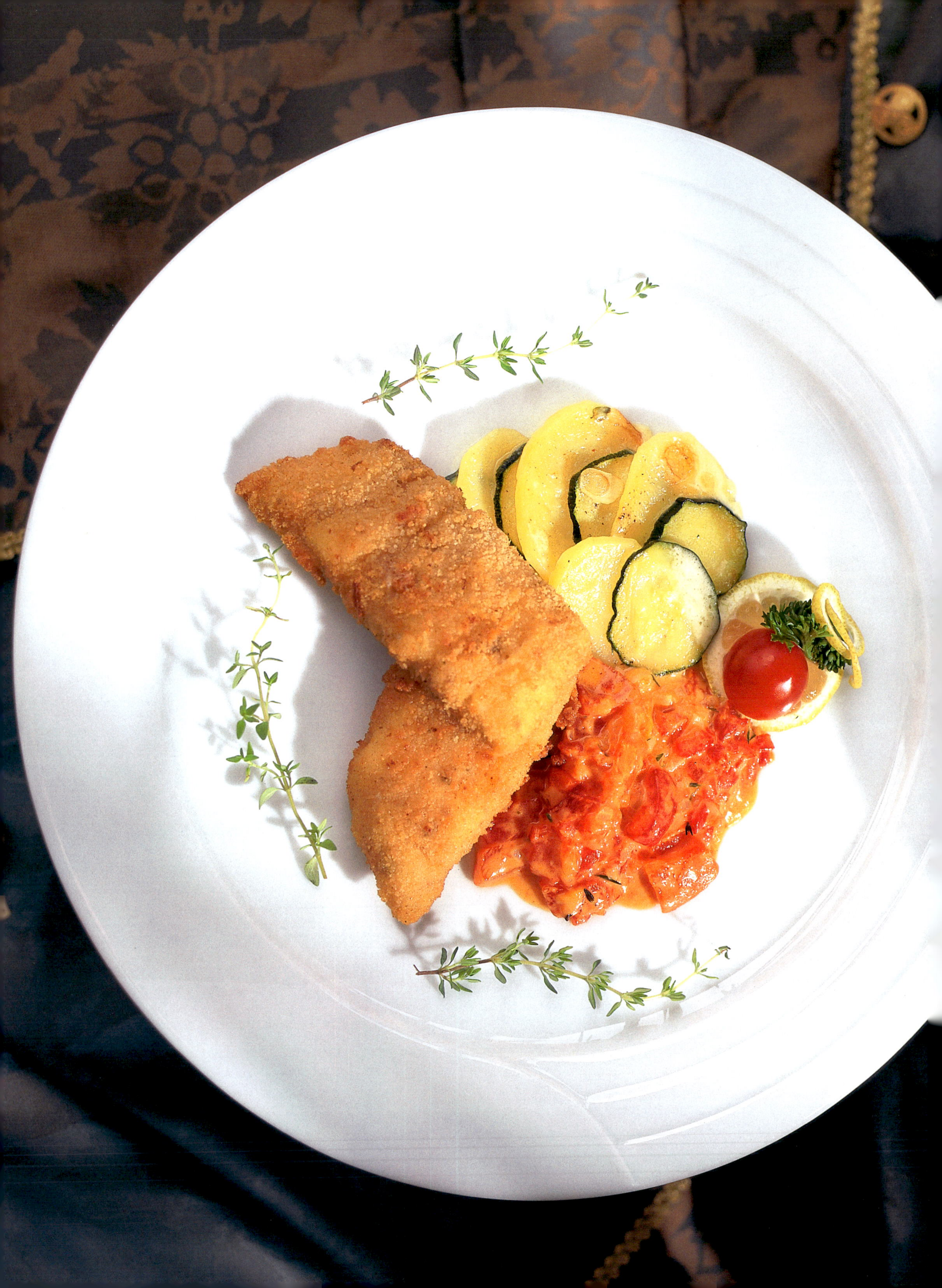

Backfisch

Die Fischfilets von eventuellen Gräten befreien, waschen, trockentupfen und mit Zitronensaft beträufeln. Mit Pfeffer sowie den getrockneten Kräutern einreiben und 30 Minuten zugedeckt ziehen lassen.

Das Mehl in einen Suppenteller geben, Eier in einem zweiten Suppenteller verquirlen und die Semmelbrösel in einen dritten Suppenteller schütten. Die Fischfilets salzen, zuerst in Mehl wenden, dann durch die verquirlten Eier ziehen und zuletzt in den Bröseln wenden.

In einer tiefen Kasserolle in heißem Schmalz 5 bis 10 Minuten (je nach Fischart) schwimmend ausbacken, bis die Kruste goldgelb ist. Auf Küchenpapier abtropfen lassen. Dazu passen gebratene Kartoffel- und Zucchinischeiben und Tomatengemüse. (*auf dem Foto*)

> **ZUTATEN FÜR 4 PERSONEN**
>
> 4 Fischfilets à ca. 200 g (Kabeljau, Schellfisch, Rotbarsch oder Goldbarsch)
> Saft von 1 Zitrone
> Pfeffer aus der Mühle
> ½ TL getrockneter Majoran oder Thymian
> 4 EL Mehl
> 2 Eier
> 10 EL Semmelbrösel
> 1 TL Salz
> Schweineschmalz zum Ausbacken

Székely-Gulyás

Das Fleisch in Würfel, den Speck in kleine Stücke schneiden. Die Zwiebel schälen und grob würfeln. Die Paprikaschote waschen, putzen und in Streifen schneiden.

Den Speck in einem großen Topf auslassen und die Zwiebelwürfel darin anschwitzen. Das Schweinefleisch zufügen und leicht anbraten. Das Sauerkraut sowie die Paprikaschote zugeben und das Ganze vermischen. Das Gulasch zugedeckt unter mehrmaligem Umrühren bei mittlerer Hitze etwa 40 Minuten schmoren lassen.

Mit Salz und Pfeffer würzen. Den Sauerrahm mit einer guten Prise Mehl verrühren und das Gulasch mit der Mischung binden. Nochmals 5 Minuten köcheln lassen, dann servieren.

> **ZUTATEN FÜR 4 PERSONEN**
>
> 1 kg halbfettes Schweinefleisch
> 150 g Speck
> 1 große Zwiebel
> 1 rote Paprikaschote
> 250 g rohes Sauerkraut
> Salz
> Pfeffer aus der Mühle
> 250 g Sauerrahm
> 1 Prise Mehl

Kipfelbröselstrudel mit Zwetschgenröster

Die Zwetschgen waschen, entkernen und halbieren. Zucker in einen großen Topf geben, etwa 300 ml Wasser dazugießen und die Mischung so lange rühren, bis sich der Zucker auflöst. Die Zwetschgen zufügen, das Ganze erhitzen und dann bei mittlerer Hitze so lange kochen, bis die Zwetschgen weich, aber nicht zerkocht sind. Nach Belieben mit Zimt und Rum aromatisieren. Abkühlen lassen.

Die Kipferl in Scheiben schneiden und in eine Schüssel geben. Eigelbe, Milch, Zucker und Rosinen vermischen, über die geschnittenen Kipferl gießen und das Ganze ziehen lassen. Eine feuerfeste Pfanne mit reichlich Butter ausstreichen. Den Kipferlteig darin gleichmäßig verteilen und im Backofen bei 180 °C in 10 bis 15 Minuten goldfarben backen. Noch warm mit Puderzucker bestäuben, in Stücke schneiden und zusammen mit dem Zwetschgenröster servieren. Nach Belieben etwas Schlagsahne dazu reichen.

Zutaten
für 4 Personen

Für den Zwetschgenröster
1 kg Zwetschgen
500 g Zucker
nach Belieben Zimt und Rum

Für den Kipfelbröselstrudel
8 mürbe Kipferl (Hörnchen vom Vortag, ersatzweise altbackenes Weißbrot)
3 Eigelb
¼ l Milch
2 EL Zucker
1 EL Rosinen
Butter zum Backen
Puderzucker zum Bestäuben

115

Tändelei

(Opus 310)

Ab 1892 wurde Bad Ischl die Sommerresidenz für den an Gicht erkrankten Johann Strauss. Glücklich schreibt er an Josef Priester: »... Wir wohnen hier vorzüglich! Die Zimmer hoch – groß – keine Wanzen ...«

Am 9. August 1892 berichtete die »Neue Freie Presse«:

«Johann Strauss ist heuer zum erstenmale nach Ischl gekommen. Der Walzerkönig hat eine Idiosynkrasie gegen Höhen, welche das Niveau des Kahlenberg-Hotels übersteigen. Er kennt deshalb auch nicht den Semmering, und nach Ischl, wo er auf ärztliches Anrathen Solbäder nehmen soll, konnte man ihn nur mit dem Nachmittags-Eilzuge bringen, der die Steigung von Attnang nach Gmunden schon im Dunkel der Nacht zurücklegt. Die Solbäder hat Johann Strauss zwar nicht lange gebraucht, da er findet, daß sie ihn nervös machen, dafür aber sitzt er in der G'stätt'n, wo der Jausenkaffee so gut und die Gegend so wunderbar flach aussieht, stundenlang beim edlen Tarock – ohne die geringste Nervosität zu verspüren. Von dieser werden eher seine Partner befallen, wenn der Meister mitten in einer erbitterten Partie plötzlich aufspringt, sich an den Nebentisch setzt und etliche krause Notenköpfe auf ein Blättchen Papier wirft, Melodien zu seiner neuesten Zukunfts-Operette ›Fürstin Ninetta‹. Sehr zurückgezogen lebt hier Johannes Brahms, der bei jedem Wetter, mit dem Hute in der Hand, traumverloren durch die Umgebung streift.«

Im kaiserlichen Ischl, wo der »Meister des Walzers« in den Strauss-Jahren 1999/2000 mit einer Ausstellung unter dem Motto »Was geh' ich mich an« gewürdigt wird, hat sich wenig verändert. Die Zeit scheint hier stehengeblieben zu sein – abgesehen davon, daß die ehemalige Strauss-Villa »Erdödy« abgerissen wurde, Kaiser Franz Joseph nicht mehr jeden Morgen von seiner Kaiservilla über den Berg zum Frühstück zu Katharina Schratt wandert und die »G'stätt'n« (jetziger Name »Zum Bären«) zu einem Wirtshaus vierter Klasse heruntergekommen ist. Immer noch wohnt eine Kaiserliche Hoheit in der Kaiservilla, Markus Salvator von Habsburg-Lothringen, und immer noch steht, von außen unverändert, die Villa Schratt, in der die damals berühmte Burgschauspielerin Katharina Schratt (1853-1940), Kathi genannt, Franz Joseph mit offenen Armen empfing. Sisi soll diese enge Freundschaft gebilligt haben, obwohl sie in einem Gedicht schrieb:

Das Menü, nachgekocht von Günter Gaderbauer

»VILLA SCHRATT«
A- 4820 BAD ISCHL

Suppe von Flußkrebsen à la Katharina Schratt

Forelle blau

Rebhühner mit Pomeranzensauce

Schrattgugelhupf nach Tante Palik

Die Schauspielerin Katharina Schratt

Tarockpartie bei Johann Strauss in Ischl 1898, Bild von Theodor Zajaczkowski

Sie schnürt den Bauch sich ins Korsett
daß alle Fugen krachen.
Hält sich gerade wie ein Brett
und »äfft« nach andere Sachen.
Im Häuschen der Geranien
wo alles so fein und glatt,
dünkt sie sich gleich Titanien
die arme dicke Schratt.

In dem »Häuschen der Geranien«, das nach Katharina Schratt Erika Köth, dann Maxi Böhm gehörte und das seit 1960 im Besitz der Familie Corzilius-Plech ist, befindet sich heute das beste Restaurant der Region.

Auch in dieser Beziehung hat sich kaum etwas verändert, denn »die Schratt«, wie sie von ihren Bewunderern mit Hochachtung, aber auch geringschätzig vom Volk genannt wurde, war eine ausgezeichnete Köchin, die ihre vielen Gäste meistens selbst bekochte. König Ferdinand von Bulgarien war hier zu Gast, der beliebte Charakterkomiker Alexander Girardi, der Dichter Ludwig Ganghofer, Johann Strauss und viele andere. Die Prominenz drängte sich um sie, denn Kathi war die erste Informantin in und aus dem Kaiserhaus.

Adele Strauss schrieb am 28. August 1893 aus Bad Ischl an Josef Priester, den Privatsekretär von Strauss: »…speisten wir am Samstag allein mit Frau Schratt … das war ganz gut und gemütlich! Tags zuvor war sie der Gast der Kaiserin von Österreich und erzählte uns aus Offensee mancherlei Interessantes …« Dabei schlemmte man bei Katharina Schratt wie »Gott in Bad Ischl«.

WEINEMPFEHLUNG

Zu den Flusskrebsen:
Einen Sauvignon blanc aus der Südsteiermark

Diese weltweit geschätzte Rebsorte wird in der Steiermark durch das eher kühle Klima geprägt; die vielschichtigen, oft nach Holunderblüten, schwarzen Johannisbeeren oder Paprikaschoten duftenden Weine harmonieren mit Krustentieren ebenso wie mit edlen Fischgerichten.

Zu den Rebhühnern:
Ein Roter Veltliner aus dem Kremstal

Diese österreichische Rarität ist im Weingarten anspruchsvoll, sie stellt für jeden Winzer eine Herausforderung dar, und auch die sachgemäße Lagerung im Weinkeller verlangt Fingerspitzengefühl. Um so mehr erfreut der Rote Veltliner als vielseitig einsetzbarer Speisenbegleiter.

Zum Gugelhupf:
Eine Grüner Veltliner-Beerenauslese aus dem Kamptal

Österreichs Paradesorte, der Grüne Veltliner, weist eine beispiellose Bandbreite auf: Von frisch-fruchtig bis zu gehaltvollen Tropfen und edelsüßen Qualitäten reicht das Spektrum. Als Beerenauslese mit einem zarten Säurespiel versehen, verhilft er Tante Paliks Gugelhupf zu neuen Höhen.

Die Villa Schratt in Ischl

Suppe von Flußkrebsen

Die Krebse unter fließendem Wasser gründlich abspülen. Die Zwiebel schälen und vierteln, die Petersilie waschen. In einem großen Topf etwa 2 Liter Wasser zusammen mit Weißwein, Zwiebel, Petersilie und gebrochenen Lorbeerblättern zum Kochen bringen. Die Krebse darin etwa 10 Minuten garen.

Anschließend abgießen, dabei den Fond auffangen. Den Fond durch ein feines Sieb abseihen. Die Krebsschwänze mit einer drehenden Bewegung vom Körper abziehen, das Schwanzfleisch auslösen und jeweils den dunklen Darm entfernen. Das Fleisch aus den Scheren lösen und zerdrücken, das Schwanzfleisch für die Einlage beiseite legen. Die Schalen und die Panzer gründlich waschen, von Geweberesten befreien und im Mörser zerstoßen. 100 g Butter erhitzen und Schalen sowie Panzer darin unter Rühren anrösten. Krebs- und Gemüsefond angießen und das Ganze etwa 15 Minuten kochen lassen. Danach durch ein Küchentuch seihen und kalt stellen.

Restliche Butter in einem Topf leicht erhitzen, die ausgelösten Krebsschwänze und das Fleisch aus den Scheren kurz darin anbraten, das Mehl darüber sieben und anschwitzen. Den kalten Fond mitsamt der oben schwimmenden Krebsbutter und den Cognac zufügen, 10 Minuten leicht köcheln lassen. Inzwischen die Sahne halbsteif schlagen. Die Suppe mit Salz und Cayennepfeffer abschmecken. Pro Person einige Krebsschwänze in einen tiefen Teller legen, etwas Suppe dazugeben und alles mit Schlagsahne garnieren.
(auf dem Foto)

ZUTATEN FÜR 4 PERSONEN

30 fangfrische Flußkrebse
1 große Zwiebel
½ Bund Petersilie
½ l Weißwein
2–3 Lorbeerblätter
160 g Butter
¾ l heller Gemüsefond
60 g glattes Mehl
3 EL Cognac
100 ml Sahne
Salz, Cayennepfeffer

Forelle blau

Die Forellen waschen, öffnen, ausnehmen und innen vorsichtig waschen. Die Fischschleimhaut sollte dabei nicht beschädigt werden, sonst werden die Fische nicht blau. Die Zwiebeln schälen und in Scheiben schneiden, das Wurzelgemüse putzen bzw. schälen und in Stücke schneiden.

In einem großen Topf 3,5 Liter Wasser zusammen mit Zwiebeln, Wurzelgemüse, Salz, Weinessig, Pfefferkörnern und Lorbeerblättern erhitzen. Die Forellen in den sanft köchelnden Fischsud legen, und darin ziehen lassen. Die Flüssigkeit sollte lediglich sieden, nicht kochen und muß die Forellen gut bedecken. Sie sind gar, wenn die Augen als weiße Kügelchen heraustreten.

Die Fische mit einer Schaumkelle vorsichtig herausnehmen und auf vorgewärmten Tellern anrichten. Mit Zitronenscheiben und Petersilie garnieren. Dazu passen in Butter geschwenkte Salzkartoffeln.

ZUTATEN FÜR 4 PERSONEN

4 fangfrische Forellen
4 mittelgroße Zwiebeln
300 g Wurzelgemüse (Karotte, Sellerie, Petersilienwurzel)
Salz
⅛ l Weinessig
4–5 weiße Pfefferkörner
3 Lorbeerblätter
Zitronenscheiben und Petersilie zum Garnieren

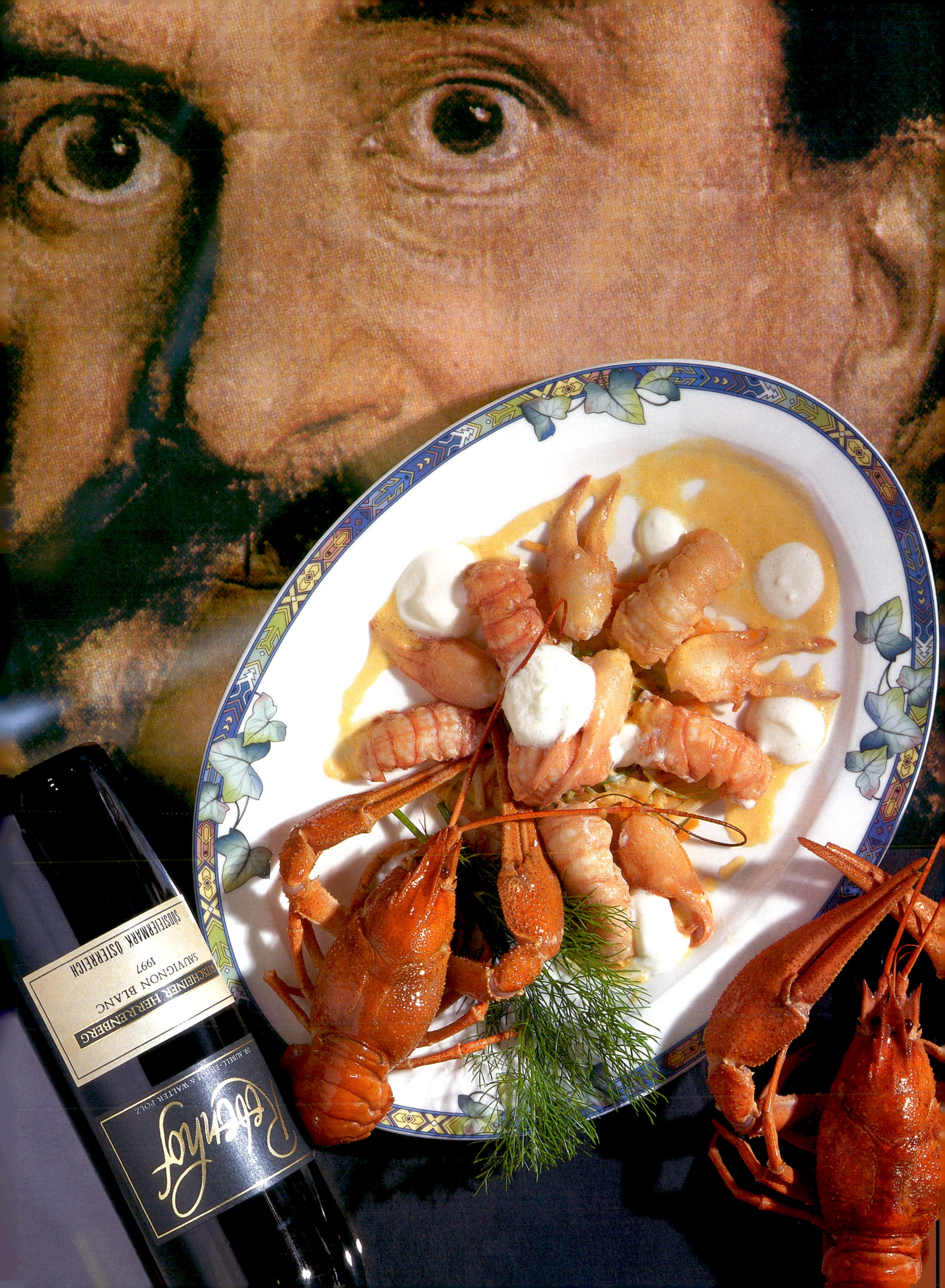
SAUVIGNON BLANC
1997
SÜDSTEIERMARK ÖSTERREICH
Rebenhof

Rebhühner mit Pomeranzensauce

ZUTATEN
FÜR 4 PERSONEN

4 küchenfertige, frische Rebhühner
Salz, Pfeffer aus der Mühle
12 dünne, große Speckscheiben
5 EL Öl
1 unbehandelte Orange
50 g Butter
2 EL Mehl
3 zerdrückte Wacholderbeeren
¼ l helle Rindsuppe
¼ l frisch gepreßter Orangensaft
3 EL Cognac
1 EL Kristallzucker

Backofen auf 200 °C vorheizen. Die Rebhühner rundherum mit Salz und Pfeffer einreiben. Jedes Rebhuhn mit 3 Speckscheiben umhüllen und diese mit Küchengarn fixieren. Öl in einen Bräter geben und die Rebhühner einlegen. Im Ofen unter ständigen Begießen mit Eigensaft etwa 30 Minuten braten lassen. Kurz vor Ende der Garzeit den Speck entfernen und die Hühner hellbraun braten lassen. Anschließend herausnehmen und warm stellen. Während die Hühner braten, die Schale der Orange (ohne das Weiße) in dünnen Streifen abschälen, dann die Frucht vollständig schälen und die Filets auslösen.

Etwa ⅛ Liter Fett aus dem Bräter abgießen. Die Butter hineingeben, auf dem Herd erhitzen, aufschäumen lassen, das Mehl einrühren, Wacholderbeeren beigeben und kurz mitrösten. Rindsuppe, Orangensaft und Cognac vermischen und die Mehlbutter damit ablöschen. Die Orangenschale zufügen und die Sauce kurz köcheln lassen. Dann durch ein feines Sieb abseihen. Erneut erwärmen, die Orangenfilets dazugeben und mit Salz, Zucker sowie Pfeffer abschmecken.
Die Rebhühner zusammen mit der Orangensauce servieren. Als Beilage passen Rotkraut mit Trauben und Kartoffelpüree.

Kaiserliche Tafel in Bad Ischl

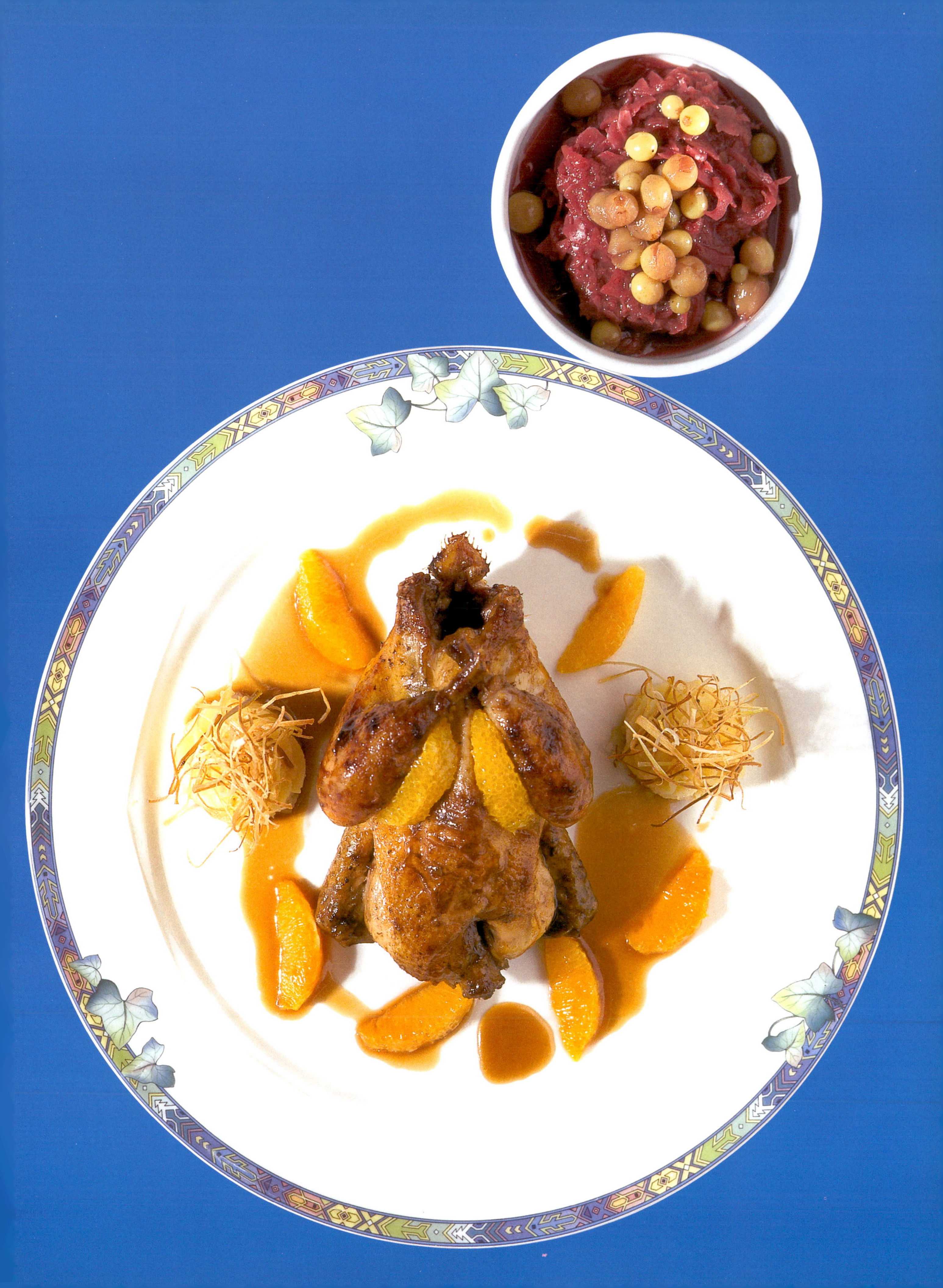

Schrattgugelhupf nach Tante Palik

Eine Gugelhupfform mit Butter ausstreichen und mit Mandelblättchen ausstreuen. Das Mehl in eine Schüssel sieben und in die Mitte eine Mulde drücken. Die Hefe in der lauwarmen Milch auflösen und in die Mulde gießen. Eigelbe, Salz, Zitronenschale, Butter und Zucker schaumig rühren. Ebenfalls in die Mehlmulde geben. Das Ganze zu einem glatten Teig vermengen. Zum Schluß Rosinen und Mandelsplitter gleichmäßig untermischen.

Den Teig in die Form füllen, glattstreichen und an einem warmen Ort zugedeckt gute 30 Minuten gehen lassen. Den Gugelhupf im vorgeheizten Backofen auf mittlerer Schiene bei 160–170 °C etwa 1 Stunde backen. Anschließend kurz in der Form abkühlen lassen, dann stürzen und dick mit Puderzucker bestäuben.

ZUTATEN
FÜR 4 PERSONEN

Butter und Mandelblättchen für die Form
500 g Mehl
20 g frische Hefe (ca. ½ Würfel)
¼ l lauwarme Milch
4 Eigelb
1 Prise Salz
feine Schalenstreifen von 1 unbehandelten Zitrone
250 g weiche Butter
120 g Zucker
50 g gewaschene Rosinen
50 g Mandelsplitter
Puderzucker zum Bestäuben

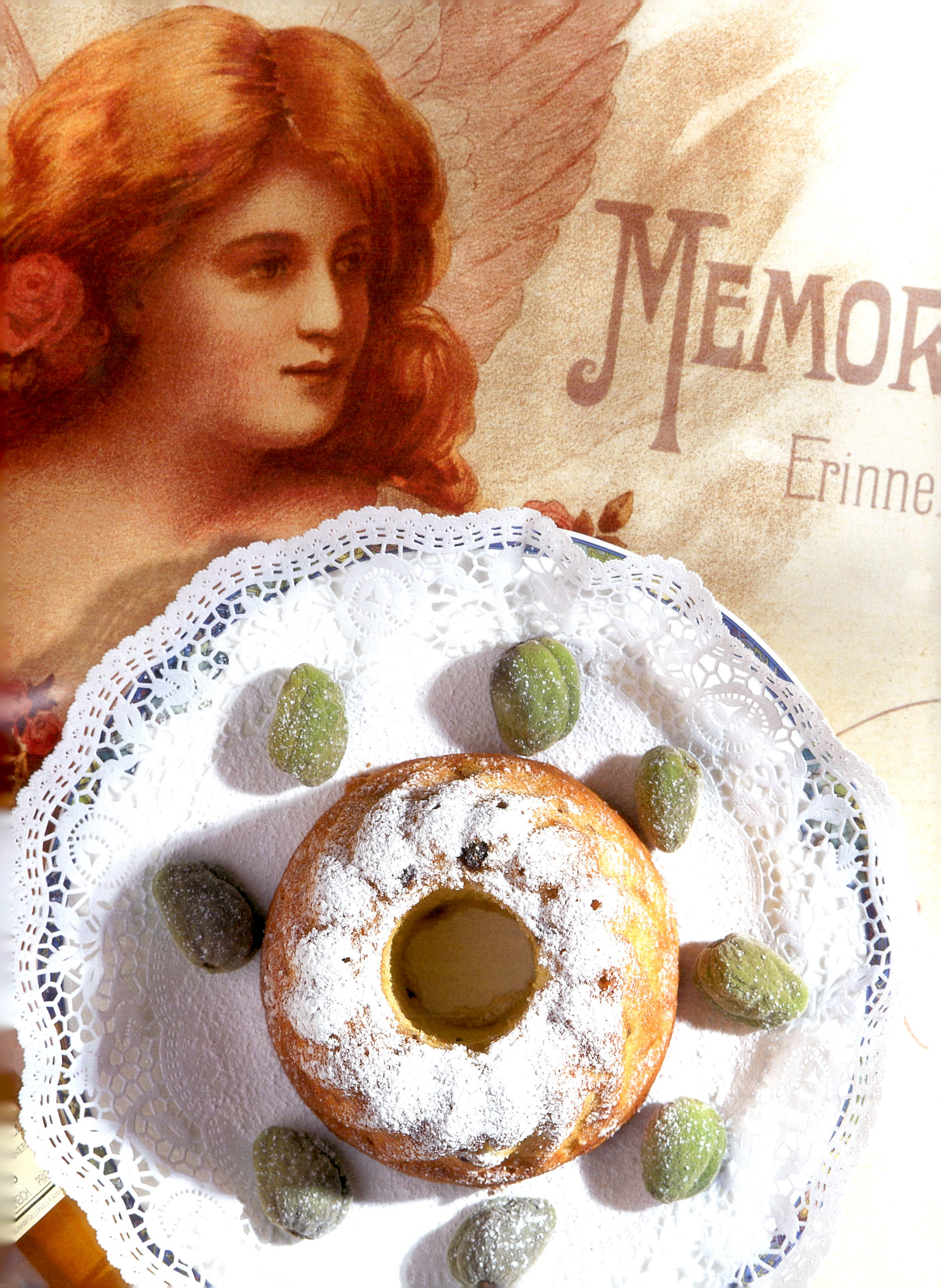
MEMOR
Erinne

Tausend und eine Nacht

(Opus 346)

Mehr als tausend und eine Nacht – im wahrsten Sinne des Wortes – arbeitete Strauss an seinen Kompositionen.

Er war eine »Nachteule« und ein »Regenanbeter«.

Das belegen seine Briefe immer wieder. An den Charakterkomiker Alexander Girardi schrieb er am 9. September 1894 aus Bad Ischl: »nachts um ½ 2 Uhr: … Nun muß ich Ihnen sagen: Jetzt wird's in Ischl schön, die Leute verlieren sich und wie ich höre – wird's nicht mehr aufhören zu regnen. Eine prachtvolle Aussicht für mich! Ich liebe es – wenn ich in einer mir sympathischen Wohnung arbeiten kann bei stürmischer, ja trostloser Witterung (für Andere). Wahrhafte Wonne aber für mich; ich schreibe in einer Nacht bei stürmischer Witterung doppelt so viel als in der schönsten Sommernacht. Diese kommt mir vor wie eine poetisch angehauchte fade Blondine! …«

Je später die Stunde, um so schönere Liebesbriefe schreibt er an seine Frau Adele. »Die zahlreichen Briefe an mich«, so klärt sie ihre Leser in dem Buch »Johann Strauss schreibt Briefe« auf, »entstanden meist – merkwürdig genug – im Hause selbst, ohne räumliche Entfernung, da es während der 16jährigen Ehe keine Trennung gab. Es sind fast ausnahmslos Grüße des nächtlich arbeitenden Künstlers an seine Frau …«

«Nachts
Meine heißgeliebte Adele!
Es geht ganz lustig zu in meinem Innern, fröhliche Melodien summen mir im Kopf, das von Freude, Glückseligkeit übervolle Herz schlägt lustig den Takt dazu. Soll ich da an's Schlafengehen denken? Doch ein Dir gegebenes Wort zu halten, ist mir heilig – daher ich dem übermüthigen Trei-

Das Menü, nachgekocht von Anita Jollit

RESTAURANT „ZUM OCHSEN"
76227 KARLSRUHE

Ochsenaugen unter Gemüsebrühe

Ungarisches Halászlé

Risi-Pisi

Esterházy-Rostbraten

Marillenknödel

Johann Strauss am Stehpult seiner Wiener Wohnung, Farbholzschnitt von Theodor Zasche

Johann Strauss 1895, Ölgemälde von Franz Lenbach

ben ein Ziel setzen muß und es mir nur noch gestattet sein soll, derjenigen zu gedenken, welche die Macht besitzt, Seele und Herz in so rosige Stimmung zu versetzen. Hoch mein Engel Adele! Du bist die Herrin meines Glückes, meines Lebens!...«

«Liebste Adele,
Ich wünsche Dir eine sehr gute Nacht – gesunden Schlaf und recht viel Humor beim Erwachen! Der Humor ist mehr als alle Medizin werth. Ohne Humor – halbe Lebensfreude. Fröhlich durch's Leben wandern, meine Devise. Nörgelei frißt an Gesundheit und Leben – namentlich aber bei Frauen, an Einbuße der Schönheit – wenn überhaupt eine da war. Frauen sollen immer lächeln – dies kleidet sie so gut und verhütet Runzeln und Furchen in der Visage, wovon man sich augenscheinlich überzeugen kann – erst aber die – die man nicht zu Gesicht bekommt. Ist die Visage abgelebt, ist alles nichts werth – ohne Täuschung – Numero sicher! Hat das Weib das Glück, einen Mann von Humor zu besitzen, so weide sie sich an ihm, unterstütze ihn darin und verjünge sich dadurch, daß sie sich mit dem Humor des Mannes indentificire.

Freut Euch des Lebens, und heult und jammert erst, wann wirklich was zu bejammern vorliegt. – Dein bester Freund Jeany.«

Kein Wunder, wenn der Nachtarbeiter spät aufstand und sich dann mit einem sogenannten »Gabelfrühstück« – zum Beispiel Gulasch mit Champagner – stärkte.

Trotzdem versuchte er tagsüber eine geregelte Arbeitszeit einzuhalten. Er arbeitete im Hausanzug an seinem geliebten Stehpult. Dabei rauchte er wie eine Lokomotive seine Pfeife.

Viele Nachmittage gehörten seinen Hobbys: Billard- und Tarockspielen mit ausgesuchten Freunden. »Mein Kaffeehaus« nannte er sein Billardzimmer in der Igelgasse, weil er nie auszugehen brauchte, um Billard oder Tarock zu spielen. Er schummelte gerne und freute sich, wenn seine Mitspieler nichts merkten.

Am Abend hatten die Straussens des öfteren Gesellschaft, wobei er die köstlichsten Weine aus seinem gepflegten Weinkeller auftischte. Er liebte eine gewisse Gesellschaftsordnung: »Wenig sprechen beim Essen und die Torte nicht mit dem Messer essen.« Wer sich nicht daran hielt, mußte damit rechnen, nie mehr eingeladen zu werden.

Der Walzerkönig war kein Intellektueller, der geistige Gespräche liebte. Er brauchte intuitiv reagierende Menschen um sich, die mit dem Herzen fühlten und nicht mit dem Verstand. (Deshalb hatte er auch oft Schwierigkeiten mit den Librettisten zu seinen Werken.)

Er hatte kein Bedürfnis nach der Natur. Ihm genügten seine vier Wände und die Harmonie zu Hause.

Kochen konnte er nicht. Er war schon stolz, wenn er einmal Ribiseln (Johannisbeeren) in seinem Garten pflückte:

»... um mich auf andere Gedanken zu bringen, da ich meinen Wasserkopf zu sehr in Anspruch nehme – widme ich meine Zeit nachmittags der Beschäftigung einer Köchin. Ich löse Erbsen aus den Hülsen, schneide die Spitzeln und Fäden an den Bohnen ab, zupfe die Beeren der Ribiseln in den Einsiedetopf ...«

Aber das Zusammenstellen eines Menüs nach seinem Geschmack bereitete ihm Freude.

WEINEMPFEHLUNG

ZUM ESTERHÁZY-ROSTBRATEN:
Einen Blaufränkischen vom Neusiedlersee-Hügelland

Der Blaufränkische zeichnet sich durch seine ausgesprochene Fruchtigkeit aus. Es handelt sich dabei um eine sehr alte Rebsorte, die auf Karl den Großen zurückgeht. Dieser hat alle hochwertigen Sorten als »fränkisch«, die minderwertigen dagegen als »hunnisch« bezeichnet.

ZU DEN MARILLENKNÖDELN:
Eine Neuburger Auslese aus dem Kremstal

In Geruch und Geschmack erinnert der Neuburger häufig an Nüsse. Er ist eine typisch österreichische Spezialität und in keinem anderen Weinland der Welt vorzufinden.

Ochsenaugen unter Gemüsebrühe

Das Gemüse putzen bzw. schälen, waschen und grob zerkleinern. Die Zwiebel ungeschält waschen und vierteln. Die Kräuter ebenfalls waschen. Das Öl in einem großen Suppentopf erhitzen, das Gemüse unter ständigem Umrühren darin anbraten, dann mit 1 Liter Wasser ablöschen. Kräuter sowie Gewürze zugeben und alles zum Kochen bringen. Die Brühe bei milder Hitze etwa 1 Stunde köcheln lassen, dann abseihen und abschmecken.

Die Butter in einer kleinen Pfanne zerlassen, die Eier darin zu Spiegeleiern braten. Je 1 Spiegelei in eine Suppentasse legen und Gemüsebrühe darüber gießen. Mit Schnittlauchröllchen garnieren.

ZUTATEN FÜR 4 PERSONEN

2 Karotten
¼ Sellerieknolle
½ Stange Lauch
1 kleine Petersilienwurzel
1 Stengel Selleriegrün
1 kleine Zwiebel
1 EL Öl
1 Bund Petersilie
1 großer Zweig Liebstöckel
1 Zweig Thymian
2 Lorbeerblätter
3 Nelken
1 Muskatblüte (Macis)
frisch geriebene Muskatnuß
weiße Pfefferkörner
1 TL Salz
2 EL Butter
4 Hühner- oder Wachteleier
3 EL Schnittlauchröllchen

Ungarisches Halászlé

Die Fische unter fließendem Wasser gründlich abspülen und trockentupfen. In grobe Stücke schneiden, salzen und 1 Stunde ruhen lassen lassen.

Die Zwiebeln schälen, fein hacken und in einer großen Pfanne in der Butter goldgelb dünsten. Die Fischstücke dazugeben, mit Paprikapulver bestreuen und etwas Brühe zugießen. Die Fische unter mehrmaligem, vorsichtigem Wenden zugedeckt langsam weich dünsten.

Das Mehl darüber stäuben und das Ganze nochmals aufkochen lassen. Kurz vor dem Anrichten Eigelb und Limonensaft mit der restlichen Brühe verquirlen, dann in den Fischsud rühren. Mit dem Sauerrahm verfeinern. Mit Petersilie garnieren.
(auf dem Foto)

ZUTATEN FÜR 4 PERSONEN

1 kleiner, küchenfertiger Karpfen
1 kleiner, küchenfertiger Hecht
1 küchenfertiger Aal
Salz
2 Zwiebeln
100 g Butter
1 TL edelsüßes Paprikapulver
¼ l Gemüse- oder Fleischbrühe
1 EL Mehl
1–2 Eigelb
Saft von 1 Limone
3 EL Sauerrahm
Petersilie zum Garnieren

Risi-Pisi

Die Zwiebel schälen und fein hacken. 50 g Butter in einem Topf erhitzen und die Zwiebel darin goldgelb dünsten. Den Reis dazugeben und so lange unter ständigem Rühren mitdünsten, bis er durchsichtig und glänzend ist. Die Brühe unter Rühren schöpflöffelweise dazu gießen. Das Ganze aufkochen lassen, dann den Reis bei reduzierter Hitze in etwa 20 Minuten zugedeckt ausquellen lassen.

Die Erbsen waschen und abtropfen lassen. Restliche Butter zerlassen und die Erbsen darin andünsten. Zucker, ⅛ Liter Wasser sowie etwas Salz zufügen und die Erbsen in 15 bis 25 Minuten weich garen. Unter das fertige Risotto heben und alles mit Parmesan bestreuen.

ZUTATEN FÜR 4 PERSONEN

1 Zwiebel
70 g Butter
250 g Langkornreis
½ l heiße Fleischbrühe
500 g ausgepalte, feine grüne Erbsen
1 Prise Zucker
Salz
100 g frisch geriebener Parmesan

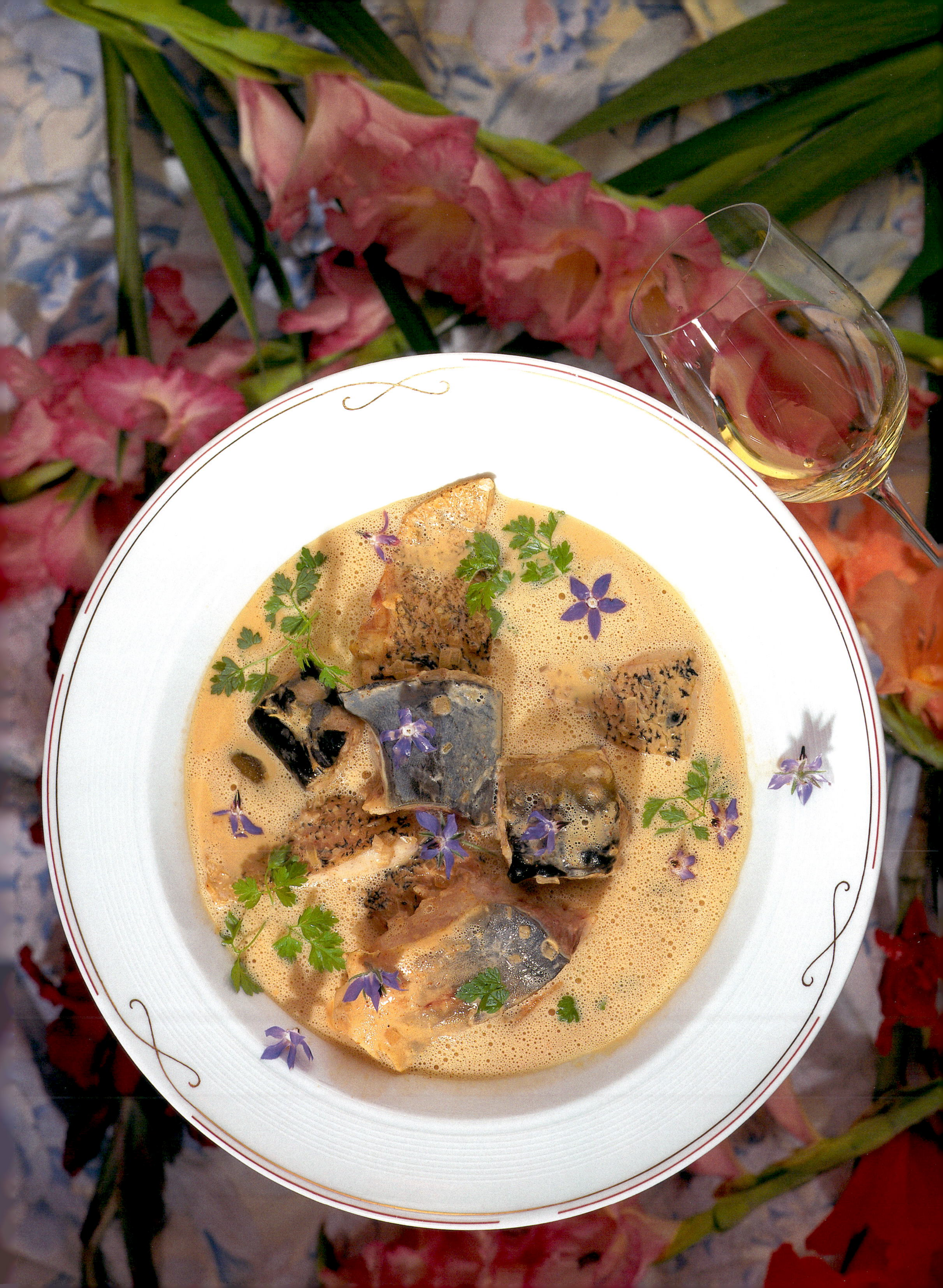

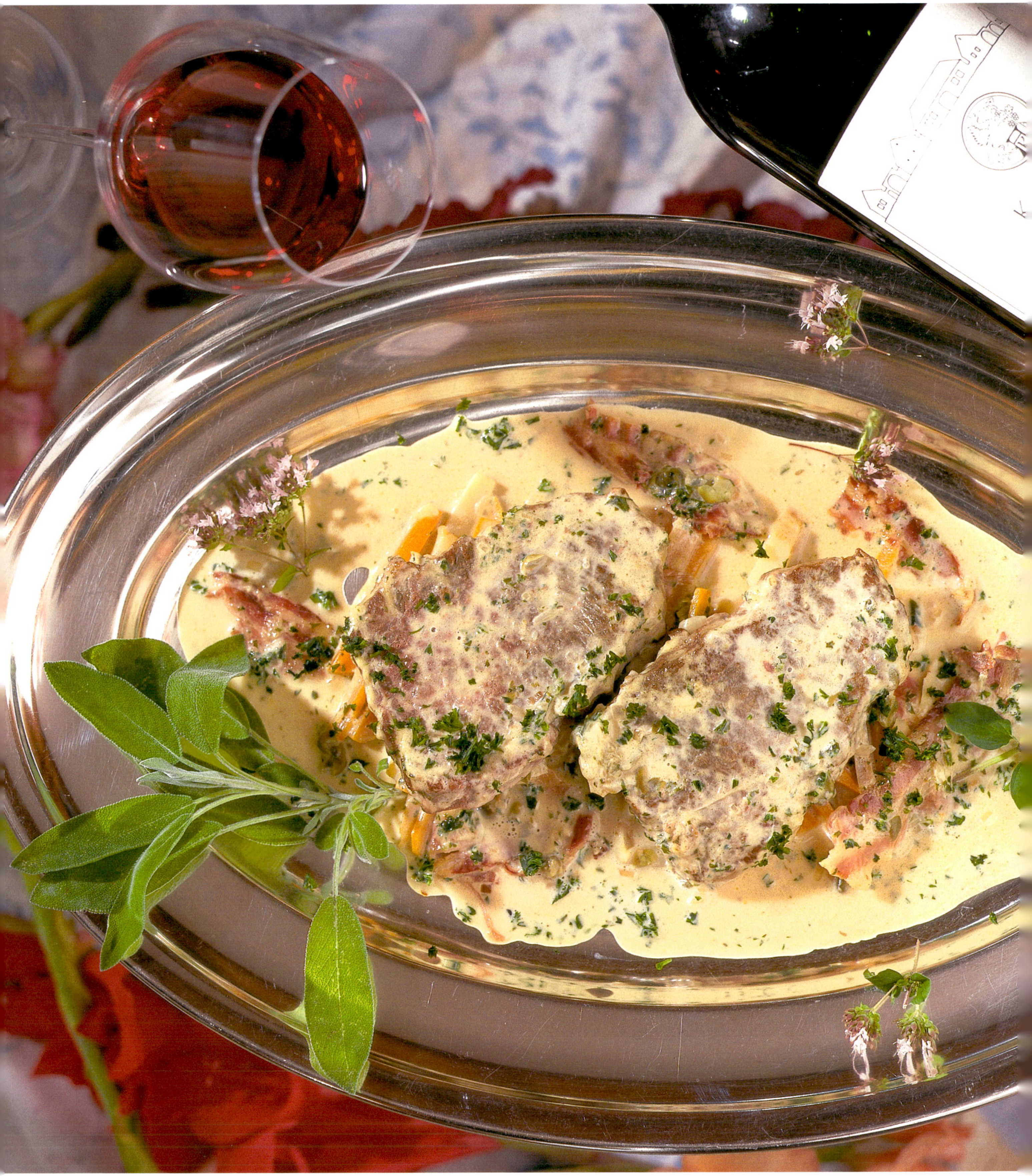

Esterházy-Rostbraten

Die Rindfleischscheiben in heißer Butter scharf anbraten. Dann beiseite stellen. Backofen auf 175 °C vorheizen. Das Gemüse putzen bzw. schälen und in Streifen schneiden. Petersilie waschen und grob hacken. Zwiebel schälen und in kleine Würfel schneiden. Speck und Sardellen ebenfalls in Streifen schneiden.

In eine Kasserolle nacheinander je eine Lage Gemüse, Zwiebelwürfel, Speck und Sardellen schichten. Die Rindfleischscheiben darüber legen und restliches Gemüse, Zwiebelwürfel, Speck und Sardellen darüber schichten. Drei Viertel der Kapern darüber streuen. Etwas Wasser angießen, alles mit Sauerrahm bedecken und im Backofen etwa 1½ Stunden garen.

Anschließend das Fett abschöpfen. Das Mehl mit etwas Wasser glattrühren, restliche Kapern, Salz, Limonensaft und den Würfelzucker dazugeben und die Mischung unterrühren. Alles zusammen nochmals etwa 10 Minuten garen.

ZUTATEN
FÜR 4 PERSONEN

4 Scheiben Rindfleisch aus dem Mittelstück
2 EL Butter
1 Karotte
1 Stange Lauch
1 Petersilienwurzel
1 Bund Petersilie
1 Zwiebel
1 Scheibe Speck
5 Sardellen
100 g Kapern
250 g Sauerrahm
2 EL Mehl
Salz
Saft von 1 Limone
1 Stück Würfelzucker

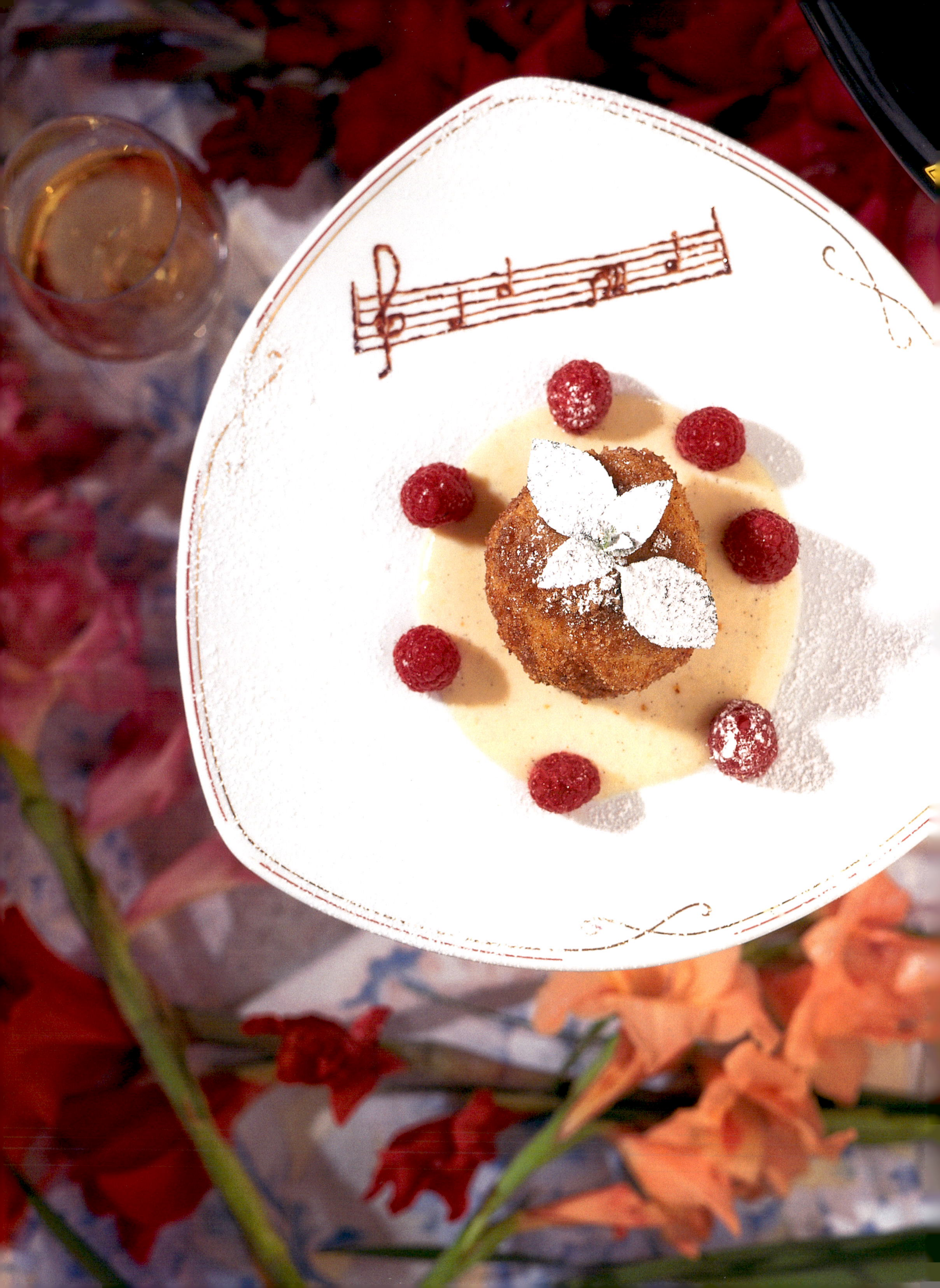

Marillenknödel

Die Kartoffeln waschen, in kaltem Wasser aufsetzen und weich kochen. Danach kalt abschrecken, schälen und noch heiß durch eine Presse in eine Schüssel drücken. Abkühlen lassen.

Aus Mehl, Eigelben, 1 gestrichenem Teelöffel Salz und 50 g Butter einen mäßig weichen Teig kneten. So viel Kartoffelmasse zugeben, wie das Mehl aufnehmen kann. Den Teig gut verarbeiten und dann zu einer dicken Rolle formen.

Die Marillen mit kochendem Wasser übergießen, jeweils die Haut abziehen und die Früchte vorsichtig entkernen (nicht teilen). In jede Marille anstelle des Kerns 1 Stück Würfelzucker geben. Von der Teigrolle kleine Stücke abschneiden und jede Marille damit gleichmäßig und glatt umwickeln. Der Teig sollte keine Löcher aufweisen.

In einem großen Topf reichlich Salzwasser zum Sieden bringen. Die Knödel vorsichtig hineingeben und bei milder Hitze 25 bis 30 Minuten garen. Mit einem Schaumlöffel herausheben und abtropfen lassen. Die Semmelbrösel in der restlichen Butter anbräunen und die Marillenknödel darin wälzen. Vor dem Servieren mit Puderzucker bestäuben und nach Belieben zusammen mit Vanillesauce servieren.

ZUTATEN
FÜR 4 PERSONEN

1 kg mehligkochende Kartoffeln
300 g Mehl
2 Eigelb
Salz
70 g Butter
1 kg kleine Marillen (Aprikosen)
Würfelzucker
ca. 100 g Semmelbrösel
Puderzucker zum Bestäuben

Seid umschlungen, Millionen

(Opus 443)

Max Kalbeck ist aus dem Leben von Johann Strauss nicht wegzudenken. Kalbeck, der große Biograph von Johannes Brahms, Kritiker des »Neuen Wiener Tagblatts«, der Mit-Librettist von Strauss' »Jabuka« (»Ein Schlager soll daraus gemacht werden …«, schrieb der Meister 1893 an Kalbeck) und nicht zuletzt der Freund des Komponisten, der sich mit der Überarbeitung der Texte zu »Jabuka« sehr viel Zeit ließ. »… Gestern speisten bei uns Brahms und Hanslick mit Frau … Ich habe über Deine Faulheit geschimpft. Was wahr ist, bleibt wahr. Nach undenklich langer Zeit kümmert sich dieser einzige Max um sein Musenkind …«, polterte Strauss aus Bad Ischl.

Das ist kein Wunder, denn Kalbeck ließ es sich inzwischen auf dem wunderschönen Schloß Labers bei Meran gutgehen und vergaß alles Irdische. (Übrigens, das Hotel »Schloß Labers« ist immer noch ein Geheimtip für Ruhesuchende!)

Kalbeck schrieb Strauss am 8. September 1894 nach Bad Ischl:

»Meine angeborene Schreibfaulheit wird durch die glückliche Ereignislosigkeit unseres Meraner Sommers unterstützt. Von uns ist so gut wie nichts zu melden. Nachdem wir vier Wochen lang die würzige, frische Wald- und Bergluft eingeatmet hatten … ließen wir uns hier nieder und hoffen … eines schönen Nachsommers froh zu werden. Für mich, der fern vom Rathe der Weisen lebt und von den großen Ereignissen, die sich im Mittelpunkt der tonangebenden Welt mit Donnergetöse abspielen, nur ein ganz leises verspätetes Echo vernehme – für mich ist die ›Jabuka‹ und Alles, was drum und dran hängt, ein Märchen und Traum geworden. Ich fürchte mich beinahe vor dem Tage, an welchem ich in irgend einer Probe zur Wahrheit erwachen werde …«

Die Operette »Jabuka« wurde am 12. Oktober 1894 im »Theater an der Wien« uraufgeführt. Die Meinungen über sie waren geteilt.

Kalbeck, dem intimen Kenner von Strauss und Brahms, verdanken wir die Überlieferung vieler kleiner Episoden aus dem Leben beider Meister.

Einmal lud Adele Strauss Johannes Brahms, der damals 600 Meter entfernt wohnte, in das Palais in die Igelgasse ein.

Strauss schien dies jedoch nicht recht zu passen, denn er bat Viktor Tilgner ebenfalls zu kommen, »weil ich mich sonst schauderhaft langweilen müßte … Brahms – diese kalte norddeutsche Seele (alle Achtung vor seiner Mache) …«

Das Menü, nachgekocht von Jörg und Beatrice Stapf

CASTEL SCHLOSS LABERS
I - 39012 MERAN

Risotto-Suppe auf Triestiner Art

Fischpörkölt

Braunbraten mit Zwiebeln und Serviettenknödel

Backhendl

Apfelstrudel

WEINEMPFEHLUNG

Zum Braunbraten:
Ein Zweigelt aus der Thermenregion

Die Sortenbezeichnung geht auf den österreichischen Rebzüchter Professor Friedrich Zweigelt zurück, dem diese erfolgreiche Kreuzung von Blaufränkisch mit St. Laurent gelang. Der Zweigelt vermag in allen österreichischen Rotweingebieten gute Resultate zu erzielen und gilt daher als »die« österreichische Rotweinhoffnung.

Zum Backhendl:
Ein Grüner Veltliner aus dem Kamptal

Das animierende Säurespiel und die würzige, leicht pfeffrige Note machen den Grünen Veltliner zum »Backhendl-Wein«. Die Säure im Wein rundet das Fett der Panade geschmacklich ab. Grundsätzlich gilt: Zu fetten Speisen sollte ein säurereicher Wein gereicht werden.

Johann Strauss und Johannes Brahms auf der Veranda der Strauss-Villa in Ischl, Fotografie von Rudolf Krziwanek

Allmählich freundeten sich Brahms und Strauss miteinander an. Schließlich durfte Brahms bei keiner Einladung fehlen. Aus Bad Ischl schrieb Strauss an den Sekretär Priester: »… Übermorgen speisen Hanslick und Brahms bei uns. Diese 2 Leute wollen gut abgefüttert werden. Forellen, Krebse, Ente u. Gänsebraten, 2erlei Mehlspeisen, diverse Weinsorten, … Herr, Du verlangst zu viel von einem Componisten …« Und Sigmund Bürger berichtete in der »Berliner Börsen-Zeitung«:

»An jenem Sonntag war Diner bei Strauss, und da fand sich eine höchst interessante Gesellschaft ein. Als einer der Getreuesten kam der intim befreundete Meister Johannes Brahms. Die Gemütlichkeit war ja beiden Johannes eigen, nur mußte sie bei Johannes dem Ernsteren erst ein wenig angefacht werden, und das verstand man im Hause Strauss vortrefflich. Am Schlusse der Tafelfreuden war Brahms so fröhlich gestimmt, daß er ganz jovial wurde, sich oftmals selbst ans Clavier setzte und Strauss´sche (!) Walzer oder Operetten-Melodien spielte. Unvergeßlich wird der Moment bleiben, als nach einem dieser köstlichen Diners Brahms mit Strauss vierhändig Walzer spielte, das ging in die Füße und nur die heilige Scheu vor diesen beiden Heroen der Musik ließ die Gesellschaft bei diesen prickelnden Rhythmen ruhig bleiben.«

Eines Tages meinte Brahms, daß Strauss ihm »von allen Kollegen der liebste sei«, und der Walzerkönig widmete seine Komposition »Seid umschlungen, Millionen« dem Freund Johannes.

Nicht nur im Leben, auch im Tode bleiben sie nachbarlich vereint auf dem Wiener Zentralfriedhof – der »kalte Norddeutsche« und der »feurige Österreicher«, der sein Gemüt der Schriftstellerin und Salondame Bertha Zuckerkandl einmal so schilderte:

»Es ist vielfarbig: ober- und niederösterreichisch, böhmisch, ungarisch, polnisch und südlich. Bei mir kommt noch was hinzu. Mein Großvater ist aus Spanien eingewandert. Von dem habe ich mein edles Hidalgogesicht. Er hat eine Wirtstochter in der Leopoldstadt geheiratet. Das Wirtshaus ist am Donauufer gelegen. Da sind die Schiffer herauf- und heruntergefahren und haben ihre Weisen gesungen. Mein Vater war damals ein Bub – dem ist das spanische Blut und das österreichische Gemengsel zum Wiener Musizieren geworden … Jetzt illustriere ich meine Charakteristiken auf andere Weise. In einem Menü, das meine Frau gekocht hat: – ›Risotto-Suppe auf Triestiner Art‹, ›Fischpörkölt – ungarisch‹, ›Braunbraten mit Zwiebeln – polnisch‹, ›Serviettenknödel – böhmisch‹, ›Backhendl mit Gurkensalat – oberösterreichisch‹, ›Apfelstrudel – Wiener Idealgericht‹.«

Titelblatt zu »Seid umschlungen, Millionen«

Risotto-Suppe auf Triestiner Art

1 Liter Fleischbrühe zum Kochen bringen. Die Zwiebel schälen und fein würfeln. Die Butter in einem Topf erhitzen und die Zwiebelwürfel darin hellgelb braten. Den Reis in einem Sieb unter fließendem Wasser waschen, bis das abfließende Wasser klar läuft, sehr gut abtropfen lassen, zu den Zwiebeln geben und unter Wenden anbraten, bis die Reiskörner glasig sind. Mit der kochenden Fleischbrühe auffüllen, einmal umrühren und den Reis zugedeckt bei sehr milder Hitze in 20 bis 25 Minuten ausquellen lassen. Die restliche Brühe erhitzen und den Reis einrühren, bis der gewünschte Suppencharakter entsteht. Mit Schnittlauchröllchen bestreuen.

ZUTATEN FÜR 4 PERSONEN

1,5–2 l Fleischbrühe
1 Zwiebel
2 EL Butter
250 g Rundkornreis
Schnittlauchröllchen zum Bestreuen

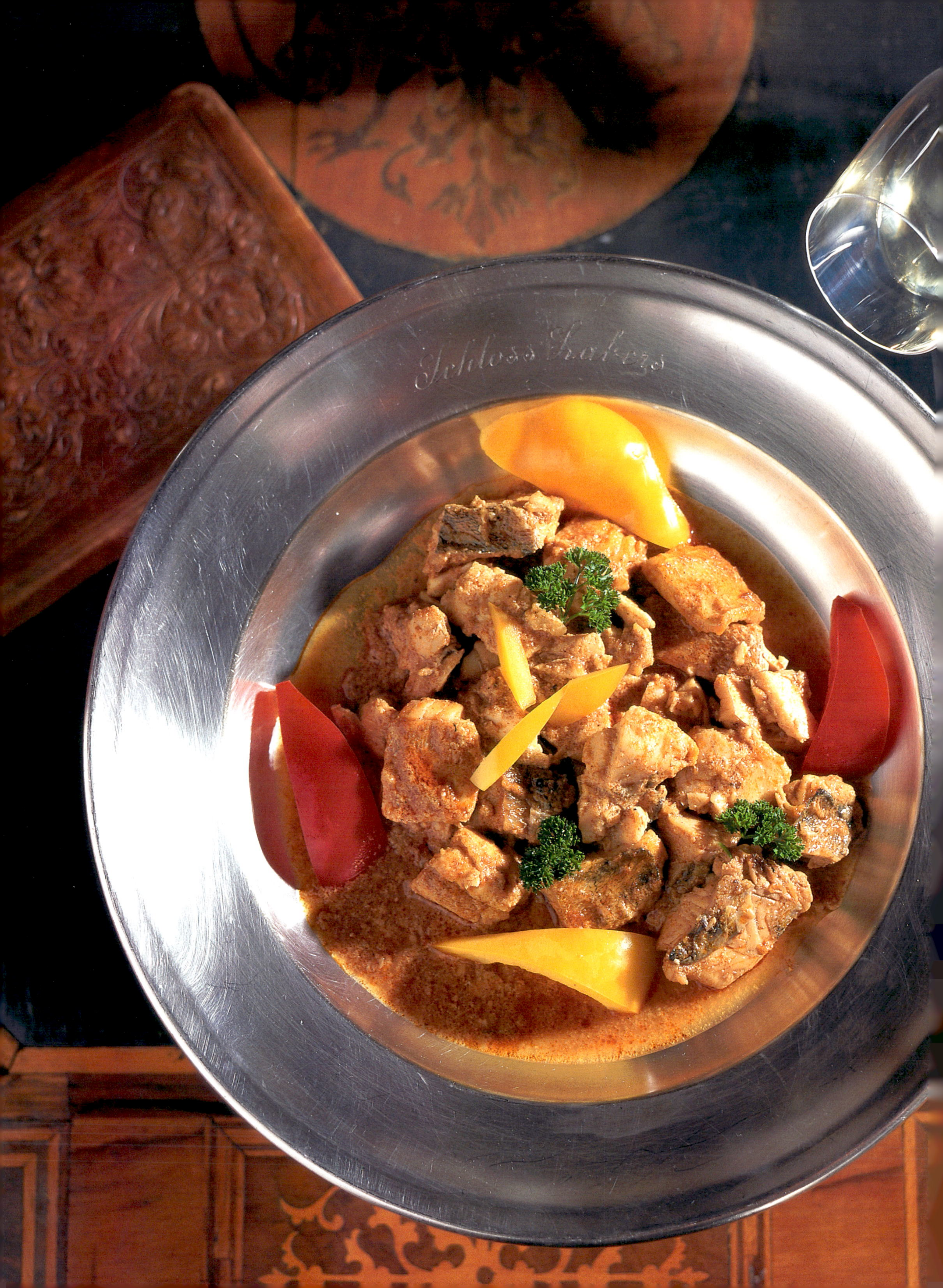

Fischpörkölt

Die Zanderfilets von eventuellen Gräten befreien, waschen, trockentupfen und in mundgerechte Stücke schneiden. Die Zwiebel schälen und auf einer Gemüsereibe reiben. Das Öl in einem großen Topf erhitzen und die Zwiebel darin anbraten. Sobald die Zwiebel Farbe angenommen hat, das Paprikapulver einrühren, Fischfond oder -brühe angießen und das Ganze einmal aufkochen lassen.

Anschließend die Fischstücke einlegen, etwas Fischblut hinzufügen und das Ganze mit Salz würzen. Zugedeckt bei milder Hitze etwa 45 Minuten garen. Die Paprikaschoten putzen, waschen und in grobe Streifen schneiden. Die Petersilie waschen und in kleine Sträußchen zupfen. Das Pörkölt vor dem Servieren mit Paprikaschotenstreifen und Petersilie garnieren.

> **ZUTATEN**
> **FÜR 4 PERSONEN**
>
> 1 kg Zanderfilets
> 1 Zwiebel
> 2 EL Öl
> 1 EL edelsüßes, ungarisches Paprikapulver
> 200 ml Fischfond- oder -brühe
> etwas Fischblut vom Zander
> Salz
> je ½ rote und gelbe Paprikaschote
> krause Petersilie zum Garnieren

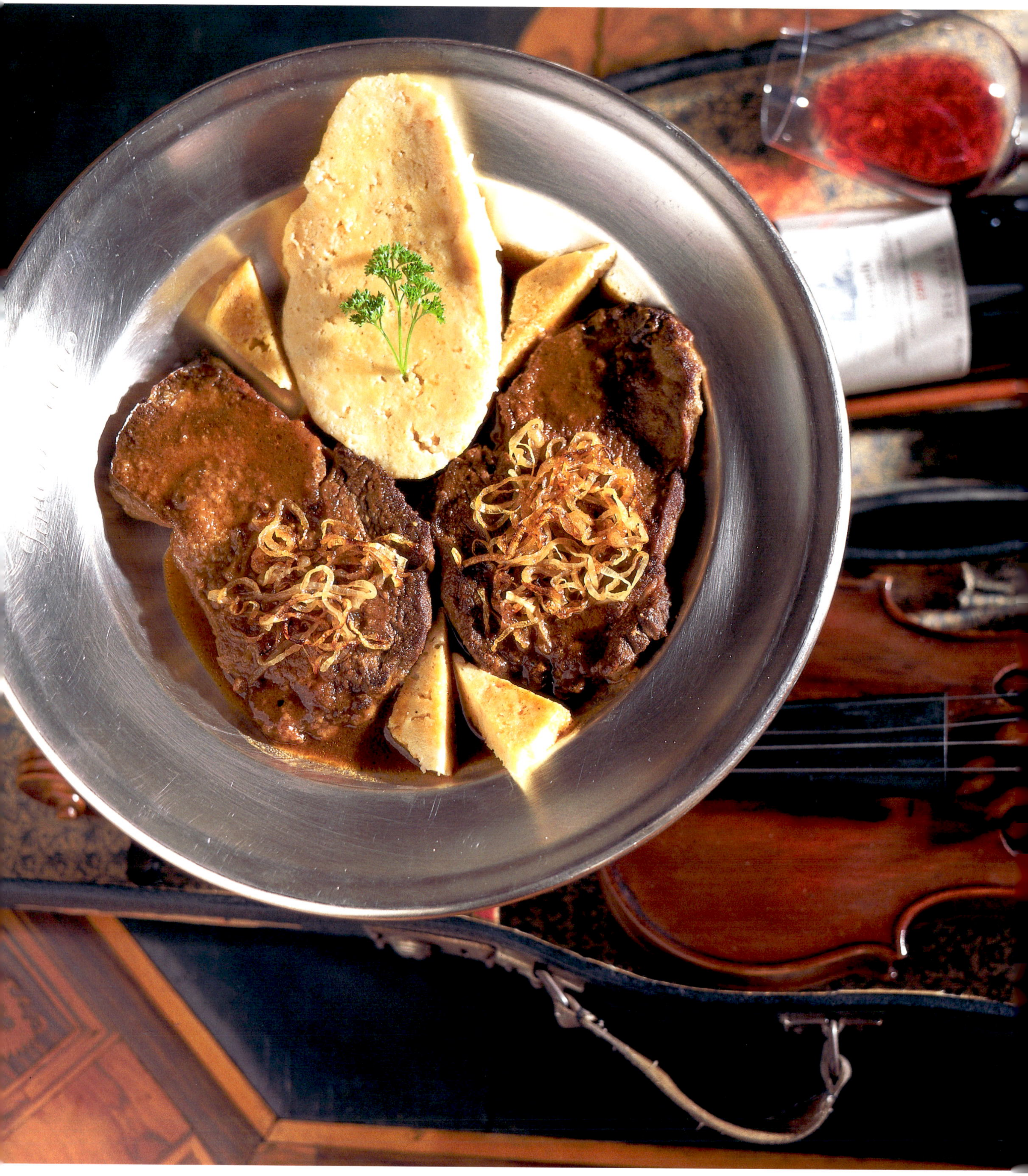

Braunbraten mit Zwiebeln und Serviettenknödel

Die Brötchen in sehr kleine Würfel schneiden und in eine große Schüssel geben. 1 Teelöffel Salz, Pfeffer und Muskat darüber streuen. Die Milch erwärmen und 1 Eßlöffel Butter darin zerlassen. Die Eigelbe unter die Milch rühren und die Eigelbmilch über die Brötchen gießen. Mehl darüber streuen, alles gründlich mischen und 20 Minuten zugedeckt durchziehen lassen.

Etwa 3 Liter Salzwasser in einem hohen Topf zum Kochen bringen. Die Eiweiße zu steifem Schnee schlagen und unter die Brötchenmasse ziehen. Restliche Butter zerlassen und ein großes Geschirrtuch oder eine Serviette in der Mitte mit Butter bestreichen. Die Brötchenmasse hineingeben, zu einem Kloß zusammenknoten. Einen langen Kochlöffel unter den Knoten schieben und den Kloß ins kochende Wasser hängen. Der Kochlöffel liegt dabei quer auf dem Topfrand. Den Serviettenkloß bei mittlerer Hitze etwa 40 Minuten kochen lassen, dann herausnehmen, im Tuch kalt abschrecken und das Tuch entfernen. Den Knödel mit einem Bindfaden in dünne Scheiben teilen.

Während der Knödel gart, den Braten zubereiten. Die Zwiebeln schälen, in Ringe schneiden und mit dem Zucker und 2 Messerspitzen Salz vermischen. Die Butter in einer Pfanne erhitzen und die Zwiebelringe darin unter häufigem Wenden bei milder Hitze in etwa 30 Minuten gleichmäßig hellbraun braten. Dann bei sanfter Hitze warm halten, aber nicht zudecken.

Die Fleischscheiben kalt waschen, abtrocknen und leicht klopfen. 1 Teelöffel Salz, Pfeffer sowie Paprikapulver mischen, das Fleisch damit einreiben und in Mehl wenden. Öl in einer Pfanne erhitzen, die Fleischscheiben darin von jeder Seite 2 Minuten kräftig anbraten und dann bei milder Hitze von jeder Seite weitere 3 Minuten braten.

Sofort aus der Pfanne nehmen und warm stellen. Den Bratensatz in der Pfanne mit der Fleischbrühe loskochen, einmal aufkochen lassen und die Sauce mit Rotwein abschmecken. Die Fleischscheiben anrichten, die gebratenen Zwiebelringe darauf verteilen und alles mit Sauce übergießen. Serviettenknödel in Scheiben dazu servieren.

ZUTATEN FÜR 4 PERSONEN

FÜR DIE SERVIETTENKNÖDEL
5 Brötchen vom Vortag
Salz
je 2 Msp. Pfeffer und geriebene Muskatnuß
200 ml Milch
2 EL Butter
4 Eigelb
2–3 EL Mehl
4 Eiweiß

FÜR DEN BRAUNBRATEN
500 g Zwiebeln
½ TL Zucker
Salz
2 EL Butter
4 Scheiben Rindfleisch aus dem Zwischenrippenstück à 180 g
2 Msp. Pfeffer
1½ TL rosenscharfes Paprikapulver
2 EL Mehl
2 EL Öl
⅛ l Fleischbrühe
1 EL Rotwein

Backhendl

Das Huhn in 6 Teile schneiden. Das Fleisch salzen und in Mehl wenden. Die Eier in einem tiefen Teller verquirlen, Semmelbrösel in einen tiefen Teller geben.

Die Hühnerteile durch die Eimasse ziehen und dann in Semmelbröseln wälzen, bis sie gleichmäßig damit bedeckt sind. In einer tiefen Kasserolle in heißem Schweineschmalz schwimmend goldgelb ausbacken. Auf Küchenpapier abtropfen lassen und heiß servieren. Als Beilage eignen sich Gurken- und Kartoffelsalat.
(*auf dem Foto*)

Zutaten
für 4 Personen

1 küchenfertiges Masthuhn
1 EL Salz
Mehl zum Wenden
2 Eier
Semmelbrösel zum Wenden
Schweineschmalz zum Backen

Apfelstrudel

Aus Mehl, Ei, Salz, Öl und lauwarmem Wasser einen halbweichen Teig herstellen. So lange kneten, bis sich der Teig von den Händen löst. Zur Kugel formen, auf eine bemehlte Arbeitsfläche legen und zugedeckt 30 Minuten ruhen lassen.

Über einen großen Tisch ein Tuch spannen und dieses mit Mehl bestäuben. Den Teig in die Mitte legen, in die Breite rollen und die Oberfläche stark mit Öl bestreichen. Mit bemehlten Handrücken unter den Teig greifen und von der Teigmitte aus gegen die Tischkanten sachte ziehen, bis der Teig hauchdünn ist und über alle Kanten gespannt erscheint. Die dicken Teigränder abschneiden und die restliche Teigfläche mit etwas zerlassener Butter benetzen.

Den Backofen auf 200 °C vorheizen. Die Äpfel schälen, vierteln, entkernen und in Scheiben schneiden. Die Semmelbrösel in der Butter bräunen und auf den Teig streuen, dabei an der Längsseite des Teiges einen Rand belassen. Die Apfelscheiben gleichmäßig auf den Semmelbröseln verteilen und mit Rosinen sowie Nüssen bestreuen. Den Zitronensaft darüber träufeln und die Füllung mit Zimt und Puderzucker bestreuen.

Den Strudel durch Hochheben des Tischtuches gegen die freie Teigseite hin einrollen. Die entstandene Rolle in backblechlange Stücke schneiden. Diese einzeln auf gefettete Backbleche legen, mit zerlassener Butter bestreichen und im Ofen etwa 30 Minuten backen. Dabei immer wieder mit zerlassener Butter bestreichen. Den Strudel vor dem Servieren mit Puderzucker bestäuben.

Zutaten
für 4 Personen

Für den Teig
350 g Mehl
1 Ei
1 Prise Salz
1 EL Öl
1/8 l lauwarmes Wasser
Mehl zum Ausrollen
Öl zum Bestreichen

Für die Füllung
2 kg säuerliche Äpfel
80 g Semmelbrösel
50 g Butter
100 g Rosinen
50 g gehackte Walnüsse
1 EL Zitronensaft
2 EL Zimt
3 EL Puderzucker

Ausserdem
zerlassene Butter zum Bestreichen
Puderzucker zum Bestäuben

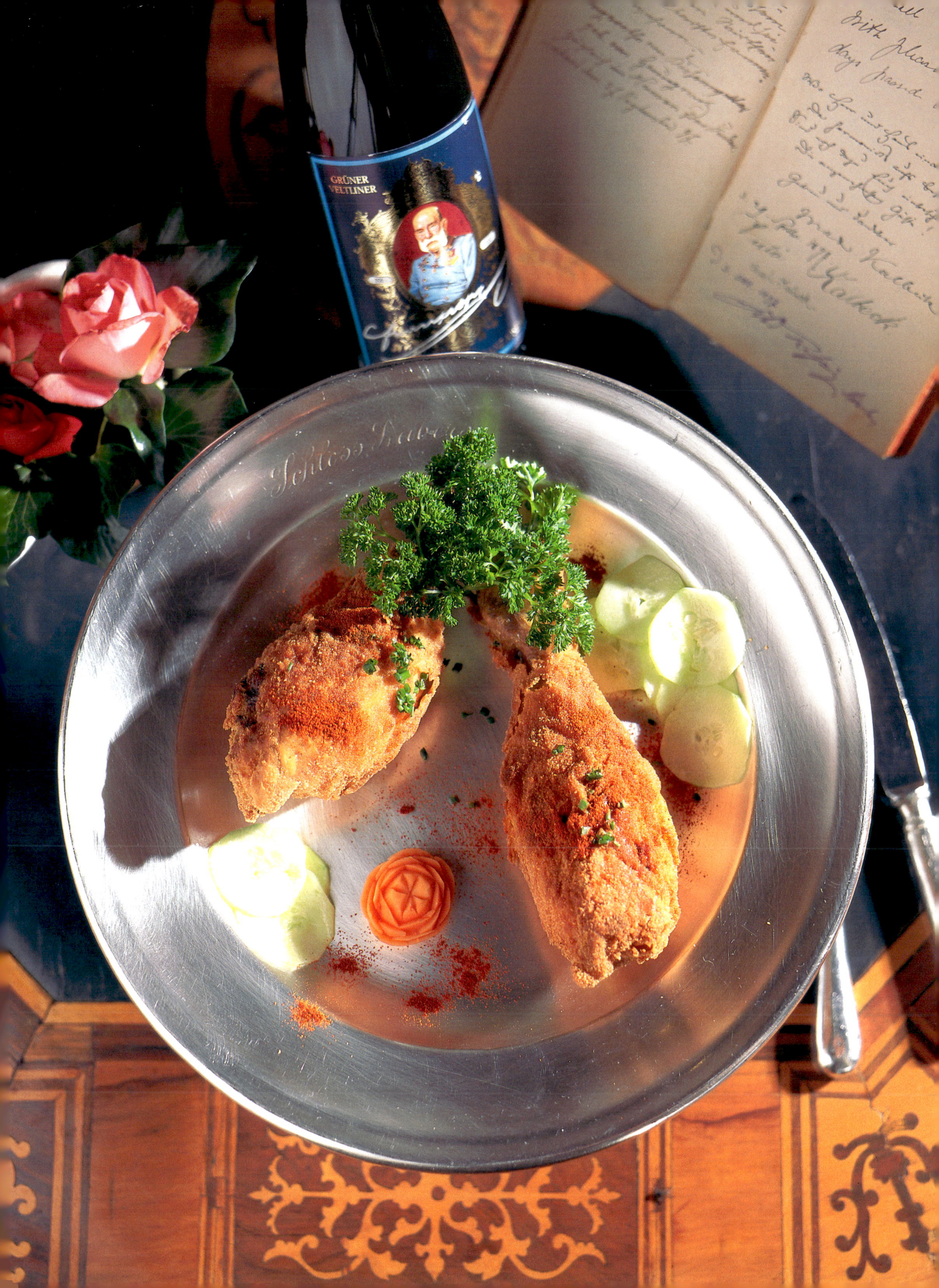
GRÜNER
VELTLINER

Freut euch des Lebens

(Opus 340)

Zum 50jährigen Künstlerjubiläum von Johann Strauss ließ seine Frau Adele 1894 von Franz Marquis von Bayros ein Bild malen, das unter dem Titel »Ein Abend bei Johann Strauss« die Familie und einige der engsten Freunde zeigt (zweiter von links Johannes Brahms und, stehend, Max Kalbeck).

Das Menü, nachgekocht von Rico Grützmacher

WEINHAUS UHLE
19055 SCHWERIN

Karpfensuppe

Gepökeltes Rind mit Erdäpfeln und Gemüse

Rehfilet à la Johann Strauss mit Rotweinsauce und Nudeln

Barsch mit römischem Salat

Gegrillter Kapaun aus der Steiermark

Apfelkompott

Ein Festkomitee bereitete große Feierlichkeiten in Wien vor, aber am 15. Oktober 1894 wurde dem Meister auf der ganzen Welt gehuldigt. Während die Telegramme säckeweise eintrafen, nahm Strauss teils widerwillig, teils erfreut, jedoch immer mit Lampenfieber an den zahlreichen Veranstaltungen teil, die von morgens bis spät in die Nacht zu seinen Ehren stattfanden. Nach der letzten Ehrung hielt Strauss eine kurze Dankesansprache:

»… Ich bin außerordentlich glücklich, fühle aber, daß ich zu sehr ausgezeichnet werde, ja, man thut mir zu viel Ehre an, es ist schon genug …«

Ein Bankett im Grand Hotel an der Wiener Ringstraße, das für 22 Uhr angesetzt war, bildete den krönenden Abschluß der Feierlichkeiten. Die nachfolgenden Rezepte wurden in leichter Abänderung nach der noch erhaltenen Menükarte erstellt.

Aufgefallen war bei diesem Festbankett, daß die Mitglieder der Regierung und der Hofgesellschaft fehlten. War der Grund darin zu suchen, daß Strauss 1887 Bürger von Sachsen-Coburg-Gotha wurde und zum evangelischen Glauben übertrat, um Adele heiraten zu können, oder hatte man ihm noch nicht verziehen, daß er, der für die freiheitliche Gesinnung war, 1848 einen »Revolutionsmarsch« (Opus 54) komponierte, während sein Vater den »Radetzkymarsch« schrieb?

In gewisser Weise war der Kaiser bei diesem Bankett trotzdem anwesend. Strauss verlas noch einmal eine Dankesrede: »…Wenn es wahr ist, daß ich einiges Talent habe, so danke ich dessen Ausgestaltung nur meiner Vaterstadt Wien, in deren Boden meine ganze Kraft wurzelt …, Wien, dem Herzen unseres schönen gottgesegneten Österreichs, der goldenen Stadt, wo jeder spricht, wie ihm der Schnabel gewachsen ist …«

Er war kein Mann der vielen Worte, und diese ihm vorgegebene Rede erschöpfte ihn. Wie schön war es doch, mit seinen wenigen

AN DIESER STELLE
STAND DAS HAUS,
IN DEM DER WALZERKÖNIG
JOHANN STRAUSS (SOHN)
VON 1878 AN LEBTE UND WIRKTE.
ER VERSTARB HIER AM
3. JUNI 1899

Johann Strauss Jubiläum
Wien, 15. October 1894.

MENU

Bière de Dreher
Wein: Eigenbau
Neulauer Ausstich

Pommery frappé

Liqueurs

Turtle soup
Fogosch à la Chambord
pommes et sauce tartar
Pièce de boeuf prés-salée
garni à la jardinière
Filet de chevreuil à la Jean Strauss
Penche à la romaine
Chapons de Styrie à la brèche
Salade, Compote
Glace et Crème
Fromage
Fruits — Dessert
Café.

Menükarte des Grand Hotel

Freunden wirklich so reden zu können, wie ihm der Schnabel gewachsen war. Mit Johannes Brahms beispielsweise, der dem Festakt beiwohnte. Er hob sein Glas und prostete ihm zu. Vielleicht dachte er an die nette Episode, als er im »Igelheim« mit Brahms dinierte. Strauss verstand es schon damals, zu jedem Menügang den passenden Wein zu servieren. Nach dem Dessert entkorkte er eine besonders gute Flasche und meinte verschmitzt: »Jetzt kommt der Brahms unter den Weinen.« Der Weinkenner Brahms fühlte sich geehrt und probierte den köstlichen Tropfen: »Ausgezeichnet!« rief er in die Runde »wie wird da erst dein Beethoven-Wein schmecken!«

Der »Vorstadtbürger« Strauss zog zwei Tage nach den Festlichkeiten in einem Brief an seinen Bruder Eduard Bilanz: »Nun kann ich Dir sagen, daß ich meinem Herrgott danke, daß diese glücklicherweise (!) schon verflossenen Tage vorüber. Selbe haben mir viel Aufregung verursacht. Den ersten heutigen ruhig verlaufenden Tag vergeße ich nicht – er brachte die ersehnte Ruhe – die mir Noth thut – meine Nerven sind nicht von Eisen um derlei Emotionen durchzumachen. Dein schönes, kostbares Geschenk wird von Allen bewundert. Es ist ebenso sinnig als effektvoll – kostet aber viel Geld – was ich Dir nicht verzeihen kann: Marie soll Dich unter Couratel stellen. – Ich habe schlecht gelesen im Bankett. Die Gläser sind mir zu schwach geworden, die Sehkraft hat bei mir bedeutend nachgelassen, habe mir leider erst heute schärfere Gläser bestellt. Im Halbdunkel seh ich bereits gar nichts (samt den Gläsern). Das viele Notenschreiben hat meine Sehkraft im hohen Maße geschwächt – weil ich größtentheils zur Nachtzeit schrieb. Ich sehe Alles doppelt – nehme ich einen Zahnstocher, so sehe ich immer zwei vor mir. Sollte ich das Unglück haben, blind zu werden – erschieße ich mich. Unter allen physischen (!) Übeln ist dieses das Unüberwindlichste. Nicht lesen – schreiben können würde mir die Lebensfreude total nehmen …«

Strauss erlebte in seinen letzten fünf Lebensjahren noch viele freudvolle Tage. Zwei Wochen vor seinem Tod dirigierte er zum 25jährigen Jubiläum der Uraufführung der »Fledermaus« in der Hofoper noch die Ouvertüre.

»Ein Abend bei Johann Strauss«, 1894, Ölgemälde von Franz Marquis von Bayros

WEINEMPFEHLUNG

ZUM GEPÖKELTEN RIND:
Ein Grüner Veltliner Smaragd vom Stein

»Smaragd« ist die höchste Qualitätsstufe für Weine aus der Wachau. Die Trauben reifen auf den steilen Steinterrassen entlang der Donau, wo sich an schönen Tagen die Smaragd-Eidechsen neben den Rebstöcken sonnen. Diese gehaltvollen Weißweine halten ohne weiteres einem kräftigen Gericht aus dunklem Fleisch stand.

ZUM REHFILET:
Ein Pannobile rot vom Neusiedlersee

Das Weinbaugebiet Neusiedlersee verfügt über hervorragende klimatische Bedingungen für den Rotweinanbau. Den Winzern gelingen dichte Weine von körperreicher Struktur und gutem Reifepotential.

ZUM KAPAUN AUS DER STEIERMARK:
Ein Morillon aus der Südsteiermark

Das Weinland Österreich ist reich an Besonderheiten. Morillon z.B. ist in der Steiermark der Name für Chardonnay. Durch die Reblauskatastrophe Ende des 19. Jahrhunderts wurde dringend neues Rebmaterial benötigt. Dies fand man in dem französischen Ort Morion. Man pflanzte die Chardonnay-Reben in der Steiermark an und benannte sie nach ihrem Herkunftsort.

Karpfensuppe

ZUTATEN FÜR 4 PERSONEN

2–3 Karpfenköpfe
ausgelöste Karpfengräten
300 g Karotten
300 g Lauch
1 Zwiebel
Salz
etwas Essig
2 Zweige Petersilie
einige Korianderkörner
etwas geriebene Muskatnuß
50 g Butter
50 g Mehl
500 g Karpfenfilet
2 Eigelb
100 ml Sahne

Karpfenköpfe und –gräten kalt abspülen. Karotten und Lauch schälen bzw. putzen, waschen und kleinschneiden. Zwiebel schälen und vierteln. Die genannten Zutaten zusammen mit Salz, Essig, Petersilie und Gewürzen in einen Topf geben. Mit kaltem Wasser bedecken, erhitzen und das Ganze etwa 30 Minuten köcheln lassen. Dann durch ein Tuch abseihen.

In einem zweiten Kochtopf die Butter erhitzen, das Mehl einstreuen und hellgelb anschwitzen lassen. Unter Rühren mit der heißen Fischbrühe aufgießen und das Ganze gut verrühren, damit es keine Klümpchen gibt. Das Fischfilet in Stücke schneiden, in die Suppe geben und in etwa 10 Minuten gar ziehen lassen. Die Eigelbe mit der Sahne verquirlen und die Mischung unter die nicht mehr kochende Suppe rühren.

Gepökeltes Rind mit Erdäpfeln und Gemüse

Die Ochsenbrust mit so viel kaltem Wasser aufsetzen, daß das Fleisch gut bedeckt ist. Erhitzen, aufkochen lassen und abschäumen. Inzwischen Zwiebel, Karotte und Petersilienwurzel schälen und kleinschneiden. Gemüse, Kräuter und Gewürze zum Fleisch geben. Die Hitze reduzieren und die Ochsenbrust im leise köchelnden Sud 1½ bis 2 Stunden garen.

Die Kartoffeln gründlich unter fließendem Wasser abbürsten und trockentupfen. Den Backofen auf 180° C vorheizen. Die Kartoffeln auf einer Längsseite über Kreuz einschneiden. Für jede Kartoffel ein ausreichend großes Stück Alufolie mit Öl bepinseln und die Kartoffel mit der eingeschnittenen Seite nach oben daraufsetzen. Mit wenig Salz bestreuen. Die Alufolie schließen. Die Kartoffeln auf ein Backblech setzen und im Ofen etwa 40 Minuten garen. Dann die Folie öffnen und auf jede Kartoffel 1 Teelöffel Kräuterbutter setzen. Weitere 10 Minuten bei geöffneter Folie backen.

Blumenkohl und Brokkoli putzen, waschen und in Röschen teilen. Vom Chicorée den bitteren Strunk jeweils keilförmig herausschneiden und die Kolben waschen. Das Gemüse in einen Dämpfeinsatz setzen, leicht salzen, mit Cayennepfeffer, weißem Pfeffer und geriebener Muskatnuß würzen. Butterflöckchen auf das Gemüse setzen. Über wenig kochendem Salzwasser, dem zuvor Weinessig, Muskatblüten und die Knoblauchzehe zugefügt wurden, zugedeckt in 25 bis 30 Minuten bißfest garen. In einer Pfanne die Butter zerlassen und die Semmelbrösel darin knusprig bräunen.

Die Ochsenbrust in Scheiben schneiden und auf einer warmen Platte anrichten. Das Gemüse daneben arrangieren und mit den gebräunten Semmelbröseln bestreuen. Die Kartoffeln aus der Folie nehmen und dazu reichen. Nach Wunsch Meerrettichsauce (Rezept s. S. 95) dazugeben.
(auf dem Foto)

ZUTATEN FÜR 4 PERSONEN

FÜR DAS RIND
1 kg gepökelte Ochsenbrust
1 Zwiebel
1 Karotte
1 kleine Petersilienwurzel
3 Lorbeerblätter
1 Zweig Thymian
1 Zweig Pfefferkraut
1 Petersiliensträußchen
3 Nelken
schwarze Pfefferkörner

FÜR DIE ERDÄPFEL
8–10 kleine, vorwiegend festkochende Kartoffeln
Olivenöl
Salz
Kräuterbutter

FÜR DAS GEMÜSE
400 g Blumenkohl
400 g Brokkoli
200 g Chicorée
Cayennepfeffer
weißer Pfeffer
geriebene Muskatnuß
3 EL Butterflöckchen
1 EL Weißweinessig
2 Muskatblüten
1 geschälte Knoblauchzehe
125 g Butter
100 g Semmelbrösel

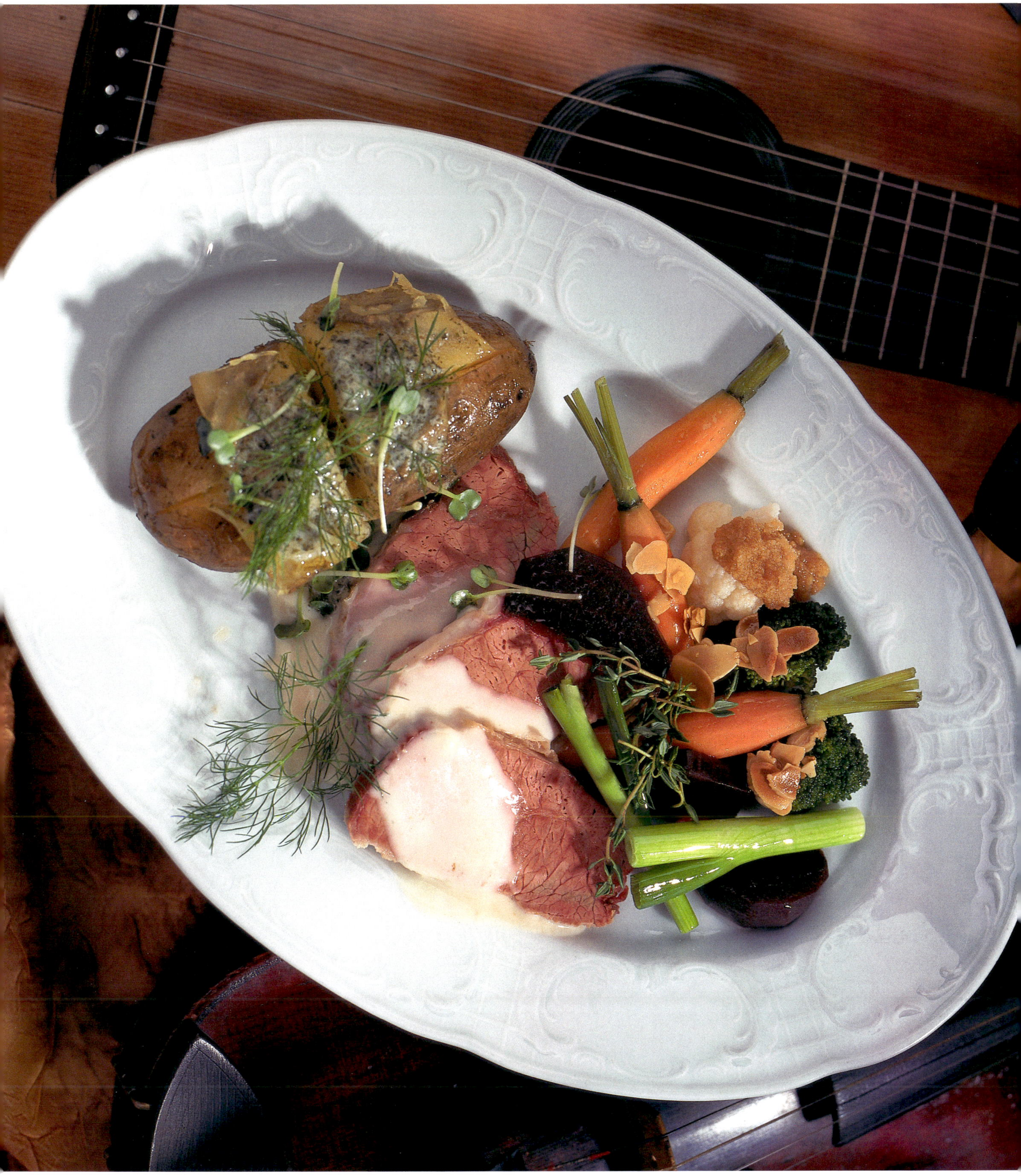

Rehfilet à la Johann Strauss mit Rotweinsauce und Nudeln

Zutaten
für 4 Personen

Für das Rehfilet
1,2 kg Rehrücken (Sattel)
1 kleine Zwiebel
1 Bund Suppengrün
3 EL Öl
Salz
8 Wacholderbeeren
3 Nelken
1–2 Zweige Salbei
1–2 Zweige Rosmarin
1–2 Zweige Thymian
1 Lorbeerblatt
3 EL Mehl
¼ l Fleischbrühe
600 ml Rotwein
50 g Speck
80 g Butterschmalz
250 g Crème fraîche

Für die Nudeln
500 g Mehl
5 Eier
50 ml lauwarmes Wasser
1 Prise Safran
Butter zum Schwenken

Den Rehrücken auslösen, das Fleisch von Sehnen, Haut und Fett befreien, die Knochen klein hacken. Die Zwiebel schälen und vierteln, Suppengrün putzen, waschen und kleinschneiden. Das Öl in einem großen Topf erhitzen und die Knochen darin scharf anbraten. Zwiebel, Suppengrün, Gewürze sowie Kräuter dazugeben. Mit 1 Eßlöffel Mehl bestäuben, dieses anschwitzen lassen, dann mit der Fleischbrühe und ¼ Liter Rotwein ablöschen. Zugedeckt etwa 1 Stunde köcheln lassen, dabei ab und zu umrühren.

Für die Nudeln Mehl, Eier, 2 Messerspitzen Salz, Wasser und Safran in einer Küchenmaschine kräftig durchkneten, bis ein fester, glatter Teig entsteht. Den Teig mehrmals durch die glatte Walze einer Nudelmaschine geben oder auf einer bemehlten Fläche ausrollen und wieder zusammenlegen. Mit der Nudelmaschine dünne Teigplatten herstellen und diese in 1 cm breite Nudelstreifen schneiden.

Das Rehfleisch in gleich große, etwa 3 cm breite Filets schneiden. Den Speck in feine Streifen schneiden. Das Fleisch leicht klopfen und mit den Speckstreifen durchziehen. Mit Salz und Pfeffer aus der Mühle würzen, im restlichen Mehl wälzen und in Butterschmalz auf beiden Seiten 2 bis 3 Minuten scharf anbraten. Herausnehmen, warm stellen und den Bratensatz mit etwas Rotwein loskochen.

Die Brühe durch ein mit einem Tuch ausgelegtes Sieb abseihen. Erneut erhitzen, den Bratensatz sowie den restlichen Rotwein zufügen und die Sauce mit Crème fraîche verfeinern. Mit Salz und Pfeffer abschmecken. Die Nudeln in reichlich Salzwasser in etwa 5 Minuten bißfest garen, abgießen, kalt abschrecken und in Butter schwenken. Die Filets zusammen mit der Sauce und den Nudeln servieren.

Barsch mit römischen Salat

Die Fische waschen und trockentupfen. Die Schalotten schälen und in Ringe schneiden, die Kräuter waschen und fein hacken. Aus Schalotten, Kräutern, 4 Eßlöffeln Öl und dem Zitronensaft eine Marinade rühren. Die Fische mit der Marinade bestreichen und etwa 30 Minuten unter mehrmaligem Wenden durchziehen lassen. Dann die Fische aus der Marinade nehmen, innen und außen mit Salz und Pfeffer bestreuen und mit der zerlassenen Butter bepinseln. In den Semmelbröseln wenden und unter den heißen Grill schieben. Etwa 8 bis 10 Minuten von jeder Seite grillen.

Inzwischen die Salate waschen, trockenschleudern und in mundgerechte Stücke schneiden. Die Rosmarinblättchen mit wenig heißem Wasser überbrühen, etwas ziehen lassen und abtropfen lassen. Die Zwiebel schälen, fein hacken und zusammen mit Rosmarin, Rotwein, Essig, Salz, Pfeffer, Knoblauchsalz und Cayennepfeffer im Mixer pürieren. Das heiße Wasser unter die Sauce schlagen. Den Salat mit der Sauce marinieren und zusammen mit den Barschen servieren. Die Fische mit Zitronenspalten garnieren.
(auf dem Foto)

ZUTATEN
FÜR 4 PERSONEN

4 küchenfertige Barsche
2 Schalotten
1 Kräutersträußchen (Petersilie, Thymian, Lorbeer)
7 EL Öl
Saft von 2 Zitronen
Salz, Pfeffer aus der Mühle
2 EL zerlassene Butter
4 EL Semmelbrösel
400 g gemischte Blattsalate
1 TL Rosmarin
1 kleine Zwiebel
3 EL Rotwein
1 EL Weinessig
je 1 Msp. Knoblauchsalz und Cayennepfeffer
3 EL heißes Wasser
1 in Spalten geschnittene Zitrone

Gegrillter Kapaun aus der Steiermark

Den Kapaun kalt abspülen, trockentupfen und mit Zitronensaft einreiben. Mit Salz, Pfeffer und Paprikapulver würzen. Backofen auf 200 °C vorheizen. Die Kapaunbrust mit Speckstreifen umwickeln, die Streifen mit Küchengarn fixieren und das Geflügel dressieren.

Butterschmalz in einem Bräter erhitzen und den Kapaun darin rundherum anbraten. Mit der Fleischbrühe ablöschen und das Geflügel im Backofen unter öfterem Begießen mit Butterschmalz und Fleischsaft etwa 1½ Stunden langsam braten.

30 Minuten vor Ende der Garzeit die Speckstreifen entfernen. Den Bratenfond aufkochen und mit Speisestärke binden. Den Kapaun zusammen mit dem Fond und den Speckstreifen servieren. Nach Belieben gedünstetes Gemüse dazu reichen.
(auf dem Foto)

ZUTATEN FÜR 4 PERSONEN

1 Kapaun (junger, kastrierter Hahn)
Saft von 1 Zitrone
Salz, Pfeffer aus der Mühle
edelsüßes Paprikapulver
60 g Speckstreifen
4 EL Butterschmalz
¼ l Fleischbrühe
1 EL Speisestärke

Apfelkompott

Die Äpfel schälen, vierteln, vom Kerngehäuse befreien und in kleine Schnitze schneiden. Zucker, Zitronenschale und -saft sowie die Zimtstange zusammen mit ¼ Liter Wasser zum Kochen bringen. Die Apfelstücke in den kochenden Sud legen. In 5 bis 10 Minuten auf kleiner Flamme weich kochen, dabei darauf achten, daß das Obst nicht zerfällt.

Die Zitronenschale und die Zimtstange herausnehmen, das Kompott abkühlen lassen und dann servieren.

ZUTATEN FÜR 4 PERSONEN

4 säuerliche Äpfel
4 EL Zucker
1 Stück Schale einer unbehandelten Zitrone
Saft von ½ Zitrone
1 kleine Zimtstange

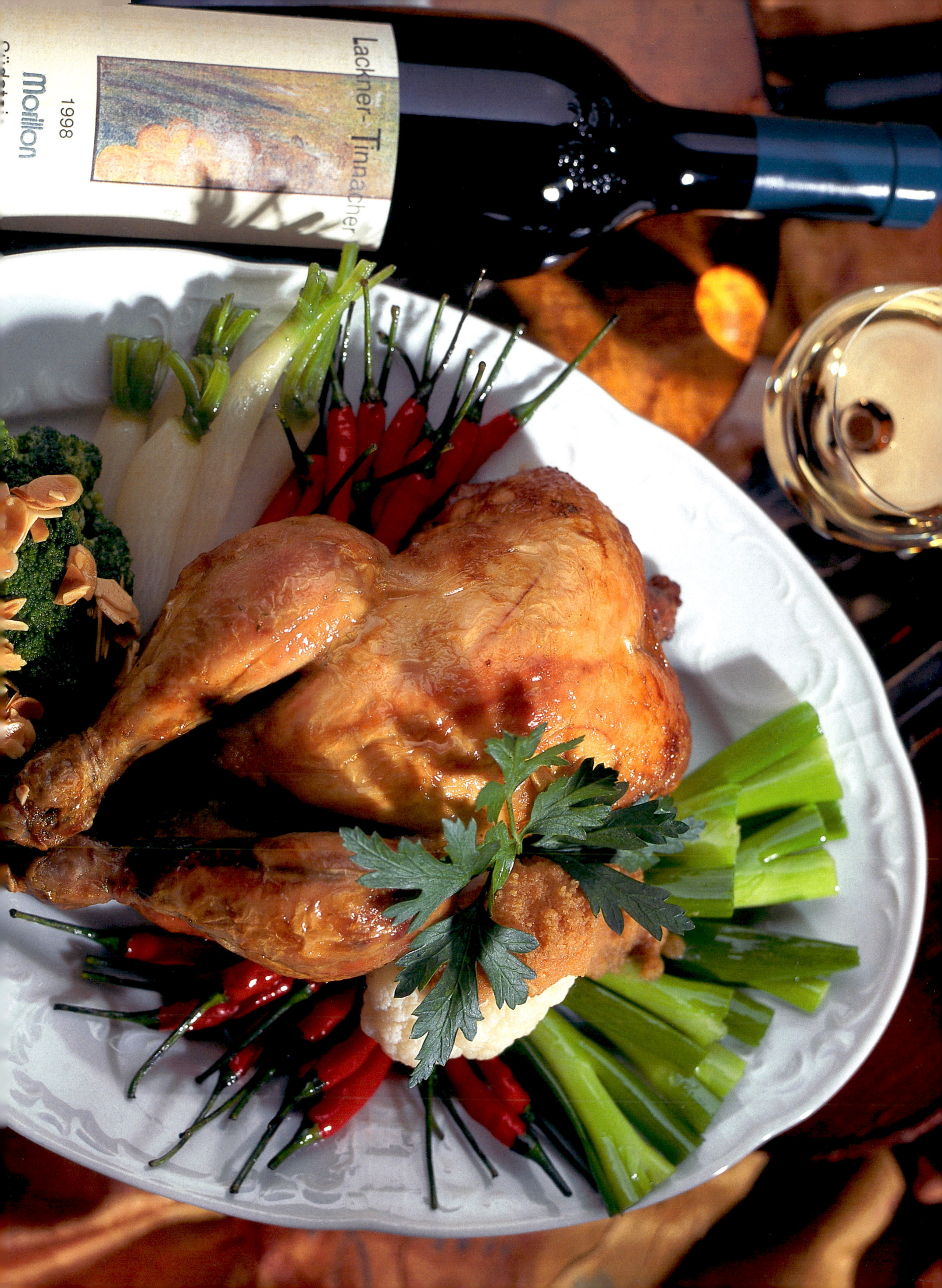
Lackner-Tinnacher
1998
Morillon

Köche und Hotels stellen sich vor

Menü
An der schönen blauen Donau

Thomas Treu ist Küchenmeister und hat seinen Beruf von der Pike auf gelernt. Seine Tätigkeit führte ihn rund um die Welt. So war er zunächst im Kempinski-Hotel Bristol in Berlin tätig, dann ging er nach Bangkok zum Dusit Thani-Hotel, danach nach New York in das berühmte St. Regis und kam schließlich zurück nach Deutschland, wo er seine globalen Erfahrungen im »Vier Jahreszeiten« in München mit Erfolg einsetzt. Als eines der besten Hotels der Welt präsentiert sich das Kempinski-Hotel »*Vier Jahreszeiten*« in München unter der Direktion von Herman R. von Treskow. Das exquisite Haus liegt an einem der elegantesten Boulevards, der Maximilianstraße, in unmittelbarer Nähe zur Staatsoper, den Kammerspielen, den exklusiven Galerien und den Shopping- und Geschäftsadressen. Seit Bestehen des Hotels im Jahre 1858 waren zahlreiche Berühmtheiten im Haus zu Gast. Die Restaurants und das neu gestaltete Bistro offerieren eine gelungene internationale Küche mit regionalen Einflüssen.

Anschrift:
Kempinski-Hotel »Vier Jahreszeiten«,
Maximilianstr. 17, 80539 München
Tel.: 089/21 25 26-00, Fax: 089/21 25 26-66
e-mail: herman.von.treskow@kempinski.com
Internet: www.kempinski-vierjahreszeiten.de

Menü
Bei uns z'haus

Peter Winkler ist der Küchenchef des Hotels «Maibrunn». Seine Ausbildung erhielt er in Kanada. Bevor er nach St. Englmar kam, war er in renommierten Häusern wie dem Savoy Hotel in Zürich, dem Bayerischen Hof oder dem Königshof in München tätig.  
Das 4-Sterne Berghotel »*Maibrunn*« gehört zur obersten Hotel-Kategorie. Antriebsmotor für die kongeniale Mischung aus Luxus und feiner Lebensart ist die Hausherrin Anna Miedaner-Hamberger. Das Hotel im Landhausstil wurde mit vielen Preisen ausgezeichnet. Die Zeitschrift »Der Feinschmecker« weist ihm einen Platz unter den 600 besten Häusern der Republik zu; SAVOIR VIVRE, das Journal für Genießer, belohnte die Küche mit der begehrten roten Sonne. Die Perfektion im Wellness- & Beautybereich, ein hauseigener Skilift mit Beschneiungsanlage, eine Half Pipe für Snowborder, ein Tennisplatz, ein Fun Court mit sieben verschiedenen Spielarten, ein Pitch und Putt-Platz und der Hüttenzauber in der »Maibrunner« Hütte verwöhnen die Gäste.

Anschrift:
Berghotel «Maibrunn»,
94379 St. Englmar /Bayer. Wald
Tel.: 099 65/85-00, Fax: 099 65/850-100
e-mail: info@maibrunn.com
Internet: http://maibrunn.com

Menü
Industrie-Quadrille

Rainer Frühwald ist ein erfahrener Koch, der außerordentlich erfolgreich in führenden Häusern in Österreich und Deutschland tätig war. Bevor er Küchenchef im *Grand Hotel »Sauerhof«* wurde, arbeitete er als Chefkoch im berühmten Palais Schwarzenberg in Wien. Um seine österreichischen Spezialitäten zu genießen, kommen nicht nur Gäste aus der ganzen Welt in den »Sauerhof«, sondern auch die verwöhnten Wiener pilgern deshalb nach Baden. Das 1978 eröffnete 4-Sterne-Hotel, 26 km von Wien entfernt, wurde 1820 von Josef Kornhäusel als Biedermeier-Palais erbaut und bietet neben 88 Zimmern (ein Appartment ist übrigens Johann Strauss gewidmet) und 5 Suiten im Biedermeier-Stil ein 2-Hauben-Restaurant, ein Kaffeehaus, ein Römerbad, eine Hauskapelle, einen historischen Weinkeller von 1419 sowie Konferenz- und Bketträume. Durch die persönliche Führung von Kurt Dohnal erhielt das Haus internationales Niveau und zählt heute zu den schönsten Hotels der Welt.

Anschrift:
Grand Hotel »Sauerhof«,
Weilburgstr. 11–13, A-2500 Baden bei Wien
Tel.: 0043-22 52/4 12 51-0, Fax 0043-22 52/4 36 26
e-mail: sauerhof-sales@rtk.at
Internet: http://www.sauerhof.at

Menü
Der Kobold

Gisbert Austgen arbeitete nach seiner Kochausbildung in renommierten Restaurants in Luxemburg und Frankreich. Er ist berufener »Eurotoques«-Küchenchef. In der »Fasanerie« kreiert er eine meisterhafte Küche, die mit vielen Auszeichnungen bedacht wurde. Seine begehrten Rezepte findet man auch in dem Buch »Die Rheinland-Pfälzische und Saarländische Meisterküche«.
Viele tausend Gäste pilgern jährlich zum Romantik-Hotel *»Fasanerie«*, um deutsche Romantik-Gastronomie auf höchstem Niveau kennenzulernen. Das Hotel »Fasanerie«, auf historischem Grund erbaut, liegt wahrhaft idyllisch, in Europas einzigem Wildrosengarten. Unter der Direktion von Roland Zadra – Präsident der europäischen Romantik Hotels – wurde die »Fasanerie« in den letzten Jahren zu den »Beliebtesten Hotels« von ganz Deutschland gewählt (1. Platz 1996, 3. Platz 1998). Neben den kulinarischen Köstlichkeiten stellen die komfortablen Zimmer und die Fitnessabteilung mit einem Glaskuppelschwimmbad eine weitere Besonderheit in der stets gefragten »Fasanerie« dar.

Anschrift:
Romantik Hotel »Fasanerie«,
Fasanerie l, 66482 Zweibrücken
Tel.: 063 32/97 30, Fax: 063 32/9 731 11
e-mail: fasanerie.bankett@romantik.de
Internet: www.romantikhotels.de/zweibruecken

Menü Zeitgeister

Christian Heumader war stellvertretender Küchenchef im Landgasthof Karner in Frasdorf (1 Michelin-Stern), bevor er 1996 als Küchenchef in das Romantik-Hotel »*Sächsischer Hof*« kam. Er arbeitete in namhaften Restaurants in Deutschland und in der Schweiz, machte seinen Küchenmeister und beweist mit großer Freude seinen Einfallsreichtum in der heimischen Küche. An dem Buch »Die Sächsische, Thüringer und Sachsen-Anhaltinische Meisterküche« hat er sich engagiert beteiligt. Peter Henzel, der Chef des Romantik-Hotels »Sächsischer Hof« in Meiningen, ist stolz darauf, daß Johann Strauss in seinem Haus wohnte und speiste. Aber auch Hans von Bülow, Johannes Brahms, Franz Liszt und Theodor Fontane fühlten sich in diesem geschichtsträchtigen Hotel überaus wohl, zu dem 1798 der Grundstein als Logierhaus gelegt wurde. Dank des historischen Empfindens von Peter Henzel wurde die Außenfassade des Hauses nach alten Plänen renoviert und die Innenräume durch großzügig eingerichtete Zimmer und Suiten bereichert. Der »Sächsische Hof« ist nicht nur für die Thüringer zu einer Sehenswürdigkeit geworden, sondern für alle Gäste, die in einem historischen Ambiente vorzügliche Speisen genießen möchten.

Anschrift:
Romantik Hotel »Sächsischer Hof«,
Georgstr. 1, 98617 Meiningen
Tel.: 036 93/45 70, Fax: 036 93/45 74 01
e-mail: saechsischer-hof@romantik.de
Internet: http://www.romantikhotels.com/rhmeini

Menü Nordseebilder

Der Restaurantinhaber vom »Alt Wyk«, *Rolf Andresen* ist gleichzeitig auch der angesehene Küchenchef des Hauses. Seit Dezember 1971 hat er auf Wyk eine Institution geschaffen, die beispielhaft ist. Rolf Andresen absolvierte eine Kochlehre in Flensburg, anschließend praktizierte der geborene Wyker über 10 Jahre in führenden Häusern in Hamburg, Essen, Kettwig, war in Spanien, Frankreich und in der Schweiz, bis er Chefkoch eines angesehenen Düsseldorfer Restaurants wurde. Sein eigenes Haus »*Alt Wyk*« ist inzwischen mit vielen erstklassigen Auszeichnungen versehen worden.

Das Restaurant »Alt Wyk«, im historischen Ortskern von Wyk gelegen, präsentiert sich in einem hübsch herausgeputzten, alten Backsteinhaus. Den Schwerpunkt seiner Kochkunst sieht Rolf Andresen ganz klar im Fischangebot, aber auch in den bereits berühmten Gerichten mit Deichlämmern, die wohl kein anderer besser zubereiten kann als er. Zu seinen Spezialitäten zählen auch Wildmenüs. Das Haus präsentiert täglich wechselnde Gerichte der Saison und die Weinkarte ist beachtenswert. Außerordentliche Freude macht der herzlich zuvorkommende Service, der liebenswürdig auf alle persönlichen Wünsche der Gäste eingeht.

Anschrift:
Restaurant »Alt Wyk« GmbH,
Große Straße 4, 25938 Wyk auf Föhr
Tel.: 046 81/32 12, Fax: 046 81/5 91 72

Menü
Rosen aus dem Süden

Michael Heise ließ sich an der Akademie Magdeburg als Küchenmeister ausbilden. Anschließend war er Küchenchef im Hotel Heinrich Heine in Schierke (Harz), bildete schließlich bei einem privaten Bildungsträger in Blankenburg selbst Köche aus, bevor er wieder in die praktische Gastronomie ging. Seit 1998 ist er als Küchenchef im *»Gothischen Haus«* tätig, wo er seine Kreativität nicht nur in der Neugestaltung der heimischen Küche zeigt, sondern auch internationale Gerichte phantasievoll serviert. Das Johann-Strauss-Menü kochte er zusammen mit seinem Sous-Chef Guido Beith nach.

Seitdem die Hotelgruppe »Travel Charme Hotels« das »Gothische Haus« in Wernigerode betreibt, und seitdem der umsichtige Ullrich M. Rasche dieses Haus leitet, spricht man nicht nur in Sachsen-Anhalt von der Qualität des 4-Sterne-Hotels. Aus ganz Deutschland kommen Gäste nach Wernigerode. Das Hotel mit den geschichtsträchtigen Außen-und Innenfassaden bietet jeden nur denkbaren Luxus. Nach Philipp Melanchthon, der hier 1547 Unterschlupf fand, kamen ständig prominente Gäste in das »Gothische Haus«. Kein geringerer als seine Königliche Hoheit Prinz zu England und Hannover Ernst August, Herzog zu Braunschweig und Lüneburg, der 1999 Prinzessin Caroline von Monaco ehelichte, nahm am 11. Mai 1990 die Grundsteinlegung für die Rekonstruktion des Neubaus zum Hotel »Gothisches Haus« vor.

Anschrift:
Hotel »Gothisches Haus«,
Marktplatz 2, 38855 Wernigerode
Tel.: 039 43/67 50, Fax: 03943/67 55 37
e-mail: gothisches-haus@t-online.de
Internet: www.tophotels.de/travelcharme

Menü
Künstler-Leben

Ein Team namhafter Köche, unter ihnen *Steffen Roedel*, stellt nach Gästewünschen individuelle Menüs zusammen, die weit und breit gefragt sind. Im »Palatin« kann man internationale Spitzenmenüs genießen, aber auch rustikale einheimische Gerichte. Aktuelle Kochkunst ergänzt sich mit traditionellen Vorlagen und garantiert immer wieder Überraschungen auf der Speisekarte. Wer sich in einer angenehmen Atmosphäre genußreich verwöhnen lassen möchte, dem sei das Teamwerk der Meisterköche des »Palatin« empfohlen. Das Hotel *»Palatin«* in Wiesloch gab sich das Motto »Außergewöhnlich Tagen und Wohnen« und hat damit hervorragende Erfolge erzielt. Durch das persönliche Engagement von Wilhelm Gschoßmann und Silke Jennewein wurde das Hotel zu einer der ersten Adressen in Süddeutschland. Die Erlebnisgastronomie, zu der auch eine »Johann Strauss Gala« zählt, verwöhnt und begeistert in regelmäßigen Abständen eine internationale Gästeschar. Ein Privathotel, das es in dieser Art nur einmal in Deutschland gibt.

Anschrift:
Hotel »Palatin«,
Ringstr. 17–19, 69168 Wiesloch
Tel.: 062 22/5 82 01, Fax: 06222/58 25 55
e-mail: palatin-hotel@t-online.de

Menü
Auf zum Tanze

Dieter Schäfer ist der Küchenchef des »Dorint Kongress-Hotels Mannheim«. Aus Lust zum gutem Essen entschied sich der geborene Trierer für die Kochkunst der gehobenen Gastronomie. Bereits mit 27 Jahren legte er seine Meisterprüfung ab. Den Dorint-Häusern fühlt er sich sehr verbunden. Durch seine Kreativität und sein Know-how hat er ein besonderes Gespür für neue kulinarische Trends, die er bundesweit für die Hotelgruppe einsetzte. Der Meister seines Fachs ist für viele Chefköche in der Bundesrepublik zum Vorbild geworden.

Aufmerksamkeit und Freundlichkeit sind die Maxime dieses First Class Business Hotels der Dorint-Gruppe. Ein modernst ausgestattetes Haus mit Atmosphäre zum Wohlfühlen. Dabei gehören Komfort und Technik zum normalen Anspruch. 287 elegant eingerichtete Gästezimmer, ein Fitness-Angebot der Spitzenklasse, Tagungsräume mit unterschiedlichen Kapazitäten sowie die räumliche Anbindung an das Kongress-Zentrum Rosengarten bilden die unübersehbaren Vorteile, die dieses vorbildlich geführte Haus unter der Direktion von Amado Jacques Marin auszeichnet. Ein besonderes Interesse bringt das »*Dorint Kongress-Hotel Mannheim*« der Erlebnisgastronomie entgegen, für die der zweite Direktor Axel Knörl fachkundig verantwortlich zeichnet.

Anschrift:
Dorint Kongress-Hotel Mannheim,
Friedrichsring 6, 68161 Mannheim
Tel.: 06 21/1 25 10, Fax: 06 21/1 25 11 00
e-mail: dorint3.ccm@mkt.de, Info: MHGMAN@dorint.com

Menü
Kaiserwalzer

Christoph Fischer ist der renommierte Chefkoch des »Bamberger Reiters« und gleichzeitig auch dessen Inhaber. Der gebürtige Südbadener stieß 1994 zum Team des Berliner Traditionsrestaurants, das seit 13 Jahren den Michelin-Stern hält und vom Gault Millau mit 17 Punkten bewertet wird. Der ausgezeichnete Ruf, den der »Bamberger Reiter« in der ganzen Bundesrepublik genießt, ist auch der Kreativität von Christoph Fischer und seinem Team zu verdanken. Seine Lebensgefährtin Claudia Wanderer leitet seit 1998 mit großer Sorgfalt das Restaurant.

Die Fachleute sind sich einig, daß der »*Bamberger Reiter*« in Berlin zu den besten Restaurants zählt. Wenn der Chef des Hauses sagt, er verfolge ehrgeizige Ziele, so ist das keineswegs übertrieben. Jeder seiner Gäste wird bestätigen, daß die aufgetischten Speisen durch unnachahmliche »Fischer-Charakteristik« geprägt sind. Wenn er den Gästen die typischen Spezialitäten aus seiner Heimat, dem Dreiländereck, anbietet, so gewinnen sie durch seine Zubereitung noch mehr an Raffinesse. Hinzu kommt das Ambiente des Hauses, das zum Genießen wesentlich beiträgt. Der »Bamberger Reiter« in Berlin wurde inzwischen zu einer Institution.

Anschrift:
Restaurant »Bamberger Reiter«,
Regensburger Str. 7, 10777 Berlin
Tel.: 030/2 18 42 82, Fax: 030/2 1 47 47 99

Menü
Kaiser Franz Joseph Marsch

Michael Lacher ist ein bescheiden wirkender Küchenchef, der unnachahmliche eigenständige Kreationen schafft. Mit künstlerischer Empfindsamkeit präsentiert er seine Gerichte, die den Gourmet im wahrsten Sinne des Wortes »sprachlos« machen. Nach erfolgreich bestandener Ausbildung im Porten-Hotel-Kurhaus Höchenschwand war er in renommierten Häusern wie z.B. im Hotel Erbprinz Ettlingen, im Colombi Hotel in Freiburg, im Wald- und Schloßhotel Friedrichsruhe. Michael Lacher, der schon in jungen Jahren einige Auszeichnungen erhielt, wurde 1996 zum »Zweiten Aufsteiger des Jahres« gewählt. Mit Erfolg verteidigt er, unterstützt von der jungen Küchenbrigade, seinen Michelin-Stern.

Mitten im Herzen Ludwigsburgs findet man das Restaurant »Alte Sonne«, welches zu den ältesten Gasthöfen (seit 1724) zählt. Hier lenkt seit 1994 die Familie Torsten Lacher die Geschicke und demonstriert, daß auch eine »alte« Sonne in schönstem Glanz strahlen kann. Vorbild-Gastronomie in puncto Komfort, Service, Weinkultur und Küche. In einem harmonischen Interieur komponiert Michael Lacher seine ideenreichen Menüs. Unter seiner Leitung steht auch die Musikhalle Ludwigsburg, die seit 1890 als einer der »schönsten Konzertsäle Süddeutschlands« bezeichnet wird. Dort findet auch die Silvester-Gala 2000/2001 mit dem Johann-Strauss-Orchester statt.

Anschrift:
Restaurant »Alte Sonne«, Bei der kath. Kirche 3,
71634 Ludwigsburg
Tel.: 071 41/92 52 31, Fax: 071 41/90 26 35

Menü
Fantasie-Bilder

Der Küchenmeister *Wolfgang Frese* erlernte die feine Raffinesse und die Geheimnisse der französischen Küche im Staatlichen Badehotel Bad Wildungen. Er liebt aber auch die regionale Eßtradition und entwickelte aus beidem seinen eigenen, unverkennbaren Stil. Genußfreudige Bodenständigkeit ist das Credo von Wolfgang Frese, der selbstbewußt saisonale und regionale Vielfalt aus Feld, Wald und Flur einsetzt. Wenn man Hessen und seine Gaumenfreuden kennenlernen will, dann muß man die Küche des Schlosshotels Wilhelmshöhe genießen.

Inmitten einer herrlichen Grünanlage an den Hängen in Europas größtem Bergpark befindet sich das *Schlosshotel Wilhelmshöhe*. Es thront in bester Gesellschaft zu dem Schloß unterhalb des berühmten »Herkules«, dem Wahrzeichen der Stadt Kassel. Das Ballhaus, in dem schon Napoleons Bruder Jérôme zu feiern wußte, und das Gewächshaus, eine der ältesten Stahl-Glas-Konstruktionen auf dem Kontinent, reihen sich in diesen historischen Reigen ein. Das 4-Sterne-Hotel unter der engagierten Leitung von Günther Bortolotti verfügt über 200 Betten, 10 Veranstaltungsräume, Hallenbad, Sauna, Solarium und zwei Restaurants, einer Zirbelstube mit Biergarten und einem Restaurant mit Wintergarten.

Anschrift:
Schlosshotel Wilhelmshöhe,
Schloßpark 8, 34131 Kassel
Tel.: 05 61/3 08 80, Fax: 05 61/3 08 84 28
e-mail: reservierung@schlosshotel.com
Internet: http://www.schlosshotel.com

Menü
Tändelei

Der Gastro-Pädagoge *Günter Gaderbauer*, der als Fachlehrer an der Tourismusschule in Bad Ischl für die Ausbildung des Küchennachwuchses sorgt, kümmert sich seit 1989 in der berühmten »Villa Schratt« nicht weniger vorbildlich um seine Gäste. Der Haubenkoch machte dieses Restaurant nahezu weltweit bekannt. Bei einem Besuch in Bad Ischl gehört es für einen Gourmet zur Pflichtübung, die beispielhaften Menüs von Günter Gaderbauer zu genießen. Ganz im Sinne von Katharina Schratt serviert der Küchenmeister, der zuvor in vielen führenden Häusern tätig war, Menüs der Spitzenklasse, die der Lebedame und ihrem Gönner Kaiser Franz-Joseph ganz bestimmt gemundet hätten. Die unter Denkmal stehende »Villa Schratt«, wo einstmals die berühmte Künstlerin wohnte und die ihre Gäste – unter ihnen auch Johann Strauss – bekochte, wurde wie die Kaiservilla zu einer Sehenswürdigkeit in Bad Ischl. Gemütlich und genußvoll weilt man in den individuell eingerichteten Räumen, die leider nur wenigen Gästen Platz bieten. Man sollte sich daher rechtzeitig anmelden, genauso wenn man in einer der vier im Haus integrierten Suiten wohnen möchte, die mit dem Mobiliar und der Kunst der damaligen Zeit ausgestattet sind.

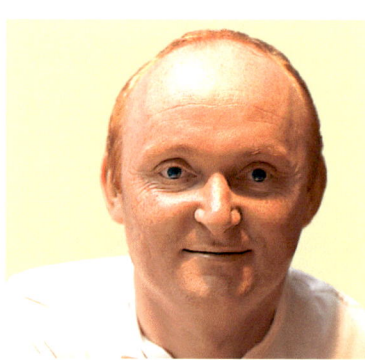

Anschrift:
»Villa Schratt«,
Steinbruch 43, A-4820 Bad Ischl
Tel.: 0043-6132/2 76 47, Fax: 0043-61 32/2 76 47

Menü
Tausend und eine Nacht

Anita Jollit leitet zusammen mit ihrem Mann Gérard das Hotel-Restaurant »Zum Ochsen« in Karlsruhe-Durlach, wobei Anita Jollit hauptsächlich als Küchenchefin tätig ist. Die gebürtige Karlsruherin machte ihren beruflichen Weg über das Savoy in London, dem Hotel de la Paix in Genf, dem Hotel Prince de Galles in Paris, bis sie schließlich 1977 Gérard Jollit heiratete. Sie bevorzugt die Küche der französischen Spitzengastronomie, kreativ und saisonal frisch. Mit einem Michelin-Stern zählt Anita Jollit zu den europäischen Spitzenköchinnen. Aus allen Teilen des Landes kommen die Gourmets, um ihre Küche zu genießen.

Das Hotel-Restaurant »Zum Ochsen« wurde bereits 1664 erwähnt. 1689 brandschatzten die Truppen des Sonnenkönigs Ludwig XIV diese Wirtschaft, der nun 300 Jahre später ein Franzose zu neuem Glanz verhalf. Seit 1927 ist das Haus im Besitz der Familie Jollit. Erwähnenswert ist die Weinkarte, die zu den besten der Welt zählt, wie »Best of Award of Excellence« feststellte. Über 1000 Sorten unterschiedlicher Herkunft und Qualität lagern in den Kellern. Wer reuelos schlemmen möchte, der kann in diesem Haus auch übernachten, Wohnkultur wird in den luxuriös eingerichteten Zimmern groß geschrieben.

Anschrift:
Hotel-Restaurant »Zum Ochsen«,
Pfinzstr. 64, 76227 Karlsruhe-Durlach
Tel.: 07 21/94 38 60, Fax: 07 21/9 43 86 43
Internet: http//www.ochsen-durlach.de

Menü
Seid umschlungen, Millionen

Von den Innsbruckern *Jörg* und *Beatrice Stapf* wird Schloß Labers und die Küchenbrigade mit viel Charme und Professionalität geführt. Jörg Stapf hat dieses berühmte Schloß von seiner Mutter geerbt. Zuvor genoß er eine glanzvolle Ausbildung in den besten Hotels Europas, u. a. auch im Pariser Ritz, wo er die berühmten Gaumen von Coco Chanel bis Maria Callas und der Kennedy-Familie verwöhnte. Seine Frau Beatrice kochte bereits im Kindesalter mit Begeisterung im mütterlichen Betrieb und erwarb später eine umfassende Ausbildung in Hotelfach und Tourismus in vielen Ländern.

Schloß Labers, bereits im 11. Jahrhundert urkundlich erwähnt, wurde 1885 von Jörg Stapfs Urgroßvater Adolf Neubert erworben und umgebaut. Es liegt oberhalb von Meran auf 600 m Höhe inmitten von Weingärten und Wäldern. Hier vereint sich Tradition und Komfort zu einer besonderen Atmosphäre, die weltberühmte Gäste zu nutzen wissen. Auch Max Kahlbeck, der große Musikkritiker, Librettist und Freund von Johann Strauss war hier 1894 zu Gast. Wer bereit ist, sich durch geschichtsträchtige Namen in die Vergangenheit entführen zu lassen, wer Erholung im Verwöhntwerden und Genießen sucht, wird in Südtirol keinen besseren Platz finden.

Anschrift:
Castel Schloß Labers,
I-39012 Meran-Merano, Südtirol/Alto Adige, Italien
Tel.: 0039-04 73/23 44 84, Fax: 0039-04 73/23 41 46

Menü
Freut euch des Lebens

Rico Grützmacher zeichnet als Küchenchef für das Restaurant »Weinhaus Uhle« verantwortlich. Der Küchenmeister mit langjähriger Berufserfahrung versteht es vorbildlich, seine Gäste mit Fisch- und Fleischgerichten sowie vegetarischen Speisen kulinarisch zu verwöhnen. Nicht nur in Schwerin weiß man das zu schätzen, denn der Wagenpark vor dem Haus beweist täglich, daß die Gäste aus aller Herren Länder kommen, um die Schlemmereien des Rico Grützmacher zu genießen.

Seit 1906 wird hier erlesene Gastlichkeit in traditionsreichen Räumen gepflegt. Das Restaurant *Weinhaus Uhle* schätzt man vor allem wegen der exzellent ausgesuchten Weine, die in einer gediegenen Atmosphäre mit außergewöhnlichen Speisen genossen werden können. Waren es früher Könige und Dichter, die hier einkehrten, so sind es heute hochrangige Politiker, Vorstandsvorsitzende und namhafte Künstler, die im Restaurant, im Salon oder im Rittersaal tafeln. Schwerin wäre um vieles ärmer, würde es das »Weinhaus Uhle« unter der Direktion von Frank-Peter Krömer nicht geben.

Anschrift:
Restaurant »Weinhaus Uhle«,
Schusterstr. 13–15, 19055 Schwerin
Tel.: 03 85/56 29 56, Fax: 03 85/5 57 40 93
Internet: www.weinhaus-uhle@de

Anhang

Die wichtigsten Lebensdaten

1825	Am 25. Oktober wird Johann Baptist Strauss in der Wiener Vorstadt St. Ulrich geboren
1830	Die Strauss-Familie zieht in die Leopoldstadt. Franz-Joseph I., der spätere österreichische Kaiser wird geboren
1832	Strauss schreibt Noten. Angeblich seine erste Komposition, die er später »Erster Gedanke« nennt
1833	Umzug der Familie Strauss ins »Hirschenhaus«
1837	Strauss besucht das Schotten-Gymnasium
1843	Zerwürfnis des Vaters mit der Familie. Strauss erhält Unterricht bei J. A. Kohlmann (Violine) und J. Dechsler (Generalbaß)
1844	Gründung eines eigenen Orchesters. Debut in Dommayers Kasino
1846	Vater Johann Strauss wird k. k Hofball-Musikdirektor
1847	Versöhnung zwischen Vater und Sohn
1849	Sein Vater stirbt am 25. September
1852	Mitwirkung bei den Hofball-Musiken
1853	Schwere Erkrankung. Der Bruder Josef leitet die Strauss-Kapelle
1854	Zur Kur in Bad Gastein
1856	Erstes Engagement im russischen Pawlowsk
1859	Strauss verliebt sich in Olga Smirnitskaja
1861	Erstes gemeinsames Auftreten der drei Strauss-Brüder (5. Februar Sofien-Bad-Saal) Begegnung mit Jetty Treffz
1862	Am 27. August Hochzeit mit Jetty Treffz im Stephansdom
1863	Ernennung zum k. k Hofball-Musikdirektor
1864	Walzer-Wettstreit zwischen Jacques Offenbach (»Abendblätter«) und Strauss (»Morgenblätter«). Die Walzer sind dem Schriftstellerverein Concordia gewidmet
1865	Uraufführung des ersten Orchesterwerks von Tschaikowsky durch Johann Strauss
1867	Uraufführung von »An der schönen blauen Donau« op. 314, »Künstlerleben«, op. 316, Höhepunkt des Tanzkomponisten Strauss. Erster »Schlager«
1868	Erwerb der Villa in der Maxingstraße 18 in Hietzing
1869	»Wein, Weib und Gesang« op. 333. Johann und Josef komponieren gemeinsam die Pizzicato-Polka
1870	Tod der Mutter (23. Februar) und des Bruders Josef (22. Juli)

1871	Uraufführung der ersten Operette im Theater an der Wien: »Indigo und die 40 Räuber«
1872	Begründung des Weltruhms durch Konzerte in Boston und New York
1874	Uraufführung von »Die Fledermaus« im Theater an der Wien
1875	»Cagliostro in Wien« (einzige in Wien spielende Operette von Strauss)
1877	»Prinz Methusalem« im Carl-Theater Wien. Dirigat der Pariser Opern-Bälle, Ritter des französischen Ordens der Ehrenlegion
1878	Jetty stirbt am 7. April, am 28. Mai Hochzeit mit Angelika Dittrich. Hochzeitsreise nach Wyk auf Föhr. Neues Haus in der Igelgasse 4. »Blindekuh« im Theater an der Wien uraufgeführt
1880	»Die Fledermaus« zum ersten Mal in einem Opernhaus (Hamburg). Kauf des Sommersitzes Schönau. »Das Spitzentuch der Königin« uraufgeführt, später in »Rosen aus dem Süden« op. 388 umbenannt
1881	Uraufführung von »Der lustige Krieg«
1882	Seine Frau Angelika verläßt das »Igelheim«, Strauss tröstet sich mit Adele
1883	Uraufführung von » Eine Nacht in Venedig« in Berlin
1884	Vierzigjähriges Künstler-Jubiläum. Verleihung des Bürgerrechts der Stadt Wien
1884	»Der Zigeunerbaron«. Strauss tritt aus dem österreichischen Staatsverband aus
1886	Übertritt zum evangelischen Glauben
1887	Strauss und Adele werden Coburger Bürger und heiraten dort am 15. August. Herausgabe der Werke des Vaters. »Simplicius«
1888	Besuch der Bayreuther Festspiele mit Adele
1889	»Kaiser Walzer« op. 437. Größte Tournee Eduards mit dem Strauss-Orchester durch 83 deutsche Städte. Kur in Heringsdorf/Ostsee
1892	»Ritter Pásmán« wird in der Hofoper uraufgeführt. Weitere Aufführungen in Prag, Berlin und München. Abbruch des Geburtshauses von Strauss. Neuer Sommersitz in Bad Ischl. »Seid umschlungen, Millionen« op. 443
1893	Kaiser Franz-Joseph I. besucht die Premiere von »Fürstin Ninetta« im Theater an der Wien.
1894	»Jabuka«. Fünfzigjähriges Künstler-Jubiläum. Erste Strauss-Biographie.
1895	»Waldmeister«
1897	»Die Göttin der Vernunft«
1899	Letztes Dirigat (am 22. Mai in der Hofoper). Strauss stirbt am 3. Juni

Rezeptverzeichnis

Apfelkompott 148
Apfelstrudel 140
Backfisch 113
Backhendl 140
Barsch mit römischem Salat 147
Birne, Variationen von der 41
Bratäpfel mit Zimt 82
Braunbraten mit Zwiebeln und Serviettenknödel 139
Consommé »Adele« 44
Consommé double 36
Consommé von Schwarzfederhuhn und Wachtel unter der Blätterteighaube 18
Deichlammrücken mit Kräuterkruste 66
Edelfische, gemischte, auf grünem Spargel und roter Butter 37
Enten- und Gänsebrust an Madeirasauce 96
Entenleberterrine mit Auslesegelee und Schinken 35
Erdäpfelnudeln, ordinäre 111
Erdbeeren mit grünem Pfeffer 74
Esterházy-Rostbraten 129
Fasan- und Kükenfleisch mit Gemüsebeilagen 48
Fischpörkölt 137
Forelle blau 118
Forelle in Buttersauce 102
Frittaten-Suppe 111
Gemüsesuppe 102
Grammel-Pogatscherl 89
Grießnockerlsuppe 94
Gurkensuppe, russische, mit Kaviar 53
Halászlé, ungarisches 126
Hühnerbrühe, paprizierte, mit Wasserspätzlein 73
Hummergratin »Joseph Lanner« 19
Johann Strauss Topfenstrudel 23
Kaiserschmarrn 30
Kalbsfilet, gefülltes, mit Trüffelsauce, Rote-Bete-Wirsingroulade und Kartoffeltörtchen 20
Kalbskopf, gebackener, mit Gänseleber auf Kartoffelsalat 53
Kapaun, gegrillter, aus der Steiermark 148
Karpfensulz 86
Karpfensuppe 144
Kipfelbröselstrudel mit Zwetschgenröster 114
Kompott, gemischtes 107
Krebsterrine mit Spargel und Sauce hollandaise 70
Kuchen à la Strauss 107
Lachs mit Steinpilzen und Sauce hollandaise 56
Leberknödelsuppe 26
Lungenstrudel 78
Marillenknödel 131
Matjestatar auf Kartoffelreibekuchen mit Wachteleiern 62
Mohnnudelverschmelzung mit Schnee-Nockerln 99
Nordseekrabben, Frikadellen von, auf Gurkengemüse 64
Ochsenaugen unter Gemüsebrühe 126
Ochsenlende, gebratene, mit Kartoffelgratin 74
Palatschinken 90
Parfait mit frischen Erdbeeren und Aprikosen 48
Quittenpaste 29
Räucherforellen mit Krebsfleisch 27
Rebhuhn à la Steiermark 104
Rebhühner mit Pomeranzensauce 120
Rehfilet à la Johann Strauss mit Rotweinsauce und Nudeln 146
Rehrücken mit Preiselbeercrêpes, Maroni und Pfeffersauce 39
Rind, gepökeltes, mit Erdäpfeln und Gemüse 144
Rindfleisch, gekochtes, mit Erdäpfeln 81
Risi-Pisi 126
Risotto-Suppe auf Triestiner Art 135
Roastbeef mit gemischtem Gemüse 103
Rote Grütze mit Vanilleeis und Sahne 66
Salonbeuscherl 90
Sardellen 81
Schokoladen-Walnuß-Flan 59
Schrattgugelhupf nach Tante Palik 122
Sisis Veilchen Sorbet 95
Sorbet von grünen Äpfeln 39
Spargel à la Strauss 47
Spargelspitzenkrone, grüne, mit geräuchertem Lachs und Beluga-Kaviar 16
Stör, russischer, in Champagnersauce 44
Suppe von Flußkrebsen 118
Székely-Gulyás 113
Tafelspitz 94
Wiener Schnitzel 29
Wildhasenkeule in Burgundersauce 58
Wildkraftbrühe mit Klößchen vom Fasan 54
Zuckerschotencremesuppe mit gebratenen Jakobsmuscheln 63

Quellen- und Literaturverzeichnis

Batorska, Bascha, »Es hat ihm sehr geschmeckt«, Ibera Verlag, Wien 1998
Dachs, Robert, »Johann Strauss: Was geh' ich mich an?!«, Verlag Styria, Graz/Wien/Köln 1999
Endler, Franz, »Johann Strauss. Um die Welt im Dreivierteltakt«, Amalthea Verlag, Wien/München 1998
Linke, Norbert, »Johann Strauss«, Rowohlt Taschenbuch Verlag, Hamburg 1982
Mailer, Franz, »Johann Strauss Sohn. Leben und Werk in Briefen und Dokumenten. Bände I–VII«, Hans Schneider Verlag, Tutzing 1983–1998
Mayer, Anton, »Johann Strauss. Ein Pop-Idol des 19. Jahrhunderts«, Böhlau Verlag, Wien/Köln/Weimar 1998
Prawy, Marcel, »Johann Strauss«, Ueberreuter Verlag, Wien 1991
Rögl, Heinz, »Johann Strauss, der Walzerkönig«, Echo Verlag, Wien 1999
Schneidereit, Otto, »Johann Strauss und die Stadt an der schönen blauen Donau«, VEB Lied der Zeit-Musikverlag, Berlin 1972
Sinkovicz/Knaus, »Johann Strauss«, Verlag Holzhausen, Wien 1999
Stradal, Otto, »Ewiger Walzer«, Cura Verlag, Wien 1974
Strauss, Adele, »Johann Strauss schreibt Briefe«, Verlag für Kulturpolitik, Berlin 1926
Strauss, Eduard, »Erinnerungen«, Franz Deuticke Verlag, Leipzig/Wien 1906
Tötschinger, Gerhard, »Wünschen zu speisen«, Amalthea Verlag, Wien/München 1996
Wagner, Christoph, »Die Wiener Küche«, Insel Verlag, Frankfurt 1998

Austellungskataloge

»Johann Strauss. Unter Donner und Blitz«, Katalog zur Sonderausstellung, Historisches Museum Wien, 1999
»Strauss«, Katalog zur Johann Strauss Gedenkstätte, Historisches Museum, Wien 1999
»Walzerseligkeit und Alltag«, Katalog zur Ausstellung in Baden bei Wien, Kurverwaltung, 1999